本书为浙江省哲学社会科学规划课题（编号：22NDQN237YB）、国家自然科学基金青年项目（编号：72001188）、中国博士后科学基金面上项目（编号：2023M740394）的阶段性研究成果。

双轨公共服务供给模式构建与政策选择

Provision Mode Construction and
Policy Design for Two-tier Public Services

尹晓玲 著

中国社会科学出版社

图书在版编目（CIP）数据

双轨公共服务供给模式构建与政策选择／尹晓玲著. —北京：中国社会科学出版社，2024.5
ISBN 978 - 7 - 5227 - 3038 - 7

Ⅰ.①双⋯　Ⅱ.①尹⋯　Ⅲ.①公共服务—研究—中国　Ⅳ.①D669.3

中国国家版本馆CIP数据核字（2024）第037387号

出 版 人	赵剑英
责任编辑	许　琳
责任校对	苏　颖
责任印制	郝美娜

出　　版	中国社会科学出版社
社　　址	北京鼓楼西大街甲158号
邮　　编	100720
网　　址	http://www.csspw.cn
发 行 部	010 - 84083685
门 市 部	010 - 84029450
经　　销	新华书店及其他书店

印　　刷	北京君升印刷有限公司
装　　订	廊坊市广阳区广增装订厂
版　　次	2024年5月第1版
印　　次	2024年5月第1次印刷

开　　本	710×1000　1/16
印　　张	14
插　　页	2
字　　数	216千字
定　　价	88.00元

凡购买中国社会科学出版社图书，如有质量问题请与本社营销中心联系调换
电话：010 - 84083683
版权所有　侵权必究

前　言

公共部门是公共服务的主要提供者，往往依靠政府预算或财政资金来提供价格较低的基础公共服务，从而保证顾客对于公共服务的基本需求以及供给公平性。私人部门则是在市场化背景下，通过私人资本来提供差异化或高质量服务的供给主体。作为公共部门供给的重要补充，私人部门供给既能有效解决财政资金不足的问题，又可利用市场竞争来提高服务供给效率。

然而，由于政府失灵与市场失灵的存在，单一主体下的供给模式无法满足顾客快速增长的多样化需求，公共服务供给出现资源分配不均、服务效率低下、顾客等待时间长等问题。基于此背景，公私联合供给下的双轨或多元供给模式逐渐兴起，成为当前理论与实践中重点关注的供给模式改革方式。考虑政府公共服务职能以及供给侧改革的基本要求，本书在公共资源与预算有限的现实背景下，旨在通过构建合理有效的双轨公共服务供给模式，并选择相对应的政策手段，来实现公共服务可持续性供给。

本书的特色之处在于：第一，内容上，对公共服务供给模式构建与供给政策选择进行了系统的研究。现有研究大多只关注了公共服务供给中的单个供给模式或供给政策，然而，结合公共服务供给理论与实践，本书分别构建了 TQS、TTS、TTSF、TTST 以及 TTSB 供给模型，用于描述多种公共服务供给模式。以改善公共服务供给效果为目标，进一步考虑了可用于规范引导服务提供者和顾客行为的多种供给政策（价格、补贴和信息披露政策）及其交互作用。通过对不同供给模式与供给政策的对比分析，得出了不同主体目标（顾客等待时间最短、服务收益最大、社会总成本最小）下的最优政策组合方案。

第二，方法上，综合运用随机建模、矩阵分析方法与数值计算等定量方法研究了公共服务供给问题。现有研究大多采用定性或实证研究等方法来分析公共服务供给（供给模式或供给政策）问题，缺乏对于影响或可用于改善供给效果的主要因素的定量分析。本书从微观视角出发，具体分析了公共服务供给中服务提供者的供给行为和顾客选择行为，综合运用随机建模、矩阵分析方法以及数值计算等定量研究方法，对公共服务供给中存在的拥堵和效率问题进行刻画，通过对比分析得出了不同供给模式与供给政策对于公共服务供给效果的具体作用及影响，从而为政府相关决策提供更为科学有效的政策建议。

第三，结论上，本书得出，收益最大化定价并不总是高于等待时间最小化定价，因此可通过合理的价格政策来缓解私人部门和顾客之间的利益矛盾；当价格政策合理且补贴资金较少时，对私人部门进行补贴更有利于改善公共服务供给，从而对现有财政资金仅补贴公共部门的举措提出异议；若私人部门定价较低或较高，披露更多的等待信息不利于缓解拥堵、提高社会总体福利，故一味强调实时信息的正面作用在现实中也并不可取。对于公共服务供给政策的具体制定与选择，应综合考虑不同目标、条件，以及各政策之间的交互作用。

本书的主体部分是基于笔者的博士学位论文完成的。感谢母校兰州大学管理学院十一年来的培养，使我能够在随机服务与运营管理领域不断探索新知，找到研究的兴趣与方向。感谢博士导师 Zhe George Zhang 教授对本人研究过程的辛勤指导，感谢一直以来关系帮助我的所有老师、同事、家人和朋友。本书的如期出版还要感谢中国社会科学出版社，以及许琳编辑的帮助与大力支持。

本人有幸于去年加入重庆大学经济与工商管理学院从事教学科研工作，本书的出版得到了学院的大力支持，在此表示感谢。基于本书相关内容所进行的后续研究，得到了浙江省哲学社会科学规划课题（编号：22NDQN237YB）、国家自然科学基金青年项目（编号：72001188）和中国博士后科学基金面上项目（编号：2023M740394）的资助，本书也是上述项目的阶段性研究成果。

由于本人学识、精力所限，书中难免出现错讹之处，恳请读者批评指正。

尹晓玲

2023 年 8 月 15 日

目 录

第一章 绪论 … 1
第一节 选题背景与研究意义 … 1
一 选题背景 … 1
二 研究意义 … 10
第二节 核心概念界定 … 12
一 公共服务与公共服务供给 … 12
二 公共服务供给模式 … 13
三 公共服务供给政策 … 14
四 公共服务供给效果评价指标 … 17
第三节 研究内容与方法 … 19
一 研究内容 … 19
二 研究方法 … 22
第四节 研究思路与框架 … 23

第二章 文献综述 … 26
第一节 关于公共服务定价的研究 … 26
一 公共服务定价的定性研究 … 27
二 公共服务定价的经济学研究 … 29
三 基于排队论的公共服务定价研究 … 33
第二节 公共服务补贴政策的研究 … 39
一 需求补贴政策研究 … 39
二 供给补贴政策研究 … 42
第三节 服务供给中有关信息及其作用的研究 … 46

    一　公共服务供给中的一般信息研究 …………………… 47
    二　服务供给中的非实时信息研究 …………………… 48
    三　服务供给中的实时信息研究 ……………………… 50
  第四节　关于公共服务供给模式的研究 …………………… 56
    一　公共部门供给研究 ………………………………… 57
    二　私人部门供给研究 ………………………………… 59
    三　多元供给模式研究 ………………………………… 62

第三章　双轨公共服务供给中的定价问题 …………………… 66
  第一节　问题描述与模型构建 ……………………………… 67
    一　问题描述 …………………………………………… 67
    二　模型与假设 ………………………………………… 68
  第二节　双轨公共服务供给分析 …………………………… 74
    一　公共部门供给分析 ………………………………… 74
    二　私人部门供给及其定价 …………………………… 75
  第三节　双轨公共服务供给下的拥堵解决 ………………… 79
    一　TTS 供给模式能否缓解拥堵 ……………………… 79
    二　TTS 供给模式构建中的现实约束条件 …………… 85
  第四节　不同供给模式下的成本分析 ……………………… 87
    一　运营总成本 ………………………………………… 87
    二　社会总成本 ………………………………………… 89
  第五节　数值例子与分析 …………………………………… 91
    一　拥堵解决 …………………………………………… 91
    二　成本分析 …………………………………………… 93
  第六节　本章小结 …………………………………………… 96

第四章　双轨公共服务供给中的补贴政策 …………………… 100
  第一节　问题描述与模型构建 ……………………………… 101
    一　问题描述 …………………………………………… 101
    二　模型与假设 ………………………………………… 103
  第二节　公共部门收益补贴 ………………………………… 105

  一　公共部门收益补贴下的公共部门供给 …………………… 105
  二　公共部门收益补贴下的私人部门供给 …………………… 107
  三　公共部门收益补贴下的双轨服务供给效果 ……………… 109
 第三节　私人部门收益补贴 …………………………………………… 111
  一　私人部门收益补贴下的公共部门供给 …………………… 111
  二　私人部门收益补贴下的私人部门供给 …………………… 112
  三　私人部门收益补贴下的双轨服务供给效果 ……………… 114
 第四节　不同补贴政策的对比分析 …………………………………… 116
  一　不同决策变量对于公共服务供给的影响 ………………… 116
  二　不同供给模式与补贴政策下的顾客等待 ………………… 119
  三　不同收益补贴政策下的私人部门收益 …………………… 121
  四　不同供给模式与补贴政策下的成本分析 ………………… 123
 第五节　本章小结 ……………………………………………………… 127

第五章　双轨公共服务供给中的信息披露 ……………………………… 129
 第一节　问题描述与基本假设 ………………………………………… 130
  一　问题描述 …………………………………………………… 130
  二　基本模型与假设 …………………………………………… 132
 第二节　混合信息政策下的双轨公共服务供给 ……………………… 136
  一　MI-1 政策下的私人部门供给 …………………………… 136
  二　MI-1 政策下的公共部门供给 …………………………… 140
  三　MI-1 政策下双轨服务供给效果 ………………………… 143
 第三节　无实时信息政策下的双轨公共服务供给 …………………… 144
  一　NRI 政策下的私人部门与公共部门供给 ………………… 144
  二　NRI 政策下双轨服务供给效果 …………………………… 148
 第四节　不同信息政策下双轨公共服务供给对比分析 ……………… 149
  一　不同信息政策下的顾客选择 ……………………………… 149
  二　不同信息政策下的顾客等待 ……………………………… 151
  三　不同信息政策下的收益与成本分析 ……………………… 154
 第五节　本章小结 ……………………………………………………… 155

第六章　公共服务供给政策选择 ·············· 158
第一节　价格政策的制定与选择 ·············· 158
一　公共服务供给模式选择 ·············· 159
二　双轨公共服务供给中的价格政策 ·············· 163
第二节　补贴政策的选择及条件 ·············· 166
第三节　信息披露政策的选择及条件 ·············· 169

第七章　结束语 ·············· 172
第一节　主要结论 ·············· 172
第二节　主要创新点 ·············· 174
第三节　研究展望 ·············· 176

参考文献 ·············· 178

附　录 ·············· 200
附录一　第三章附录 ·············· 200
一　命题 3.2.1 证明 ·············· 200
二　命题 3.2.2 证明 ·············· 201
三　命题 3.3.1 证明 ·············· 202
四　命题 3.3.2 证明 ·············· 202
五　式（3.3.3）的具体解释 ·············· 204
六　命题 3.3.4 证明 ·············· 205
七　命题 3.4.1 证明 ·············· 206
八　命题 3.4.2 证明 ·············· 206
九　命题 3.4.3 证明 ·············· 207
附录二　第四章附录 ·············· 207
一　命题 4.2.1 证明 ·············· 207
二　命题 4.2.2 证明 ·············· 208
三　命题 4.2.3 证明 ·············· 209
四　命题 4.2.4 证明 ·············· 209
五　命题 4.3.1 证明 ·············· 210

六　命题4.3.2证明 ·· 210
　七　命题4.3.3证明 ·· 211
　八　命题4.3.4证明 ·· 212
附录三　第五章附录 ·· 212
　一　命题5.1.1证明 ·· 212
　二　命题5.2.1证明 ·· 213
　三　MI-1政策下运用MAM求解公共部门平均队长 ············ 213
　四　NRI政策下运用MAM求解公共部门平均队长和
　　　等待时间 ·· 214

第一章

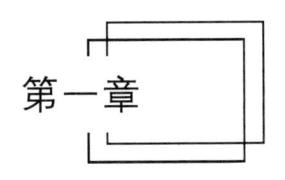

绪　　论

第一节　选题背景与研究意义

一　选题背景

（一）政府职能转变与供给侧改革

随着我国市场经济体制的建立与完善，政府职能发生了基本转变[①]，传统行政职能下的"全能型政府"逐渐被新型"服务型政府"[②] 所取代，据以满足不断增长且多样化的公共需求。所谓服务型政府，是指在公民本位、社会本位理念的指导下，以及整个社会民主秩序的框架下，通过法定程序，按照公民意志组建起来的，以为公民服务为宗旨并主动承担服务责任的政府[③]。作为服务型政府的基本职能[④]，公共服务（本书指医疗、交通、教育等基本公共服务）及其生产、供给与消费构成了政府行政与人们日常生活的重要部分。因此，政府如何有效发挥该职能，实现公共服务可持续性供给，成为政府与学者们共同关注的热点话题。

[①] 唐铁汉：《我国政府职能转变的成效、特点和方向》，《国家行政学院学报》2007年第2期。

[②] 张康之：《限制政府规模的理念》，《人文杂志》2001年第3期。

[③] 刘熙瑞：《服务型政府——经济全球化背景下中国政府改革的目标选择》，《中国行政管理》2002年第7期。

[④] 温家宝：《政府工作报告——2004年3月5日在第十届全国人民代表大会第二次会议上》，2004年3月5日，https://www.gov.cn/gongbao/content/2004/content_62715.htm。

公共服务供给是由公共服务提供者（如政府、授权的私人部门或第三部门等）向服务需求者（本研究称之为顾客）提供公共服务的整个过程，也是实现公共资源优化配置、满足公共需求、发挥政府公共职能的基本途径。需求与供给是判断公共服务供给是否有效的两个主要方面。然而，传统研究多以需求理论或需求侧为出发点[1]，导致了公共服务供给整体不足、供给出现错位[2]。针对此问题，2015年11月，中央财经领导小组第十一次会议[3]指出，"在适度扩大总需求的同时，应着力加强供给侧结构性改革，着力提高供给体系质量和效率，增强经济持续增长动力"，从而为公共服务供给由需求侧转向供给侧的改革指明了方向。

所谓供给侧（结构性）改革，就是从提高供给质量出发，用改革的办法推进结构调整，矫正要素配置扭曲，扩大有效供给，提高供给结构对需求变化的适应性和灵活性，提高全要素生产率，更好满足广大人民群众的需要，促进经济社会持续健康发展[4]。由此可见，公共服务供给侧改革是发挥政府主导作用[5]、提高服务效率与质量[6]、实现供给可持续性的重要举措。基于供给侧视角，构建或选择合理的公共服务供给模式以及制定相关供给政策是回应和实现供给侧改革目标的两种主要途径，是规范引导公共服务提供者与顾客行为，实现社会总体福利最大化的有效措施，也是本研究的研究主题。

根据供给主体的不同，公共服务供给模式可分为政府供给、市场供给与第三部门供给[7]；基于供给主体数量及其相互关系，公共服务供给

---

[1] 王蔚、彭庆军：《论农村公共服务需求表达机制的构建》，《湖南社会科学》2011年第5期。

[2] 李洪佳、沈亚平：《公共服务供给侧改革的理论范式及实践路径》，《中共天津市委党校学报》2017年第2期。

[3] 新华社：《习近平主持召开中央财经领导小组第十一次会议》，2015年11月10日，https://www.gov.cn/xinwen/2015-11/10/content_5006868.htm。

[4] 杨宜勇、邢伟：《公共服务体系的供给侧改革研究》，《学术前沿》2016年第5期。

[5] 张勤：《论推进服务型政府建设与基本公共服务均等化》，《中国行政管理》2009年第4期。

[6] [美] 戴维·奥斯本、特德·盖布勒：《改革政府：企业家精神如何改革着公共部门》，周敦仁等译，上海译文出版社2006年版。

[7] 许继芳、周义程：《公共服务供给三重失灵与我国公共服务供给模式创新》，《南京农业大学学报》（社会科学版）2009年第1期。

模式又可分为单一供给、联合供给以及多元供给①。结合现实中公共需求的多样性和服务供给的有效性要求，本书将以是否提供基于价格和服务质量差异化的公共服务来实现某些具体社会目标为依据，重点讨论由公共部门与私人部门共同提供服务的双轨公共服务②（Two-tier Public Service，TTS）供给模式的可持续性构建，以及该过程中政府不同供给政策的合理选择问题。

（二）公共服务供给实践

同时，TTS 供给模式的提出也是基于对公共服务供给现实问题的深刻思考。以医疗卫生服务为例，中华人民共和国初期，我国的医疗机构均为国家所有的公立医院，属于政府或公共部门单一供给。然而，随着改革开放和市场经济的深入发展，人们生活水平不断提高，顾客对公共服务的多样化需求也不断增加，有限的财政资金与预算已无法有效解决公共服务供需不匹配和服务效率低下等问题。因此，私人资本逐渐被允许进入医疗服务领域。自 2009 年新医改以来，得益于一系列政策鼓励措施，民营医院快速发展，其数量已超过公立医院（见表 1-1），从而形成了由公共部门与私人部门组成的双轨医疗服务供给。然而，由于民营医院自身的局限性，如仪器设备、医护人员素质和技能远不及公立医院③，再加上人们对公立医院长期以来所建立的信任④等，直至今日，民营医院在医疗服务供给中所发挥的作用（对公立医院服务供给的补充，以及利用竞争改善医疗服务供给效果）仍旧十分有限，其诊疗人数不足公立医院的 15%（见表 1-2）。公立医院出现过度需求，并引发了看病难、等待时间长等一系列问题，与此同时民营医院却普遍存在资源闲置与浪费的情况（如表 1-3 所示）。由此可见，现阶段我国双轨医疗服务

---

① 孟兆敏：《快速城市化背景下城市公共服务配置的有效性评价》，博士学位论文，华东师范大学，2013 年。

② Zhang, Z. G., "Pricing public services subject to congestion: When and how much", Working paper-MSORWP 2008-2019, Western Washington University, 2008.

③ 魏敏、肖锦铖：《患者就医选择的影响因素及对策分析》，《中国卫生事业管理》2014 年第 4 期。

④ Yu, W., Li, M., Feng, Y., Chen, X., Zhang, L., "Patient preference and choice of healthcare providers in Shanghai, China: A cross-sectional study", *Bmj Open*, 2017, Vol. 7, No. 10, 2017.

供给仍有待改善，如何有效利用现有财政资金，或合理引入社会资本来满足顾客日益增长的多样化需求，从而缓解现有服务系统中的拥堵与供给不均衡，将是我国医疗服务改革中的一大难题。

表1-1　　　　　　2010—2016 年我国医院数统计

医院分类 \ 年份	2010	2011	2012	2013	2014	2015	2016
公立医院	13850	13539	13384	13396	13314	13069	12708
民营医院	7068	8440	9786	11313	12546	14518	16432
总计	20918	21979	23170	24709	25860	27587	29140

资料来源：《中国卫生和计划生育统计年鉴2017》。

表1-2　　　　　2010—2016 年我国医院诊疗人次数统计

医院分类 \ 年份	2010	2011	2012	2013	2014	2015	2016
公立医院	187381.1	205254.4	228866.3	245510.6	264741.6	271243.6	284771.6
民营医院	16582.2	20629.3	25295.3	28667.1	32465.4	37120.5	42184.3
总计	203963.3	225883.7	254161.6	274177.7	297207.0	308364.1	326955.9

资料来源：《中国卫生和计划生育统计年鉴2017》。

表1-3　　　　　　2010—2016 年医院病床使用率（%）

医院分类 \ 年份	2010	2011	2012	2013	2014	2015	2016
公立医院	90.0	92.0	94.2	93.5	92.8	90.4	91.0
民营医院	59.0	62.3	63.2	63.4	63.1	62.8	62.8
总计	86.7	88.5	90.1	89.0	88.0	85.4	85.3

资料来源：《中国卫生和计划生育统计年鉴2017》。

2017 年 5 月，国务院办公厅下发的《国务院办公厅关于支持社会力量提供多层次多样化医疗服务的意见》①指出,要加快医疗服务领域供给侧结构性改革,以满足群众多样化、差异化与个性化的健康需求。虽然民营医院在医疗设备、整体规模与技术水平等方面落后于公立医院,但可在部分专科领域提供快速、优质的高端服务②,通过差异化供给对公立医院形成竞争与补充。例如,目前我国公立医院中的妇产科普遍存在预约难、挂号或住院排队时间长等现象,供不应求的供需关系极大地降低了顾客满意度。相比之下,一些民营医院推出的产检分娩项目虽然费用较高,却可以提供更好的环境和无须等待、一对一服务,给顾客带来更好的服务体验,从而吸引对于优质服务具有偏好与承受能力的顾客。这种以公立医院和民营医院作为医疗服务提供者,以改善公立医院过度拥堵,并提高服务供给效率为目的,以差异化服务供给为手段所形成的竞争性服务供给关系,则属于典型的TTS供给模式。此外,中国香港③、英国、新西兰④等国家和地区免费公立医院与收费民营医院并存的医疗供给模式则是TTS供给模式的一种特例。

TTS供给模式也见于对交通拥堵问题的思考。目前,我国市政道路均由政府或公共部门免费提供,即允许所有车辆免费通行。然而随着城市的发展和人们生活水平的提高,机动车数量与出行量正逐年上升(见图1-1),城市交通拥堵问题日益突出(见图1-2),顾客等待时间也随之增加(见表1-4)。长时间的等待不仅会增加顾客的机会成本,还可能导致不满意情绪,提高交通事故率。此外,拥堵或等待过程中也会产生更多的噪音和汽车尾气,造成环境污染。因此,如何解决拥堵,减少顾客等待时间,进而提高顾客满意度和社会总体福利,是政府提供免费公共服务时需要考虑并解决的重要问题。部分研究者认为,免费公共服务的无偿使用与不具排他性,使得大多数顾客仅基于自身利益最大化

---

① 国务院办公厅:《国务院办公厅关于支持社会力量提供多层次多样化医疗服务的意见》,2017年5月16日,http://www.gov.cn/zhengce/content/2017-05/23/content_5196100.htm。
② 国务院办公厅:《国务院办公厅关于印发全国医疗卫生服务体系规划纲要(2015—2020年)的通知》,2015年3月6日,http://www.gov.cn/zhengce/content/2015-03/30/content_9560.htm。
③ 浦启华:《香港的医疗制度及其改革》,《当代世界与社会主义》2008年第6期。
④ Tuohy, C. H., Flood, C. M., Stabile, M., "How does private finance affect public health care systems? Marshaling the evidence from OECD nations", *Journal of Health Politics, Policy and Law*, Vol. 29, No. 3, 2004, pp. 359-396.

而盲目地对公共服务进行索取，导致了服务供给系统的拥堵与失效[①]。基于此，对免费公共服务实行部分收费（如交通拥堵费[②]），或允许私人企业进入公共服务项目，提供有偿服务（如收费高速公路），从而构建具有价格差异（免费和收费）和服务质量差异（如不同通行时间）的供给模式，也称之为 TTS 供给。

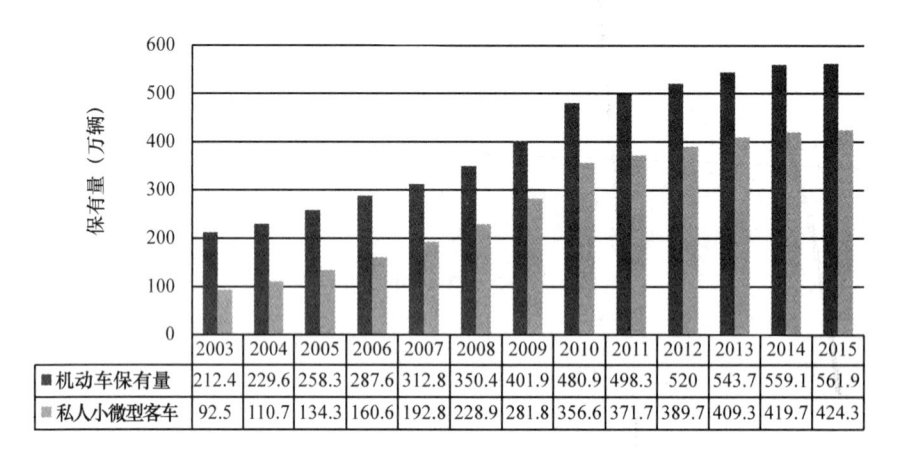

	2003	2004	2005	2006	2007	2008	2009	2010	2011	2012	2013	2014	2015
机动车保有量	212.4	229.6	258.3	287.6	312.8	350.4	401.9	480.9	498.3	520	543.7	559.1	561.9
私人小微型客车	92.5	110.7	134.3	160.6	192.8	228.9	281.8	356.6	371.7	389.7	409.3	419.7	424.3

图 1-1　北京近年来机动车及私人小微型客车保有量变化情况

资料来源：北京交通发展研究中心。

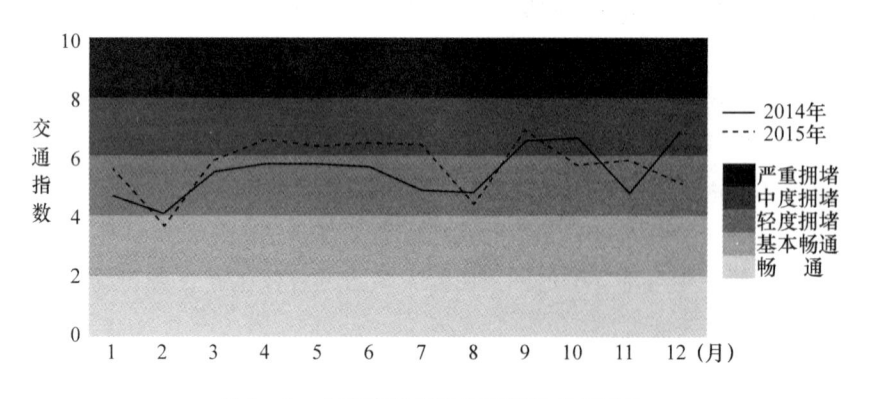

图 1-2　北京高峰平均交通指数分月对比

资料来源：北京交通发展研究中心。

---

① Naor, P., "The regulation of queue size by levying tolls", *Econometrica*, Vol. 37, No. 1, 1969, pp. 15–24.

② 赵蕾：《城市交通拥堵治理：政策比较与借鉴》，《中国行政管理》2013 年第 5 期。

表1-4　　　　　　　　　北京拥堵时间（分钟）统计

	严重拥堵	中度拥堵	轻度拥堵	基本畅通	畅通
2014年	45	70	150	405	770
2015年	50	130	180	350	730
时间变化	+5	+60	+30	-55	-40

资料来源：北京交通发展研究中心。

显然，引入私人资本既可在一定程度上增加政府的公共预算，又可通过提供多种服务选择[1]，有目的地转移部分原有公共服务需求[2]（如将高峰时段的需求转向非高峰时段[3]，或将市政道路车辆分流至高速公路），还可将所得收益进一步用于改善服务[4]。研究表明，该方法确实可以有效降低顾客平均等待时间，缓解交通拥堵[5]。但是，也有研究者认为，若政府对免费公共服务进行收费，会损害低收入群体的利益，导致社会不公平[6]，有悖于公共服务公平性与普遍性的基本要求；此外，差异化服务也可能激发更多的潜在需求[7]，使得顾客等待时

---

[1] Dawson, D., Gravelle, H., Jacobs, R., Martin, S., Smith, P. C., "The effects of expanding patient choice of provider on waiting times: Evidence from a policy experiment", *Health Economics*, Vol. 16, No. 2, 2007, pp. 113-128.

[2] Siciliani, L., Hurst, J., "Tackling excessive waiting times for elective surgery: A comparative analysis of policies in 12 OECD countries", *Health Policy*, Vol. 72, No. 2, 2005, pp. 201-215.

[3] 吴毅洲：《基于TDM的城市交通拥挤对策研究》，《交通科技》2005年第3期。

[4] Andritsos, D. A., Tang, C. S., "Introducing competition in healthcare services: The role of private care and increased patient mobility", *European Journal of Operational Research*, Vol. 234, No. 3, 2014, pp. 898-909.

[5] Chen, H., Qian, Q., Zhang, A., "Would allowing privately funded health care reduce public waiting time? Theory and empirical evidence from Canadian joint replacement surgery data", *Production and Operations Management*, Vol. 24, No. 4, 2015, pp. 605-618; Hanning, B., "Has the increase in private health insurance uptake affected the Victorian public hospital surgical waiting list?", *Australian Health Review*, Vol. 25, No. 6, 2002, pp. 64-71; Schwierz, C., Wübker, A., Wübker, A., Kuchinke, B. A., "Discrimination in waiting times by insurance type and financial soundness of German acute care hospitals", *European Journal of Health Economics*, Vol. 12, No. 5, 2011, pp. 405-416.

[6] Cutler, D. M., "Equality, efficiency, and market fundamentals: The dynamics of international medical-care reform", *Journal of Economic Literature*, Vol. 40, No. 3, 2002, pp. 881-906.

[7] Powers, N., Sandararajan, V., Gillett, S., Marshall, R., "The effect of increased private health insurance coverage on Victorian public hospitals", *Australian Health Review*, Vol. 26, No. 2, 2003, pp. 6-10.

间反而增加①。因此，TTS 供给模式能否用于，以及如何有效地运用于公共服务供给实践，仍值得深入探讨与分析。这也是探索如何进行资源分配、提高服务供给效率，以及如何引入私人资本，实现可持续性供给应考虑的重要问题。

在 TTS 供给模式中，价格是影响顾客服务选择的重要因素，也是基于供给侧用以规范引导服务提供者与顾客行为的基本政策。现实中往往可以看到，若私人部门服务价格过高，则会对低收入群体形成进入壁垒，无法实现对公共部门顾客的有效分流，即无法有效发挥缓解拥堵的作用。以香港三条过海隧道（红遂、东遂和西遂）为例②，红遂和东遂基于 BOT（Build-Operate-Transfer）模式已实现交付，现由政府对其定价收费，价格较低；而西遂仍为私企运营，收费较高。2016 年西遂平均行车量远低于其设计的最大容车量；相反地，红遂行车量已超过最大值约 50%，东遂行车量也接近饱和（见表 1-5）。在该服务供给中，虽然政府与私企提供了不同价格和服务质量（红遂严重拥堵而西遂畅通）的多元化服务，然而，由于服务价格的较大差异，最终的服务供给效果却不尽人意。面对该情形，政府一方面可限制西遂收费来优化服务供给；另一方面可采用交付使用（如购买）等方式将西遂收归国有，对三条隧道进行统一定价来改善服务供给，即直接利用财政资金提供与原有供给相同的服务，该供给模式则称为双通道无差异公共服务（Two-queue Public Service，TQS）供给模式。此外，由于过多考虑公平性，现阶段公共部门与私人部门之间的服务价格及质量差异并不明显，由此而形成的无差异化供给也属于 TQS 供给。

综上所述，在公共服务供给中，政府是采用 TTS 供给模式提供差异化服务，还是采用 TQS 供给模式，直接利用财政资金提供无差异化服务；是否需要对 TTS 供给中，特别是私人部门供给进行价格管制；以及如何制定合理的价格政策来实现更好的服务供给，是政府和研究者在构

---

① Auteri, M., Maruotti, A., "Modelling waiting times in the Italian national health service", *Applied Economics Letters*, Vol. 19, No. 5, 2012, pp. 459 – 465; Besley, T., Hall, J., Preston, I., "Private and public health insurance in the UK", *European Economic Review*, Vol. 42, No. 3 – 5, 1998, pp. 491 – 497; Iversen, T., "The effect of a private sector on the waiting time in national health service", *Journal of Health Economics*, Vol. 16, No. 4, 1997, pp. 381 – 396.

② 香港立法会秘书处资料研究组：《数据透视》，2017 年 3 月 22 日，https://www.legco.gov.hk/research-publications/chinese/1617issh23-road-harbour-crossings-20170322 – c.pdf。

建和完善 TTS 供给模式时需考虑的重要问题。

表 1-5　　　　　香港三条过海隧道基本情况（2016 年）

	提供者	最大容车量	平均行车量	平均车速	收费		
					私家车	的士	货车
红遂	政府	78	114.7	34	20	10	15—30
东遂	政府	78	75.8	32	25	25	38—75
西遂	私企	118	67.4	56	65	60	75—130

资料来源：香港立法会秘书处资料研究组。

除价格政策外，常见的作用于供给侧的公共服务供给政策还包括补贴与信息披露等。相比于传统管制型政府，服务型政府更加注重政策对于服务提供者和顾客的规范引导作用，通过有效供给来创造、引导并回应需求[①]。如图 1-3 所示，政府为政策制定者，服务提供者为政策执行者，顾客则通过自身利益最大化选择如何进行服务消费。政府在制定政策时往往基于不同时期的特定目标，综合考虑其政策对于服务提供者和顾客的影响，权衡不同政策下服务提供者和顾客收益，以实现社会总体福利最大化。上述供给政策是在资源有限的约束条件下，通过服务提供者间的竞争与合作（价格政策）、资源重新分配（补贴政策）及合理利用（信息披露政策）等方式对公共服务供给行为进行规范引导的有效方法。因此，政府在不同公共服务供给模式下如何进行供给政策选择与效果评价，也是改善公共服务供给的关键问题。

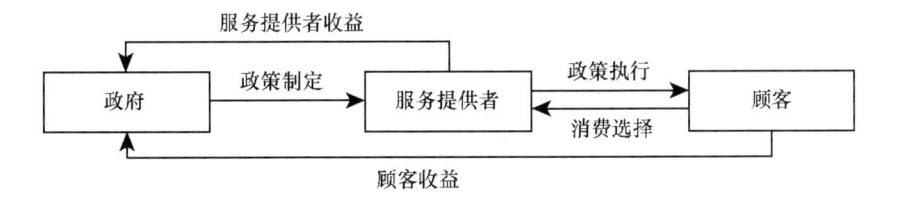

图 1-3　公共服务供给中各主体间的关系

① 王海军、冯乾：《供给侧结构性改革的经济学理论内涵——基于总供给总需求的分析框架》，《西安交通大学学报》（社会科学版）2016 年第 6 期。

二 研究意义

近年来,关于公共服务供给模式与供给政策的研究层出不穷。在公共资源与预算有限的现实背景下,政府如何在公共服务供给中兼顾公平与效率,通过引入私人资本,构建合理的公共服务供给模式并制定相关供给政策,促使服务提供者提供优质服务,并引导顾客更为理性地选择服务,从而有效匹配公共服务供给与需求,改善公共服务供给中的资源分配不均、供给效率低下以及顾客长时间等待的现状,既是供给理论与公共政策研究的主要内容,又是实践中政府与人们关心的重要问题。本书基于对上述问题的探讨,具有如下意义。

(一) 理论意义

首先,补充了公共服务供给模式的分类。本书在存在两个或多个服务提供者的情形下,依据服务提供者是否提供具有价格或服务质量差异化的服务,将公共服务供给模式分为双轨服务 (TTS) 供给模式和双通道无差异 (TQS) 供给模式。它们可用于研究不同服务提供者 (如公共部门与私人部门),或是相同服务提供者 (均为公共部门) 之间的竞争与合作供给问题,相比于传统的分类方法更具有普适性。此外,不同于现有关于双轨服务供给的研究,本书通过分析获得了 TTS 与 TQS 供给模式各自占优时的具体条件,即不同政策条件下供给模式的最优选择,既补充了双轨服务供给相关理论,又为公共服务可持续性供给提供了理论指导。

其次,丰富了现有关于公共政策的研究。基于供给侧视角,本书主要讨论了政府用于规范引导公共服务参与者 (服务提供者与顾客) 行为的三大政策:价格、补贴和信息披露,研究了它们对公共服务供给效果的单独与交互影响。不同于评估整个政策制定过程的相关研究,本研究以如何解决公共服务供给中的公平与效率、减少顾客等待,以及提高社会总体福利为出发点,重点关注政策制定与否 (如是否实施差异化服务、是否对服务提供者进行补贴以及是否披露实时等待信息) 对供给效果的影响,从而为公共服务供给政策选择提供了科学的决策依据。

最后,基于不同主体目标构建了公共服务供给效果评价指标。相比于现有的整套指标体系而言,本研究所构建的评价指标具有一定的概括性与综合性，充分考虑了不同行为主体（顾客、服务提供者与政府）的决策目标（等待时间最短、收益最大与社会福利最大），为政策制定过程中如何权衡多方利益提供了建议与指导。同时，通过构建定量评价指标，可以清楚地反映影响决策目标的相关因素，为如何改善服务供给提供具体指导。此外，这些指标还可直接用于解决如何减少顾客等待时间、提高社会总体福利等现实问题，并为下一步构建基于不同主体目标或实际问题的评价指标体系提供思路与参考。

（二）实践意义

首先，本书可为公共服务供给相关主体，如政府、服务提供者与顾客提供更多的定量决策信息，有利于他们更好理解公共服务供给现状、不足与改善方法，从而保障更为理性的决策或行为。一般而言，采用定性或实证研究等方法仅能说明自变量（决策变量）是否会影响因变量（决策目标），而无法获得二者更为清晰的定量关系，如如何影响，产生多大影响等。本书考虑了公共服务供给中各主体的行为决策，分析了影响其选择的微观因素，从而构建了基于不同现实情境的双轨公共服务供给模型。通过讨论不同决策变量对于服务供给效果的影响，获得了二者间更为具体且可量化的相关关系，从而为政府宏观决策提供更多信息。

其次，本书为如何解决拥堵、减少顾客等待时间等实际问题提供了政策建议。随着社会经济的快速发展，拥堵问题愈发严重，如何解决拥堵及其所引发的资源浪费、环境污染、交通事故和社会矛盾等，已成为全社会共同关注的热点话题。本书以公共服务供给中所出现的拥堵问题为出发点，尝试通过顾客选择行为来分析拥堵产生的原因，并探讨政府如何通过选择不同的公共服务供给模式与政策来规范引导服务提供者和顾客行为，进而分析如何利用有限资源来缓解拥堵、减少顾客等待时间，从而提高顾客满意度以及社会总体福利。此外，本书的研究结果对于解决其他服务系统中的拥堵问题也具有一定的启示作用。

最后，本书对于公共服务供给侧改革以及供给实践具有指导意义。本书充分考虑了公共服务供给中出现的主要问题，如公平与效率，供给模式选择，资源开发、分配和使用，不同主体各自目标与收益，以及供给效果评价等。基于公共服务供给侧视角，通过建模等定量研究方法对供给侧改革具体措施，即不同供给模式和供给政策进行对比分析，探讨它们单独及其交互作用对于公共服务供给效果的影响，可为公共服务供给侧改革及供给实践中有关是否提供差异化服务、如何定价、是否进行信息披露，以及政府如何实施补贴等问题提供建议和指导。此外，有关双轨供给模式的研究也可为现阶段如何引入私人资本，从而构建良好的公私合作关系提供参考。

第二节　核心概念界定

一　公共服务与公共服务供给

公共服务是服务型政府的一项基本职能，是指法律授权的政府和非政府公共组织以及相关工商企业在纯粹公共物品、混合性公共物品以及特殊（带有生产的弱竞争性和消费的弱选择性的）私人物品的生产和供给中所承担的职责[①]。本书仅考虑基本公共服务供给中，各行为主体（包括政府、服务提供者与顾客）依据自身目标所做出的不同的行为选择及其相互作用对供给效果所产生的影响。不同主体拥有不同的目标和决策，具体如表 1-6 所示。

表 1-6　　　　公共服务供给中不同主体目标与决策

行为主体	目标	决策
顾客	等待时间最小	是否接受服务；选择何种服务
服务提供者	收益最大或成本最小	定价、信息披露决策
政府	社会总体福利最大	价格、补贴、信息披露政策

公共服务供给则是服务提供者（公共部门或私人部门）向顾客提供满足其公共需求的产品或服务的具体行为。由于公共服务的特殊性，政府应在供给中发挥主导作用，通过一系列政策手段来规范或约束服务提供者的利己行为，并引导顾客进行理性选择与消费，从而实现公共服务供给的合理性、有效性与可持续性。

[①] 马庆钰：《公共服务的几个基本理论问题》，《中共中央党校学报》2005 年第 1 期。

二 公共服务供给模式

公共服务供给模式是指公共服务供给主体、供给方式及供给过程中各主体的行为选择及其相互关系[①]。公共服务供给模式的分类方法众多，本研究从供给侧视角出发，基于公共服务供给中存在的现实问题及其可行解决方案，以服务提供者是否提供差异化服务（如价格或服务质量差异等）为依据，构建了双通道无差异公共服务（TQS）供给模式与双轨公共服务（TTS）供给模式。

TQS 供给模式是指同时存在两个服务供给通道，且服务价格和服务质量均相同的公共服务供给模式。如新增公立医院、新修道路等均属于 TQS 供给。相比于传统的单一供给模式，即仅由公共部门提供一种且只有一个服务通道的供给模式而言，TQS 供给模式是在新增或引入私人资本后，通过新建一个与原有服务基本相同的服务供给通道的方式，来实现对原有服务供给能力的补充以及改善服务供给的目的，属于补缺式公共服务供给模式[②]。此外，该供给模式的提出也是为了避免差异化服务可能导致的不公平。作为 TTS 供给模式的一种补充或特殊情况（两通道服务价格及服务质量相等），TQS 供给是研究 TTS 供给如何定价、是否提供差异化服务的对照基准，也可作为提高现有公共服务供给能力的一种模式选择。

TTS 供给模式是指由两个服务提供者同时提供不同服务价格和服务质量，即差异化服务的公共服务供给模式。例如，由公立医院和民营医院共同提供医疗服务，免费普通公路与收费高速公路共同组成的交通系统等。仅从服务者数量来看，现有的公私合营，即 PPP（Public-Private-Partnership）模式[③]也可视为双轨公共服务供给模式。考虑其他因素，二者的区别在于：首先，从服务过程来看，PPP 模式强调的面更广，包括融资、生产以及供给整个过程，而 TTS 供给模式只强调公共服务供给过

[①] 丁姿：《西方国家公共服务供给模式研究综述》，《公共管理评论》2016 年第 1 期。

[②] 翁士洪：《从补缺式模式到定制式模式：非营利组织参与公共服务供给体制的战略转型》，《行政论坛》2017 年第 5 期。

[③] Ham, H. V., Koppenjan, J., "Building public-private partnerships: Assessing and managing risks in port development", *Public Management Review*, Vol. 3, No. 4, 2001, pp. 593 – 616.

程。其次，从服务提供者属性来看，PPP 模式同时包括公共部门和私人部门，而 TTS 供给既可以是公私联合供给的形式，也可以都由公共部门或私人部门来提供差异化服务，其选择主要取决于政府对于私人资本的需求程度。因此，收费与免费同时存在的公共交通系统，分级诊疗下的医疗服务等，都适用于 TTS 供给分析。为陈述方便，本书中的 TTS 供给特指公共部门和私人部门（不同服务提供者）差异化服务供给，TQS 特指两公共部门同质服务供给。显然，其研究结果同样适用于相同或同类服务提供者下的差异化供给，即一般 TTS 供给。最后，PPP 模式强调的是服务提供者之间的合作伙伴关系，而 TTS 模式则更关注差异化服务下的竞争以及政策的规范引导作用。

TTS 供给模式的主要特点是联合公共部门供给与私人部门供给，兼顾公平与效率；提供差异化服务，满足顾客多样化需求。公共部门为保证公平性，提供价格较低甚至免费的公共服务，但由于不具排他性，过多的需求或顾客进入则可导致拥堵、顾客等待时间长等问题；而私人部门通过提供较高价格的服务，既可对原有公共部门的基本服务进行补充，又可利用价格来抑制顾客需求，从而保证服务水平，提供高质量[1]、高效率服务[2]。

三 公共服务供给政策

基于公共服务供给侧视角，本书主要关注以下三种供给政策：价格、补贴和信息披露，它们都是政府在公共服务供给中用于解决拥堵、提高供给效率，以及规范引导服务提供者与顾客行为所采用的重要方法和手段。

价格政策，是政府对服务提供者定价行为的干涉，是通过价格指导或管制来防止服务提供者基于自身利益最大化而制定过高价格的有效方法。因此，政府价格政策和私人部门定价策略在主体和目标上是有差异

---

[1] 王箐、魏建：《我国医院市场的竞争效果——基于省级数据的实证研究》，《经济科学》2012 年第 1 期。

[2] Cooper, Z., Gibbons, S., Jones, S., McGuire, A., "Does hospital competition save lives? Evidence from the English NHS patient choice reforms", *Economic Journal*, Vol. 121, No. 554, 2011, pp. F228 – F260.

的。本书则在讨论服务提供者定价行为与顾客服务选择行为的基础上，对政府如何制定并选择合理的价格政策进行分析。具体而言，本书所关注的价格政策的制定与选择包括两方面内容：一是是否实施差异化定价，即当公共服务单一供给存在过度拥堵，且考虑增加新的服务供给来提高服务能力时，是否对新增加的服务或通道制定与原有服务不同的价格（TTS供给模式采用差异化定价，而TQS供给模式则采用相同定价），这也是政府对公共服务供给模式的选择；二是是否对私人部门定价进行管制，即如何规范私人部门具体的定价策略。它既包括在选择不同供给模式时私人部门如何定价，又包括在分析是否实施补贴或信息披露政策时私人部门如何定价的问题。由此可见，价格政策不仅关系到公共服务供给模式的选择，还会影响其他政策的制定。本书的公共服务价格政策（管制性价格政策）并非政府直接定价，即规定公共服务唯一收费多少的问题，而是实施政府指导价格，给定私人部门定价范围或价格浮动区间。

补贴政策，是指政府以拨款、税收减免或担保书等形式[①]向服务提供者或顾客进行财政分配或资金转移的一种手段。按照补贴对象的不同，补贴可分为供给补贴（对服务提供者的补贴）和需求补贴（对顾客的补贴）。前者主要用于提高服务提供者的服务能力或弥补其在供给过程中的部分亏损，从而间接提高顾客及社会福利。后者则是直接通过补贴来降低顾客成本，刺激其某些消费行为的发生。基于供给侧视角，本研究主要关注TTS供给模式中的供给补贴，它具体包括以下两种形式：第一，收益补贴，即将私人部门的收益所得用于补贴公共部门（称之为公共部门收益补贴，或TTSF）或私人部门（称之为私人部门收益补贴，或TTST），从而提高不同服务提供者的服务供给能力。值得说明的是，首先，由于本书重点关注差异化服务所产生的收益，即私人部门收益对于供给的影响，因此，收益补贴的资金来源为私人部门的收益所得，而非政府其他财政资金或外部投入。其次，该补贴的对象是公共服务提供者，而非顾客，这与本书直接作用于服务提供者（供给侧视角），进而引导顾客行为的政策思路相一致。若新增的差异化服务也由公共部门提

---

① 陈振明：《公共政策分析》，中国人民大学出版社2002年版，第55—56页。

供（本书暂不考虑），则可直接将获得的收益补贴到原有的公共服务中来，从而解决差异化服务所带来的社会不公平问题；若新增服务由私人部门提供（本书的研究情境），政府则可以税收等方式进行收益的转移与补贴。第二，在上述补贴政策的基础上，考虑政府以财政资金或其他投入直接对服务提供者进行补贴。该混合补贴政策是政府在财政资金充裕的情况下直接提高服务提供者服务能力的行为，称之为外部补贴。本书分别考虑了不同主体目标下收益补贴和外部补贴对于公共服务可持续性供给的作用及影响。

信息披露政策，是指规定公共服务提供者是否公布有关服务过程与状态等实时信息的政策。由于信息的不对称性及滞后性，顾客很难通过自身努力事先获得有关公共服务供给的实时信息，如医院的等待时间、交通拥堵情况等。服务提供者对于这些信息的披露与否会直接影响顾客的选择行为以及整个服务系统的供给效果。鉴于本书重点关注如何减少顾客等待时间、解决公共服务供给中出现的拥堵等问题，故将服务提供者所披露的信息界定为顾客等待信息，具体包括实时等待信息和非实时等待信息。实时等待信息是指服务提供者所披露的实时队长（顾客数）或实时等待时间；而非实时等待信息则指服务提供者向顾客披露的平均等待时间或除实时等待信息以外的其他信息，是基于长期历史统计数据而得出的平均值。本书中的信息仅包括平均等待时间和实时队长信息，二者也是现实中服务提供者最常披露的有关服务供给状态的信息。相比于平均等待时间而言，实时队长信息的质量更高，获取更难，对于顾客预估或判断真实服务水平，如实际等待时间等也更为有效。根据公共部门与私人部门是否向顾客披露实时队长信息，可将 TTS 供给下的信息政策分为以下四种（见表1-7）。

（1）NRI（Non-real-time Information，无实时信息）政策，指公共部门与私人部门都只披露平均等待时间信息。

（2）MI（Mixed Information，混合信息）政策，包括 MI-1 政策和 MI-2 政策。MI-1 政策是指公共部门提供平均等待时间信息，而私人部门则提供实时队长信息；反之，MI-2 政策则是公共部门提供实时队长信息，而私人部门仅提供平均等待时间信息。

（3）RI（Real-time Information，实时信息）政策，指公共部门与私

人部门都披露实时队长信息。

表 1-7　　　　　　TTS 供给模式下的信息政策分类

公共部门 \ 私人部门	平均等待时间	实时队长
平均等待时间	NRI 政策	MI-1 政策
实时队长	MI-2 政策	RI 政策

由于本书旨在探索双轨公共服务供给（差异化服务）是否能改善服务供给效果，重点关注在引入私人资本过程中，政府如何通过相关政策来规范约束私人部门的供给行为。因此，对于信息披露政策而言，本书仅考虑公共部门提供非实时等待信息时，私人部门不同信息政策（NRI和 MI-1）下的公共服务供给问题。

四　公共服务供给效果评价指标

公共服务供给效果是政府在确定公共服务供给模式与政策后，通过服务提供者的政策执行与顾客的消费选择所产生并表现出来的与预期目标相关的结果。实践中，往往运用科学合理的评价指标对公共服务供给效果进行测量评价，从而检验供给政策的有效性。公共服务供给理论与实践均对供给效果评价指标进行了较为完善地构建与分析[1]，如基于顾客满意度的供给效率评价[2]等。但是，这些指标体系都只能对已实施的公共服务供给政策进行事后评价，无法作为供给模式或政策选择的判断依据，并缺乏对于影响供给效果具体因素的描述与分析。因此，目前关于 TTS 或 TQS 供给模式的选择，以及相关供给政策实施效果的评价仅限于实践中所观察到的可能性，缺乏定量评价指标，使得是否及如何采用 TTS 供给模式来更为有效地进行公共服务供给无章可循，争议不断。为解决该问题，本书分别从顾客、服务提供者（公共部门与私人部门）及

---

[1] 徐琴：《基本公共服务供给评估指标体系的构建》，《统计与决策》2012 年第 5 期。
[2] 李燕凌：《农村公品供给效率实证研究》，《公共管理学报》2008 年第 2 期；张权：《基于顾客满意度理论的公共品供给效率研究》，《当代经济研究》2018 年第 4 期；刘武、杨雪：《论政府公共服务的顾客满意度测量》，《东北大学学报》（社会科学版）2006 年第 2 期。

政府三个方面对公共服务供给效果进行评价，并采用了整个供给过程中三方主体行为选择互动后的可供计算分析的定量评价指标，具体包括以下五项。

（1）顾客平均等待时间。不同供给模式（TTS 或 TQS）下基于顾客到达过程与服务过程而计算出的不同供给部门及整个供给系统中顾客等待时间的期望值。等待时间决定顾客等待成本，是除价格外影响顾客选择的主要因素。平均等待时间越长，表明该服务供给中的拥堵越为严重。降低顾客等待时间是顾客、服务提供者与政府的共同愿望。

（2）私人部门收益。当引入私人资本进行差异化供给时，收益最大化往往是私人部门追求的主要目标。了解私人部门收益大小及其影响因素，不仅可以判断私人部门的决策行为，也可为政府如何引导提供依据。此外，私人部门收益是收益补贴的资金来源，也是社会福利的组成部分。

（3）服务提供者运营总成本（Total Operating Cost，TOC）。即所有服务提供者的持有成本与服务成本之和。其中，持有成本是指因顾客滞留所产生的费用或成本，如病人定期检查费、交通污染治理费等；服务成本则是与服务供给相关的直接费用，如服务提供者工资、设备费用等。降低运营总成本是政府与服务提供者追求的主要目标之一。

（4）顾客总成本（Total Customer Cost，TCC）。顾客总成本是指顾客在接受服务过程中所产生的等待成本与货币成本（所支付费用）之和。虽然等待成本与持有成本都是基于顾客平均等待时间，但由于顾客选择具有主观性，其等待成本可能随着服务水平的提高而降低。因此，本书第三章和第四章均假设顾客不考虑私人部门中的等待成本，即当私人部门可以较高概率保证一个足够小的最长等待时间时，顾客可忽略该等待成本。而在第五章中，顾客在不同服务供给部门中的总成本均由等待成本和货币成本组成。

（5）社会总成本（Total Social Cost，TSC）。社会总成本是服务提供者运营总成本与顾客总成本之和。社会总成本越低，社会总体福利则越高。如何降低社会总成本是政府决策时考虑的首要指标。

第三节 研究内容与方法

一 研究内容

本书从基本公共服务供给,特别是传统单一供给与现有双轨供给中出现的拥堵、服务效率低下、供给不均衡等实际问题出发,综合考虑公共服务供给理论中的公平与效率、不同供给主体之间的竞争与合作关系,以及供给效果等问题,基于供给侧视角,对公共服务供给模式与相关政策进行了对比分析与研究。针对 TTS 供给模式的潜在优点以及现有公共服务供给模式中存在的不足,就是否及如何引入私人资本或利用差异化服务进行有效的公共服务供给进行了讨论。基于不同主体视角对公共服务供给效果进行定量对比与分析,得出了不同目标与条件下的最优供给模式与供给政策,进而用于指导政府政策的制定与选择。本研究的主要研究内容具体包括以下几点。

(一) 基础研究

基础研究包括对问题的界定与文献综述两部分。首先,本书通过对基本公共服务供给理论与实践的分析,发现如何解决拥堵、减少顾客等待时间,既是人们日常生活中所关注并亟待解决的重要问题,也是政府和研究者关于如何合理分配资源、提高资源利用率、有效匹配供需关系,从而提高公共服务供给效率等问题的出发点和落脚点。进而结合现阶段我国公共服务供给与供给侧改革现状,对是否引入私人资本、提供差异化服务,即是否构建 TTS 供给模式,或如何改善现有 TTS 供给模式等问题的必要性及重要性进行分析说明。其次,分别从公共服务供给政策(价格、补贴与信息披露)与供给模式两方面对相关文献进行梳理,获悉政府可用于改善公共服务供给的方法手段及其相应效果。同时,分析现有研究的不足与可供改进或补充的内容,明确本研究的研究问题、目标及意义。

(二) 建模研究

建模研究是本研究的重点与核心内容,是通过模型构建与分析来反映公共服务供给模式构建的整个过程。结合供给侧视角下用于规范引导服务提供者和顾客行为的供给政策（价格、补贴和信息披露），建模研究的具体内容如下。

首先，对公共服务供给中过度拥堵、顾客等待时间长等问题产生的原因进行分析。从资源约束、服务提供者的服务能力，以及顾客选择等方面分析造成公共服务供需不匹配的可能原因。通过对顾客到达过程、服务提供者服务过程的分析构建了用于解决拥堵问题的排队模型，首次定义并给出了顾客负外部效应的定量表达公式，得出并解释了顾客自私行为所带来的负外部效应是造成公共服务供给失效的主要原因，从而为规范引导服务提供者的服务供给和顾客的消费选择行为提供了具体的指导。

其次，构建公共服务供给模型，并探讨不同目标下最优供给模式的选择，以及该过程中价格政策的具体作用等问题。在公共部门与私人部门均不提供实时等待信息（NRI 政策），私人部门可保证一定的服务水平（顾客可忽略在私人部门中的等待成本），以及不存在顾客止步或中途退出行为的假设条件下，以是否引入私人资本、提供差异化服务为依据，构建 TTS 与 TQS 供给模型，以及用于反映不同主体目标下公共服务供给效果的定量评价指标。运用排队分析方法对比两种供给模式下各供给部门与整个服务系统的供给效果，进而在特定目标下进行供给模式的合理选择。研究发现，私人部门定价、服务能力及异质顾客对于等待时间的敏感性是影响供给模式选择的重要因素，据此回答了是否构建 TTS 供给模式来进行差异化供给的问题。此外，在 TTS 供给模式下，进一步讨论了其可行性、稳定性、可靠性以及一定的现实约束条件，为构建 TTS 供给模式实践提供了定量决策信息。

再次，在价格政策的基础上，进一步讨论政府补贴对于改善公共服务供给效果的作用。在 TTS 供给模式中，为保证公共服务的有效供给及私人资本的充分利用，政府需采取一定的措施，如补贴政策对私人部门供给行为加以影响，防止其基于自身利益最大化而损害顾客及社会利益。根据补贴资金来源与作用对象的不同，本研究重点讨论了将一定比例的私人部门收益补贴给公共部门（公共部门收益补贴）或私人部门（私人部门收益补贴）的现实情境，从而构建了 TTSF 与 TTST 供给模型。对比分析不同收益补贴政策下的顾客等待时间、服务提供者收益与成本，以及社会总成本，找到不同主体目标下的最优补贴方式、最优补贴率大小，以及私人部门定价与补贴政策在改善公共服务供给效果时的交互作用。此外，在上述两种收益补贴政策的基础上，考虑财政资金充足或存在外部资金投入时，政府对于不同服务提供者的直接补贴，即外部补贴政策，从而探索更多可用于改善服务供给的补贴方式和政府作用。

最后，基于更为复杂的现实条件与假设，如顾客止步、私人部门等待空间受限和顾客等待成本不可忽略等，研究在引入私人资本时，私人部门不同信息披露政策对于双轨公共服务供给效果的影响。实时队长信息或更多信息虽然可以提高顾客关于等待时间估计的准确性，也是服务信息化的基本要求，但由于顾客选择的局限性，以及私人部门信息决策的利己性，不同水平下的信息作用及信息政策选择具有不确定性。此外，基于传统马氏过程的排队分析方法不再适用于对实时队长信息或存在顾客止步时公共服务供给效果的分析。因此，如何采用新的技术或方法来解决该问题，得出不同信息披露政策下公共服务供给效果的定量评价指标，进而结合私人部门定价，确定可用于改善双轨服务供给效果的信息政策及其选择的具体条件，也是本研究的重要内容。

（三）应用研究

以我国医疗服务供给为例，分析了现有供给中存在的主要问题，并结合本研究有关改善公共服务供给的具体思路、方法和结果，对不同主体目标下的双轨医疗服务供给模式的构建过程进行了详细论述与分析，并着重讨论政府应如何选择相关供给政策（包括价格、补贴和信息披露），即各政策所适用的具体条件来规范引导服务提供者供给和顾客选择行为，从而为完善我国医疗服务供给政策提供更多借鉴与参考。最后，总结全书，明确本研究的结果与创新，并进一步讨论基于随机过程的定量建模研究方法的适用条件，以及未来研究与应用的具体内容与方向。

基于上述研究内容，本研究拟解决的关键问题可归纳如下。

第一，现有公共服务供给中出现拥堵和供给失效的主要原因是什么？

第二，在资源有限的现实约束下，政府是否可通过引入私人资本、提供差异化服务，即构建双轨公共服务供给模式来改善公共服务供给？

第三，在双轨公共服务供给模式下，政府应如何规范引导私人部门供给行为，即如何制定或选择合理的价格、补贴和信息披露政策来实现社会福利最大化，以及公共服务可持续性供给？

二 研究方法

本研究主要采用了基于随机过程的建模研究方法。通过建立随机模型来刻画公共服务供给过程中政府、服务提供者和顾客的不确定性选择行为及相互关系，并以随机变量来反映影响公共服务供给效果的可能因素。建模研究不仅可为公共管理中的定量决策问题提供准确的信息与决策依据，还可以通过模型分析与数值方法直接获得各决策变量与不同主体目标之间的确定性关系及作用大小。

首先，基于随机过程理论，分别对顾客到达过程和服务过程进行分析，利用排队模型对服务供给中的拥堵问题进行刻画，构建并直观显示出影响公共服务供给效果的相关决策变量及其作用关系。在不存在顾客止步、服务提供者均不提供实时等待信息（NRI 政策），且私人部门中的服务水平得以保证的情形下，运用 M/M/1 排队模型对 TTS 与 TQS 供给模式进行分析比较，得出不同主体目标下的公共服务供给效果评价指标，即顾客等待时间、服务提供者收益与成本以及社会总成本，进而讨论私人部门服务价格与服务能力在供给模式选择中所发挥的作用。

其次，在上述模型基础上，考虑政府利用私人部门收益或财政资金对于不同服务提供者的补贴政策，从而构建基于不同收益补贴政策的 TTSF 和 TTST 供给模型。通过模型分析与求解，回答是否使用私人部门收益进行补贴，以及如何补贴（补贴公共部门还是私人部门，具体补贴率如何制定）等问题。进而，对不同主体目标下的评价指标关于公共部门或私人部门服务能力（服务率）进行求导分析，从而明确外部补贴政策对于改善公共服务供给效果的作用。

再次，考虑实际中私人部门对于顾客等待信息的披露情况与可选择性，在更为现实的假设条件下对 NRI 和 MI-1 政策进行对比研究。假设存在顾客止步（将 TTS 模型拓展为 TTSB 模型），并考虑顾客在不同供给部门中的收益成本，对双轨公共服务供给模式下顾客不同选择之间的内在关系进行分析，从而将原有 M/M/1 排队模型扩展至更为一般的 MMPP/M/1 模型来描述顾客需求对于信息政策调控的具体反应。在不同信息披露政策下，通过分析不同供给部门中的顾客行为，构建描述顾客选择的转移矩阵,进而运用 MAM(矩阵分析方法)以及新的计算算法对双轨服务供给效果进行定量测量与分析。MAM 的使用及计算算法的开发,是解决复杂情形下双轨排队或服务供给问题的一种新的有效方法。

最后,在不同供给模式与政策下,使用数值算例对理论结果进行直观显示,并对复杂指标进行数值计算与分析,从而基于不同主体目标,对不同供给模式或政策下的公共服务供给效果进行比较,得出供给模式与供给政策的最优选择方案。

第四节 研究思路与框架

本研究从供给侧视角出发,针对公共服务供给理论和建设服务型政府的基本要求,对目前公共服务供给实践中出现的过度拥堵、顾客等待时间长、供给不均衡、服务效率低下等实际问题进行分析,以是否引入私人资本提供差异化服务为标准,构建了 TTS 与 TQS 两种公共服务供给模式。首先,在不考虑补贴和实时队长信息的基本供给情境下,通过对比研究回答了新增服务是否采取差异化定价,即 TTS 与 TQS 供给模式如何选择的问题,并明确了私人部门服务价格、服务能力及异质顾客特征对于供给模式选择的具体作用。进而,在资本投入量较低、服务供给能力不足时,考虑 TTS 供给中对于私人部门收益的有效利用,分别构建公共部门收益补贴(TTSF)及私人部门收益补贴(TTST)模型,在合理定价的基础上,对二者及无收益补贴时的 TTS 供给模型进行对比分析,研究不同补贴政策对于顾客等待、服务提供者收益成本及社会总成本的作用。此外,进一步考虑使用财政资金或外部投入所进行的供给补贴,以明确政府如何通过更多的补贴政策来有效分配资源,解决不同主体目标间的矛盾冲突,最终实现公共服务可持续性供给以及社会总体福利最大化。接着,考虑顾客止步的现实情境,将 TTS 供给模型扩展为 TTSB 模型,探讨私人部门不同信息披露政策(NRI 与 MI-1 政策)与不同主体目标下的双轨公共服务供给问题。运用矩阵分析方法对服务供给与顾客选择行为进行刻画,并得出不同信息政策下双轨公共服务的供给效果,结合私人部门定价,比较是否披露实时队长信息对于公共服务供给效果的影响。最后，结合我国公共服务供给实际情况，对本研究分析方法和结果加以理解运用，为实践中政府关于供给模式和供给政策的制定与选择提供参考。

归纳上述研究内容、目标及拟解决的关键问题，可得出本书的基本框架，具体如图1-4所示。

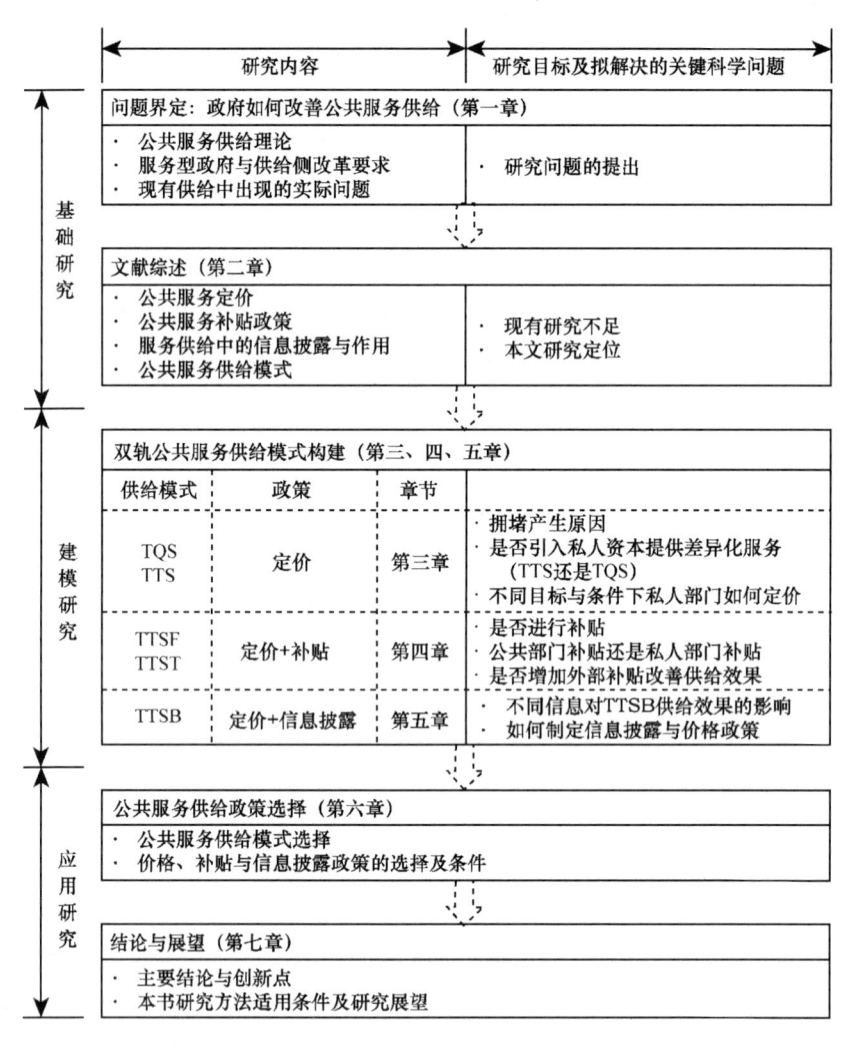

	研究内容			研究目标及拟解决的关键科学问题
基础研究	问题界定：政府如何改善公共服务供给（第一章） · 公共服务供给理论 · 服务型政府与供给侧改革要求 · 现有供给中出现的实际问题			· 研究问题的提出
	文献综述（第二章） · 公共服务定价 · 公共服务补贴政策 · 服务供给中的信息披露与作用 · 公共服务供给模式			· 现有研究不足 · 本文研究定位
建模研究	双轨公共服务供给模式构建（第三、四、五章）			
	供给模式	政策	章节	
	TQS TTS	定价	第三章	· 拥堵产生原因 · 是否引入私人资本提供差异化服务（TTS还是TQS） · 不同目标与条件下私人部门如何定价
	TTSF TTST	定价+补贴	第四章	· 是否进行补贴 · 公共部门补贴还是私人部门补贴 · 是否增加外部补贴改善供给效果
	TTSB	定价+信息披露	第五章	· 不同信息对TTSB供给效果的影响 · 如何制定信息披露与价格政策
应用研究	公共服务供给政策选择（第六章） · 公共服务供给模式选择 · 价格、补贴与信息披露政策的选择及条件			
	结论与展望（第七章） · 主要结论与创新点 · 本书研究方法适用条件及研究展望			

图1-4 本书研究框架

其中，对于双轨公共服务供给模式的构建过程，即本研究第三、

四、五章内容之间的逻辑关系如图 1-5 所示。

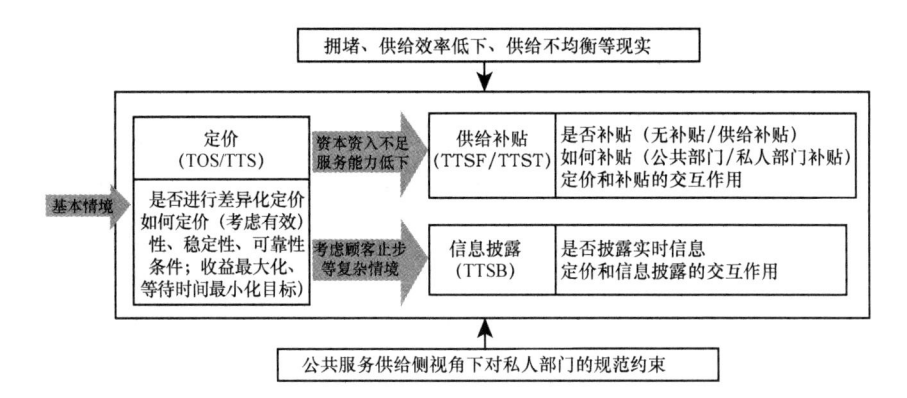

图 1-5　TTS 供给模式构建过程

第二章

文献综述

公共服务供给研究主要包括对公共服务供给模式与方法，各供给主体的角色、功能与不足，各主体间的合作与竞争，公共服务供给中的公平与效率等基本原则，以及公共服务供给绩效等问题的分析和探索[①]。基于供给侧视角，本章分别对公共服务供给政策（价格、补贴与信息披露）和供给模式的相关研究进行了回顾，以如何解决现实中公共服务供给供需不匹配、供给效率低下、顾客等待时间长等问题为出发点，对现有研究所关注的具体问题、研究方法及相应结果进行归纳总结，进而客观评价其贡献与不足，为本研究在公共服务供给研究体系中准确定位，进一步明确本研究的研究问题、目标与意义，并对后续相关研究给予借鉴与指导。

第一节 关于公共服务定价的研究

公共服务定价包括服务提供者基于自身利益最大化所采用的定价策略，以及政府基于社会整体福利最大化所采用的用以规范引导服务提供者与顾客行为的价格政策。本研究重点关注政府在公共服务供给中的主导作用，因此在全面了解服务提供者定价行为的基础上，考虑政府的管

---

① 张序：《公共服务供给的理论基础：体系梳理与框架构建》，《四川大学学报》（哲学社会科学版）2015年第4期。

制性价格政策，即通过直接限定服务提供者的价格水平或给予一定的浮动范围，对其定价策略进行约束。价格政策可直接影响顾客的公共需求，因此可用于解决公共服务供给中出现的供不应求、顾客长时间等待等问题，是供给侧视角下改善公共服务供给的有效途径。按照政府对于公共服务定价的干预程度，价格政策可分为政府直接定价与指导定价。直接定价即政府强制定价，是在政府目标与决策基础上所制定并强制实施的定价方式；而指导定价是指规定价格的可行区间，如价格上限或下限等，服务提供者仍具有一定的自主定价权。指导定价是我国现阶段主要采用的公共服务定价方式[①]，也是本研究的核心内容。鉴于公共服务定价的技术性要求，本节将从方法上对现有相关研究进行归纳总结，具体按照图2-1的写作逻辑进行阐述。

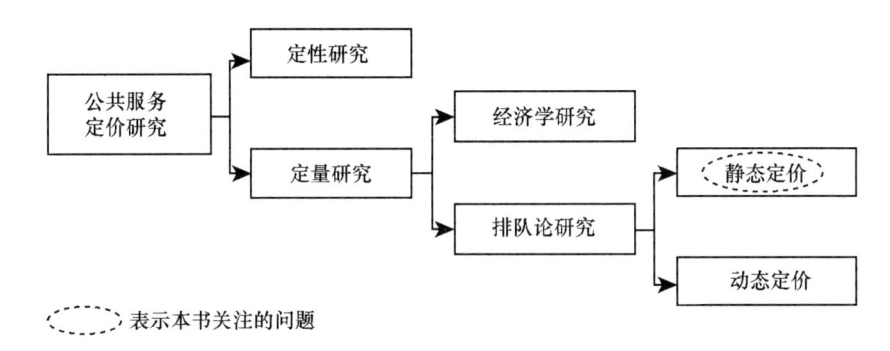

图2-1 公共服务定价研究综述写作逻辑

一 公共服务定价的定性研究

现有关于公共服务定价的研究可分为定性研究与定量研究两大类。其中，公共服务定价的定性研究主要讨论了公共服务定价的含义、目标与原则、现有定价机制等问题，为公共服务定价的定量研究提供了基本前提与框架。

余斌[②]给出了公共定价的定义与内涵，在引入西方公共定价理论中的平均成本定价法、二部定价法和高峰负荷定价法的基础上，着重介绍

[①] 李林、刘国恩：《我国营利性医院发展与医疗费用研究：基于省级数据的实证分析》，《管理世界》2008年第10期。

[②] 余斌：《公共定价的经济学分析》，《当代经济研究》2014年第12期。

了我国公共物品、公共资源、公共服务，以及国有企业与工龄定价，而本研究仅限于对公共服务定价的研究。在讨论如何引入私人资本对现有公共产品和服务进行补充时，张小明和刘建新[①]认为应坚持效率与公平均衡的定价目标，以竞争优先、合理公正、共同决策、公开透明为定价原则，逐步探索并执行综合考虑政府、服务提供者与顾客在内的多元定价机制，以期解决政府失灵与市场失灵等问题。可见，其定价目标、原则与机制同本研究一致。王利娜[②]则以社会福利最大化为目标，对公共产品定价问题的相关研究进行了回顾与总结，认为传统线性定价（如边际成本定价和资本收益率定价）和非线性定价（如二部定价）机制过分依赖成本和需求信息，不再适用于不完全信息的现实背景，因此基于不完全信息基础所产生的激励性定价模型则更符合实际。激励性定价是相对于政府强制定价而言的，通过政府设计机制或政策、服务提供者决定其行动策略的方式来试图引导多方主体利益趋于一致，本研究讨论的价格政策也属于激励性定价。

杨全社和王文静[③]基于预算、市场环境、需求与信息四个现实约束条件对我国公共定价机制进行了讨论，提出在平衡公平和效率两大目标下，应从细化公共定价分类、构建偏差指数及公共定价绩效评级制度、完善成本信息披露机制、利用税收补贴等财政辅助工具，并建立相关监督反馈机制五大方面来完善我国现有的公共定价机制。这些内容也是本研究所关注的用以改善公共服务供给效果的主要手段。吴槐庆和赵全新[④]考虑了公私合营，即 PPP 模式下的公共服务定价机制，结合国外关于公共产品或服务的定价模型与我国 PPP 模式下的具体费用支付机制，对如何加快完善 PPP 模式下的公共服务定价机制的路径进行了讨论，认为应在实际情况下，根据不同的制度环境、风险因素以及具体的监管目标，应采用复合的、可动态调节的定价机制。然而，除双轨供给特征

---

① 张小明、刘建新：《民营化进程中公用事业定价的制度基础》，《中国行政管理》2007年第5期。
② 王利娜：《公共品定价理论评述》，《东岳论丛》2012年第1期。
③ 杨全社、王文静：《我国公共定价机制优化研究——基于公共定价理论前沿的探讨》，《国家行政学院学报》2012年第3期。
④ 吴槐庆、赵全新：《政府与社会资本合作（PPP）模式下公共产品服务定价机制研究》，《价格理论与实践》2016年第11期。

外，PPP模式还考虑了公共服务生产过程中公共部门与私人部门更多且更复杂的合作关系，本研究所讨论的公共服务价格政策可为其定价提供更多基于顾客与服务提供者微观行为选择方面的定量信息。

综上可见，本研究所研究的双轨公共服务定价问题与现有多数定性研究具有相同的目标、原则与机制，即在考虑公平与效率的同时，试图构建多元化或差异化的定价方式来提高公共服务供给效率，并通过权衡政府、服务提供者与顾客三方的利益关系来制定更为合理的价格政策。有关公共服务定价的定性研究虽然对某些国内外的定价机制进行了介绍，可从宏观层面规范或启示公共服务价格政策的制定与选择，但它们却不足以对公共价格政策进行深入剖析及实际具体应用。因此，本研究重点关注并采用公共服务定价的定量研究。

公共服务定价的定量研究是以模型方法来反映并分析具体的定价策略。按照研究所采用的具体方法或理论基础的不同，本小节分别从经济学研究与排队论研究两方面对公共服务定价的定量研究进行归纳总结。

二 公共服务定价的经济学研究

成本加成定价法是公共服务定价最常使用的方法。基于该方法，何寿奎和傅鸿源[1]认为在非对称信息条件下，政府应该进行价格管制，以期获得更多的消费者剩余和社会福利。与之相反，王传荣和安丰东[2]则利用福利函数对管制型政府与城市公共服务提供者之间的定价进行了博弈分析，认为政府管制定价方法不能有效提供公共服务或实现社会福利最大化目标。在公立医院医疗服务定价中，相比于传统强制性的价格管制及其所产生的负效应[3]，激励型管制，即在原有管制结构基础上，给予公立医院一定的定价权，发挥其信息及逐利动机，可改善医药分家情形下医疗系统的服务质量和效率[4]。由此可见，坚持政府定价主导权，并让渡部分定价权给服务提供者的定价方法是研究者普遍认同的，这也是本研究聚

---

[1] 何寿奎、傅鸿源：《基于服务质量和成本的公共项目定价机制与效率分析》，《系统工程理论与实践》2009年第9期。

[2] 王传荣、安丰东：《城市公共服务市场化与定价管制》，《财经科学》2009年第7期。

[3] 吕本友：《医疗体制改革中政府管制途径和方式的研究》，《管理评论》2008年第8期。

[4] 贾洪波、杨昊雯：《公立医院医疗服务定价的成本显示机制研究——基于医药分家背景下Loeb-Magat模型的分析》，《价格理论与实践》2015年第10期。

焦公共服务供给中政府指导定价的依据与出发点。此外，我国医疗卫生服务定价模型和方法还包括边际成本定价、以平均成本为基准的定价、存在垄断势力的拉姆齐定价和价格歧视，以及最高限价规制模型[1]等。

当服务供给无法满足顾客需求时，则可能产生部分服务中断。Schroyen 和 Oyenuga[2] 研究了供给可中断的公共服务（如水电气及运输）定价与服务能力选择问题，得出了不确定性环境下包含顾客风险厌恶及其对系统可靠性感知的最优定价以及服务能力补充规则。该最优定价是确定性定价与基于顾客风险厌恶程度的溢价之和。Wang 等[3]展示了进入费、使用费、二部及三部定价法在公共道路定价中的具体应用，并在引入私人资本进行公共服务供给的情形下，对比分析了基于进入与基于使用的两种非线性定价方法，得出当拥堵不严重且顾客需求弹性较低时，收取进入费能获得更多利润，但其对于增加福利（顾客剩余）的作用却具有不确定性，因此取消进入费也可能导致福利水平的下降。

虽然上述研究也讨论了不同的定价方式，但与本研究所关注的差异化定价的区别在于，他们只考虑了单一供给，即仅存在一个或一类服务提供者的情形。此外，其定价目标多为效益或利润优先，而不是为了解决拥堵或服务供给效率等问题。关于后者，也是本研究目标的相关研究，目前主要集中于公共交通领域。

在现有公共交通研究与实践中，用以解决拥堵的定价方法包括停车收费和拥堵收费等。一般地，停车收费对于交通拥堵具有双重作用：首先，增加停车费可以抑制部分顾客出行，缓解拥堵；然而，停车费的增加也会使得具有高流动性的车辆选择更短的停车时间，从而刺激了更多的顾客需求[4]。针对早高峰时期的道路收费与停车费，Arnott 等[5]对比分

---

[1] 袁艳霞：《我国公共医疗卫生服务定价机理与价值补偿研究——基于供需双方价值补偿的视角》，《吉首大学学报》（社会科学版）2016 年第 3 期。

[2] Schroyen, F., Oyenuga, A., "Optimal pricing and capacity choice for a public service under risk of interruption", *Journal of Regulatory Economics*, Vol. 39, No. 3, 2011, pp. 252 - 272.

[3] Wang, J. Y. T., Lindsey, R., Yang, H., "Nonlinear pricing on private roads with congestion and toll collection costs", *Transportation Research Part B*, Vol. 45, No. 1, 2011, pp. 9 - 40.

[4] Glazer, A., Niskanen, E., "Parking fees and congestion", *Regional Science & Urban Economics*, Vol. 22, No. 1, 1992, pp. 123 - 132.

[5] Arnott, R., Palma, A. D., Lindsey, R., "A temporal and spatial equilibrium analysis of commuter parking", *Journal of Public Economics*, Vol. 45, No. 3, 1991, pp. 301 - 335.

析了时间相依与空间相依的两种停车收费方案,认为具有竞争性的停车收费方案只能降低等待成本,却不能缓解拥堵。Zhang 等[1]运用两部微分和双向瓶颈网络方法同时分析了早晚高峰时期的道路收费与停车收费,提出了可用于改善拥堵的时间相依道路收费机制及空间相依停车收费机制。Fosgerau 和 Palma[2]也同样认为时间相依的停车收费有利于缓解道路拥堵。肖玲等[3]拓展了 Arnott 等[4]的研究,分析了早高峰时期公共停车场与私营停车场同时存在,且顾客具有不同出行方式选择的定价博弈问题。与本研究类似地,他们也考虑了不同的公共服务提供者,即公共停车场和私营停车场,并研究了服务供给中三方主体的行为模式,即政府与私营企业分别制定停车费和各自服务能力(停车位数量),顾客进而选择出行方式与停车位。除了研究方法不同外,本研究只关注私人部门定价问题,探讨是否及如何引入私人资本来提供差异化服务。同时,本研究还强调政府对于私人部门定价的指导作用,以及其他政策与价格政策的交互作用。Inci[5]对有关停车收费及相关经济学问题进行了综述性研究。

拥堵收费是指在特定时间或区间内通过对通行车辆征收一定费用来限制顾客数量,引导其向免费路段或非拥堵时间段进行转移,从而达到缓解拥堵、实现资源有效分配的目的。目前有关交通拥堵收费的研究包括其实施可行性分析、具体方案设计与实施效果评估三方面。首先,王中恒等[6]通过考虑征收交通拥堵费的法律法规依据、具体实施方案、分配与使用及公共交通系统的发达性四个原则对实施拥堵收费的可行性进

---

[1] Zhang, X., Huang, H. J., Zhang, H. M., "Integrated daily commuting patterns and optimal road tolls and parking fees in a linear city", *Transportation Research Part B*, Vol. 42, No. 1, 2008, pp. 38 – 56.

[2] Fosgerau, M., Palma, A. D., "The dynamics of urban traffic congestion and the price of parking", *Journal of Public Economics*, Vol. 105, No. 4, 2013, pp. 106 – 115.

[3] 肖玲、张小宁、王华:《公共停车场与私营停车场的博弈定价模型》,《系统工程理论与实践》2017 年第 7 期。

[4] Arnott, R., Palma, A. D., Lindsey, R., "A temporal and spatial equilibrium analysis of commuter parking", *Journal of Public Economics*, Vol. 45, No. 3, 1991, pp. 301 – 335.

[5] Inci, E., "A review of the economics of parking", *Economics of Transportation*, Vol. 4, No. 1 – 2, 2015, pp. 50 – 63.

[6] 王中恒、孙玉嵩、朱小勇:《关于城市征收交通拥堵费的可行性探讨》,《交通科技与经济》2008 年第 6 期。

行了分析。徐壆和欧国立[①]基于外部性理论、时间价值理论和交易成本理论对征收拥堵费进行了理论分析,认为同时采用拥堵收费和公共交通补贴政策,有助于增强拥堵收费的实施效果。赵红军和冯苏苇[②],庞玉萍[③]则从经济学角度讨论了拥堵收费的可行性。一般而言,现有研究对于拥堵收费都持有正面评价,认为合理的收费政策能起到分流顾客并缓解拥堵的作用。但是,考虑顾客选择所具有的利己性及其所产生的负外部效应,拥堵收费所起到的作用及其影响因素仍值得进一步探索,而本研究则可为探究该问题提供借鉴。其次,对于拥堵收费具体方案设计方面,朱永中和宗刚[④]基于对具有时间价值偏好的异质顾客出行的考虑,设计了动态时变费率的拥堵收费机制。王琨等[⑤]则采用多用户双层规划模型对机场拥堵收费问题进行研究,得到了不同时间和航班下的服务能力和拥堵收费费率。由于我国目前暂未全面实施交通拥堵收费,对于该政策的效果评估还处于理论验证阶段。其中,杨浩雄等[⑥],杨浩雄和孔丹[⑦]分别使用 Agent 建模仿真和实证分析方法,用车辆转移比率指标对拥堵收费政策的效果进行分析评价。拥堵收费也可视为差异化定价,顾客既可选择拥堵时段或路段的付费通行,也可选择其他时段或路段免费出行。然而,与本研究不同的是,拥堵收费的目的是解决收费供给中的拥堵问题,而本研究则是为了解决原有免费或低价服务供给中的拥堵问题以及整个服务供给中的效率问题。也就是说,虽然拥堵收费可以减少实施收费道路中的拥堵,但由于顾客转移也会增加其他时段或路段中的拥堵程度,这是上述研究中并未考虑的。

---

① 徐壆、欧国立:《交通拥堵收费的理论依据和政策分析》,《中国工业经济》2012 年第 12 期。

② 赵红军、冯苏苇:《如何有效地治理北京的交通拥堵——一个考虑环境代价的拥堵收费经济学分析与评估》,《城市发展研究》2015 年第 12 期。

③ 庞玉萍:《交通拥堵收费的福利理论与实践思考》,《价格理论与实践》2016 年第 6 期。

④ 朱永中、宗刚:《出行时间价值视角下交通拥堵收费可行性研究》,《软科学》2015 年第 4 期。

⑤ 王琨、朱金福、高强:《采用拥挤收费的机场时刻管理多用户双层规划模型》,《哈尔滨工业大学学报》2014 年第 5 期。

⑥ 杨浩雄、张浩、王晶、何明珂:《交通拥堵收费政策效应研究》,《管理世界》2013 年第 7 期。

⑦ 杨浩雄、孔丹:《城市交通拥堵收费政策效用研究》,《价格理论与实践》2017 年第 6 期。

Albert 和 Mahalel[①]比较了停车收费和拥堵收费对于顾客行为的影响。研究结果表明，顾客更容易接受停车费，而避免拥堵费所带来的成本损失，这也是拥堵收费遭受质疑、实施困难的原因之一。有关停车收费和拥堵收费的研究内容与结果，如须考虑顾客异质性、服务补贴，收费对于缓解拥堵、提高供给效率是否有效等，都对本研究目标下的公共服务定价研究具有启示作用。

三 基于排队论的公共服务定价研究

排队论是解决服务系统中有关服务时间、服务效率等问题的重要方法，因此也适用于分析公共服务供给及拥堵问题[②]。具体而言，排队模型清楚地刻画了服务供给中的顾客到达、接受服务直至离开的整个过程，通过顾客到达行为、服务提供者供给行为，以及相应服务规则来计算顾客队长及其等待时间，进而定量表示出服务供给中的拥堵程度与供给效果。基于排队论的公共服务定价研究可分为静态定价研究与动态定价研究两大类。

所谓静态定价是指研究观测时间或供给主体决策时间范围内，对接受服务的所有顾客实行固定的统一收费[③]，即短期内不存在价格变动。Naor[④]首次研究了单轨服务系统（One-tiere Service System，即单一供给模式）中的静态定价问题，在存在顾客止步，即允许顾客选择不接受服务而径直离开的情境下，将服务供给转换成一个 M/M/1（顾客到达时间间隔和服务时间均服从指数分布）的排队模型，并通过定价来调控服务供给系统中的队长，即顾客人数或顾客需求，从而缓解拥堵。研究表明，合理的定价可以有效引导顾客，促使其产生符合社会最优的选择行为。Yechiali[⑤]

[①] Albert, G., Mahalel, D., "Congestion tolls and parking fees: A comparison of the potential effect on travel behavior", *Transport Policy*, Vol. 13, No. 6, 2008, pp. 496 – 502.

[②] 吴子啸、黄海军:《瓶颈道路使用收费的理论及模型》,《系统工程理论与实践》2000年第1期。

[③] Maoui, I., Ayhan, H., Foley, R. D., "Optimal static pricing for a service facility with holding costs", *European Journal of Operational Research*, Vol. 197, No. 3, 2009, pp. 912 – 923.

[④] Naor, P., "The regulation of queue size by levying tolls", *Econometrica*, Vol. 37, No. 1, 1969, pp. 15 – 24.

[⑤] Yechiali, U., "On optimal balking rules and toll charges in the GI/M/1 queuing process", *Operations Research*, Vol. 19, No. 2, 1971, pp. 349 – 370.

扩展了Naor[①]的M/M/1模型,采用顾客到达为一般分布的GI/M/1排队模型来研究顾客接受服务具有固定收益且排队等待具有持有成本的服务供给问题,具体分析并得到了顾客止步规则,以及分别用于调控顾客队长及服务收益最大化时的最优定价。Ziya[②]以及Ziya等[③]分别研究了带拥堵的M/G/1/∞(服务时间为一般分布)和M/M/1/N(等待空间受限)排队系统中不考虑顾客持有成本的最优定价问题。不同于直接使用顾客止步的假设,他们给定了顾客对于公示价格的意愿支付函数,该函数既反映出在给定的公示价格下愿意接受服务的顾客比例,又可以求得服务提供者长期平均收益最大化时的唯一最优价格。同时,他们也研究了服务供给相关参数(如服务能力、等候区容量)变化时的最优定价问题。在该模型与假设基础上,Maoui等[④]考虑了包含顾客等待时间敏感性的持有成本,并将反映拥堵程度的队列长度作为决策变量,进而分析了服务提供者收益最大化时的最优队长以及最优定价。更一般地,Hassin和Haviv[⑤]将该类排队模型进行了更为系统的扩展,服务提供者采用包含顾客时间成本在内的定价方式,通过不同的价格将顾客进行分类,进而根据顾客选择来制定满足自身利益最大化时的服务价格。然而,本研究中的顾客选择与分类是同时基于公共服务定价与信息披露政策的,从而反映出供需双方在实际供给消费过程中的相互关系,为探索更多用以规范引导其行为的政策提供支持。此外,上述研究都只考虑了服务提供者视角下的定价策略,缺乏对于不同主体或目标下政府管制性价格政策的研究。更多地,Hassin[⑥]归纳总结了带顾客选择的服务供给与排队研究。

多数情况下,定价研究往往同时考虑服务提供者关于定价与服务能

---

① Naor, P., "The regulation of queue size by levying tolls", *Econometrica*, Vol. 37, No. 1, 1969, pp. 15 – 24.

② Ziya, S., "Optimal pricing for a service facility", Ph. D. dissertation, Georgia Institute of Technology, 2003.

③ Ziya, S., Ayhan, H., Foley, R. D., "Optimal prices for finite capacity queueing systems", *Operations Research Letters*, Vol. 34, No. 2, 2006, pp. 214 – 218.

④ Maoui, I., Ayhan, H., Foley, R. D., "Optimal static pricing for a service facility with holding costs", *European Journal of Operational Research*, Vol. 197, No. 3, 2009, pp. 912 – 923.

⑤ Hassin, R., Haviv, M., *To queue or not to queue*, Berlin: Springer, 2003, pp. 56 – 58.

⑥ Hassin, R., *Rational queueing*, New York: CRC Press, 2016, pp. 83 – 108.

力决策的共同作用。Mendelson[1]，Dewan 和 Mendelson[2] 分别引入线性和非线性顾客等待成本函数，首次通过联合优化定价和服务能力来改善服务系统中的资源管理及拥堵问题，认为最优定价策略制定时需兼顾服务能力大小与成本。Stidham[3] 通过到达率和服务率的制定对服务系统中的定价与服务能力进行了研究，得出二者稳定性与收敛性存在时的交互关系。Maglaras 和 Zeevi[4]，Lee 和 Ward[5] 分别通过仿真和扩散逼近方法研究了顾客可共享服务资源的通信服务系统与一般的 GI/GI/1 排队系统，得出了拥堵状态下满足收益最大化的静态定价与服务能力渐进最优解。由于定价与服务能力选择是服务提供者在供给过程中进行资源分配的两种主要途径，二者往往是不独立的。基于此，本研究也考虑了使用差异化定价所得收入来提高公共部门或私人部门服务能力的方法，并探讨了二者对于服务供给模式与政策选择的交互作用。进一步地，Stidham[6] 对有关定价和服务能力决策的研究进行了综述。此外，公共交通中的静态定价研究还可见于 Charnes 等[7]，Shepherd[8] 和 Verhoef[9] 等；医疗服务中的定价研究可见 Schlesinger[10]

---

[1] Mendelson, H., "Pricing computer services: Queueing effects", *Communications of the Acm*, Vol. 28, No. 3, 1985, pp. 312 – 321.

[2] Dewan, S., Mendelson, H., "User delay costs and internal pricing for a service facility", *Management Science*, Vol. 36, No. 12, 1990, pp. 1502 – 1517.

[3] Stidham, S., "Pricing and capacity decisions for a service facility: Stability and multiple local optima", *Management Science*, Vol. 38, No. 8, 1992, pp. 1121 – 1139.

[4] Maglaras, C., Zeevi, A., "Pricing and capacity sizing for systems with shared resources: Approximate solutions and scaling relations", *Management Science*, Vol. 49, No. 8, 2003, pp. 1018 – 1038.

[5] Lee, C., Ward, A. R., "Optimal pricing and capacity sizing for the GI/GI/1 queue", *Operations Research Letters*, Vol. 42, No. 8, 2014, pp. 527 – 531.

[6] Stidham, S., *Optimal Design of Queueing Systems*, London: CRC Press, 2009, pp. 177 – 214.

[7] Charnes, A., Cooper, W. W., Kirby, M. J. L., Raike, W., "Regulatory models for pricing and evaluation of transport services", *Transportation Science*, Vol. 6, No. 1, 1972, pp. 15 – 31.

[8] Shepherd, S. P., "Towards marginal cost pricing: A comparison of alternative pricing systems", *Transportation*, Vol. 30, No. 4, 2003, pp. 411 – 433.

[9] Verhoef, E. T., "Inside the queue: Hypercongestion and road pricing in acontinuous time-continuous place model of traffic congestion", *Journal of Urban Economics*, Vol. 54, No. 3, 2003, pp. 531 – 565.

[10] Schlesinger, M., "Paying the price: Medical care, minorities, and the newly competitive health care system", *Milbank Quarterly*, Vol. 65, No. 2, 1987, pp. 270 – 296.

和 Birch[1] 等。

上述研究都只是对具有一个收费服务通道的单一供给模式中的定价问题所进行的探讨。Verhoef 和 Rouwendal[2]，Hamdouch 和 Lawphongpanich[3]，及 Lin 和 Zhang[4] 则分析了复杂交通网络中的拥堵问题，将传统的单一供给扩展到了网络化供给。刘健等[5]研究了异质顾客存在不公平规避情形下，是否通过高于普通顾客价格的优先权定价对顾客进行分类，并分别从服务提供者收益最大化（营利性企业）与社会成本最小化（非营利企业）两个目标进行分析，得出不同性质服务提供者在选择是否采用优先权定价时应考虑顾客规避偏好的结论。与本研究不同，他们的工作并不关注服务供给中的拥堵问题，虽然对营利与非营利企业不同目标分别进行了分析，并使用优先权，即差异化定价的方式来分类顾客，但却没有考虑定价和其他政策工具的联合使用及其效用。此外，也有研究讨论了双轨服务供给中的定价问题。Larsen[6]考虑了一个公共（免费）服务提供者与一个承包商（收费服务提供者）同时存在的服务供给系统。其中，顾客是同质的，既可选择需要等待的免费服务，也可通过付费获得无须等待的收费服务。承包商以自身收益最大化确定服务价格，公共服务提供者则基于社会成本最小，通过调节可容纳的最大顾客数来选择分配策略。与之不同的是，首先，本研究关注的是异质顾客，即顾客对等待时间或等待成本的敏感性是不一致的，该假设更符合实际情况。其次，虽然本研究也考虑了服务提供者的服务能力，即分配

---

[1] Birch, S., "The identification of supplier-inducement in a fixed price system of health care provision: The case of dentistry in the United Kingdom", *Journal of Health Economics*, Vol. 7, No. 2, 1988, pp. 129 – 150.

[2] Verhoef, E. T., Rouwendal, J., "Pricing, capacity choice, and financing in transportation networks", *Journal of Regional Science*, Vol. 44, No. 3, 2004, pp. 405 – 435.

[3] Hamdouch, Y., Lawphongpanich, S., "Congestion pricing for schedule-based transit networks", *Transportation Science*, Vol. 44, No. 3, 2010, pp. 350 – 366.

[4] Lin, M. H., Zhang, Y., "Hub-airport congestion pricing and capacity investment", *Transportation Research Part B*, Vol. 101, 2017, pp. 89 – 106.

[5] 刘健、赵洪款、刘思峰：《基于顾客不公平规避的服务定价研究》，《中国管理科学》2018 年第 2 期。

[6] Larsen, C., "Comparing two socially optimal work allocation rules when having a profit optimizing subcontractor with ample capacity", *Mathematical Methods of Operations Research*, Vol. 61, No. 1, 2005, pp. 109 – 121.

政策对于公共服务供给的影响，但更多的是通过价格、补贴与信息披露政策来规范引导服务提供者与顾客行为。Chen 等[1]通过对同时包括两个收费服务提供者与一个免费服务提供者的双轨服务系统进行了研究，得出两收费服务提供者关于定价和服务能力竞争的纳什均衡，并对三方提供者之间的竞争与合作进行了分析。然而他们依旧只讨论了同质顾客在服务供给中的选择与作用。

动态定价则是根据拥堵情况来控制顾客到达率和服务率的定价策略。Stidham[2]设计了一个动态准入控制模型来研究单一服务供给下的最优折扣与收益。服务提供者通过"开启或关闭出入通道"或者"收取合适的准入费"来决定是否允许顾客进入服务系统，即对顾客到达或需求进行动态控制，并在成本—收益的结构下，证明了最优单调平稳策略的存在性。George 和 Harrison[3]研究了对服务率进行动态控制的服务供给系统，服务提供者的服务成本取决于服务率，从而求得长期平均运营成本最小时的最优定价策略。Ata 和 Shneorson[4]则综合考虑了基于到达率与服务率的动态控制策略，在带有顾客持有成本的 M/M/1 排队系统中，服务提供者设置了与收入相关的顾客准入率以及与成本相关的服务率，以服务率和价格作为决策变量研究了一个去中心化模型，并通过合理的服务率选择与定价决策，来实现顾客效用与社会福利最大化。更为具体地，Li 等[5]立足于我国公共医疗服务系统，探讨了一个包含政府与医院在内的动态定价模型，并分析了价格及其影响因素之间的因果关系与动态均衡。以上研究都是基于平稳系统而言的，对于非平稳系统的拥堵控制问题，Yoon 和 Lewis[6]研

---

[1] Chen, W., Zhang, Z. G., Hua, Z., "Analysis of price competition in two-tier service systems", *Journal of the Operational Research Society*, Vol. 67, No. 6, 2016, pp. 897–910.

[2] Stidham, S., "Optimal control of admission to a queueing system", *IEEE Transactions on Automatic Control*, Vol. 30, No. 8, 1985, pp. 705–713.

[3] George, J. M., Harrison, J. M., "Dynamic control of a queue with adjustable service rate", *Operations Research*, Vol. 49, No. 5, 2001, pp. 720–731.

[4] Ata, B., Shneorson, S., "Dynamic control of an M/M/1 service system with adjustable arrival and service rates", *Management Science*, Vol. 52, No. 11, 2006, pp. 1778–1791.

[5] Li, Y., Xing, X., Li, C., "Dynamic pricing model of medical services in public hospitals in China", *Current Science*, Vol. 109, No. 8, 2015, pp. 1437–1444.

[6] Yoon, S., Lewis, M. E., "Optimal pricing and admission control in a queueing system with periodically varying parameters", *Queueing Systems*, Vol. 47, No. 3, 2004, pp. 177–199.

究了周期性的顾客到达与服务过程，并利用马氏决策过程（MDP）公式与逐点平稳渐进法（PSA）来解决服务提供者最优定价与最优准入控制决策的问题。其他关于动态定价的研究还可见于 Low[1]，Paschalidis 和 Tsitsiklis[2]，Dube 等[3]。

公共服务收费或定价既可为服务提供者带来收益，又可成为政府用以规范引导服务提供者与顾客行为的政策工具。在公共服务供给中，大量研究往往关注通过收费的方式来控制顾客到达[4]或对顾客进行分流，从而探索用于缓解拥堵或增加收益的定价方式。然而，其研究却忽略了不合理定价对于其他服务通道可能产生的负面作用，未考虑社会总体福利最大化目标。本研究除了考虑价格对于顾客到达的抑制作用外，还试图构建双轨服务供给模式，通过差异化服务以及合理定价促进顾客对于两种服务的合理选择，双向调节整个服务系统的客流量与拥堵程度。本研究是基于排队论对双轨服务供给中的静态定价问题进行的定量研究，既考虑了定价对于供给模式选择的作用，回答了是否引入社会资本进行差异化服务供给的问题，又考虑了定价和其他政策之间的交互关系，探讨了不同补贴与信息披露政策下政府应如何制定合理价格政策的问题。然而，不同于以往研究，本研究更加注重实践中公共服务供给的特征与现实约束条件，考虑了价格与服务质量之间的关系，基于异质顾客、服务提供者与政府的不同目标，深入分析了双轨服务供给中出现严重拥堵、资源分配使用不合理、供给效率低下的原因，并试图通过政府对于服务价格的指导，即制定更为灵活且合理的价格区间来改善公共服务供给效果。本研究从简单的模型与实际问题出发，逐渐构建更加符合现实

---

[1] Low, D. W., "Optimal dynamic pricing policies for an M/M/s queue", *Operations Research*, Vol. 22, No. 3, 1974, pp. 545–561.

[2] Paschalidis, I. C., Tsitsiklis, J. N., "Congestion-dependent pricing of online Internet services", paper delivered to the 38th IEEE Conference on Decision and Control, Phoenix, AZ, December 7–10, 1999.

[3] Dube, P., Borkar, V. S., Manjunath, D., "Differential join prices for parallel queues: Social optimality, dynamic pricing algorithms and application to Internet pricing", paper delivered to the 21st Annual Joint Conference of the IEEE Computer and Communications Societies, New York, NY, June 23–27, 2002.

[4] Leeman, W. A., "Letter to the editor-The reduction of queues through the use of price", *Operations Research*, Vol. 12, No. 5, 1964, pp. 783–785.

的定量模型，对比分析了 TQS 与 TTS 供给模式的优劣以及各自适用的条件，得出了更符合现实的定价策略以及拥堵解决方案。

第二节 公共服务补贴政策的研究

作为政府主要的财政手段，公共服务供给中的补贴政策常用于重新分配公共财政资金或收入，对服务提供者供给和顾客选择产生直接或间接的影响，从而实现政府所期待的政策目标。按照补贴政策作用对象的不同，可将其分为需求补贴（对顾客的补贴）和供给补贴（对服务提供者的补贴）。按照补贴资金来源的不同，补贴政策又可分为收益补贴（收费收入的使用）和外部补贴（财政资金或其他外部资金的使用）。本节有关公共服务补贴政策的文献综述将按照图 2-2 的写作逻辑进行阐述。

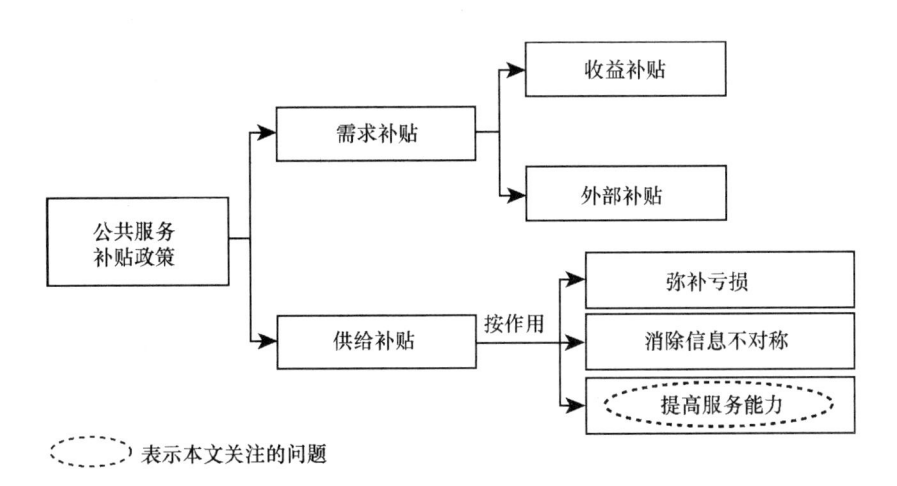

图 2-2 公共服务补贴政策研究综述写作逻辑

一 需求补贴政策研究

需求补贴也可分为收益补贴与外部补贴，即通过收益所得或财政资金直接对顾客进行补贴，来降低顾客接受服务的直接成本，从而鼓励更多的顾客到达。需求补贴一般表现为价格补贴。在一个由公路和铁路组成的公共交通系统中，Mirabel和Reymond[①]基于铁路交通采用边际成本或平均成本定价机制，而公路交通采用统一定价或罚款定价（考虑公路边际成本）方式构建了四种定价模型，来研究公路收益对于铁路交通的补贴作用，以及该政策对于同质顾客出行成本的影响。他们得出，当铁路票价等于其平均成本时，一定条件下（公共交通固定成本较大时）基于收益补贴的统一定价方式更为有效。徐淑贤等[②]分别从异质顾客与补贴公平性两方面对Mirabel和Reymond[③]的研究进行了扩展，考虑了公交与自驾并行的竞争型交通系统，其中，道路收费既可上交财政，也可直接用于公交出行中的顾客补贴。结果表明，该补贴政策不仅可以提升顾客公平性，当公交系统采用平均定价机制时，顾客的总出行成本也会下降。由此可见，对顾客进行收益补贴，即将私人部门的收益所得转变为公共部门的顾客投入，可降低顾客出行成本，并在预算资金有限的情况下通过内部资金转移来提高公共服务的使用效率。此外，当私人部门定价过高时，政府也可以对私人部门中的顾客进行补贴，通过降低他们的货币成本来鼓励更多的顾客进入，利用补贴所产生的正外部效应[④]对公共部门中的顾客进行分流[⑤]，从而缓解拥堵[⑥]。

郭倩雯和李仲飞[⑦]认为在公共服务供给如公共交通中，对于服务提供者的管制（如价格管制等）以及对于顾客的补贴是政府用于增加社会总体福利的两种手段。基于此，他们构建了包含公交管制和出行者补贴的优化模型，探讨了票价、发车时间间隔以及车载能力（服务提供者服

[①] Mirabel, F., Reymond, M., "Bottleneck congestion pricing and modal split: Redistribution of toll revenue", *Transportation Research Part A*, Vol. 45, No. 1, 2011, pp. 18 - 30.

[②] 徐淑贤、刘天亮、黄海军：《用户异质下公交定价和道路收费收入再分配》，《系统工程理论与实践》2015年第7期。

[③] Mirabel, F., Reymond, M., "Bottleneck congestion pricing and modal split: Redistribution of toll revenue", *Transportation Research Part A*, Vol. 45, No. 1, 2011, pp. 18 - 30.

[④] Frech, H. E., Hopkins, S., "Why subsidise private health insurance?", *Australian Economic Review*, Vol. 37, No. 3, 2004, pp. 243 - 256.

[⑤] Vaithianathan, R., "Will subsidising private health insurance help the public health system?", *Economic Record*, Vol. 78, No. 242, 2002, pp. 277 - 283.

[⑥] Duckett, S. J., "Living in the parallel universe in Australia: Public Medicare and private hospitals", *Canadian Medical Association Journal*, Vol. 173, No. 7, 2005, pp. 745 - 747.

[⑦] 郭倩雯、李仲飞：《公交乘客福利补贴及公交企业运营管制》，《系统工程理论与实践》2018年第4期。

务能力）之间的关系，得出当补贴资金的社会成本低于某一临界值时，补贴政策有利于增加顾客剩余以及社会福利。该补贴政策即为对于顾客的外部补贴。此外，通过财政资金构建的各类保险（如医疗保险、养老保险等）也是常见的直接作用于顾客的外部补贴政策。平新乔[1]讨论了受地区、收入与价格影响的农村医疗需求，并在此基础上分析了医疗保险与补贴对农民医疗开支的影响。实证结果表明，财政补贴对于东西部具有不同效用，政府应采用不同的融资方式来补充现有补贴与保险资金。李亚青[2]则采用保险精算方法对医保整合中财政补贴的可持续性进行了评估，认为在人均筹资和财政补贴都将上涨的情况下，现有的补贴政策仍然具有长期可持续性，但须考虑城乡差异、年龄差异以及责任制度化等问题。在养老保险研究中，张海霞[3]阐述了政府补贴对于农村养老保险的作用，认为现阶段的保费补贴应增加梯度差别并保证最低补贴标准，即通过补贴额度来保证补贴效果并增加差异化。刘昌平和殷宝明[4]则对三种养老补贴机制进行了对比分析，主张建立缴费补贴的阶段式补贴机制，即同时考虑收益补贴与外部补贴相结合的补贴方式。在一个免费供给与收费供给同时存在的双轨服务系统中，Chen等[5]通过混合博弈方法对两服务提供者之间的竞争进行分析，研究了收费供给中的需求补贴在解决免费供给拥堵及提高社会福利中所发挥的作用。他们发现，若收费服务提供者采取自由定价时，补贴效果受顾客等待时间敏感性的影响；而当政府实行强制定价时，该补贴总能有效改善拥堵并提高社会福利。

需求补贴是通过降低成本来引导顾客选择行为的重要手段。然而，顾客自身对于服务的差异化需求及其决策主观性，都可能导致部分补贴

---

[1] 平新乔：《从中国农民医疗保健支出行为看农村医疗保健融资机制的选择》，《管理世界》2003年第11期。

[2] 李亚青：《社会医疗保险财政补贴增长及可持续性研究——以医保制度整合为背景》，《公共管理学报》2015年第1期。

[3] 张海霞：《我国新型农村社会养老保险制度构建——论新型农村社会养老保险政府保费补贴的作用效果》，《价格理论与实践》2012年第1期。

[4] 刘昌平、殷宝明：《新型农村社会养老保险财政补贴机制的可行性研究——基于现收现付平衡模式的角度》，《江西财经大学学报》2010年第3期。

[5] Chen, W., Zhang, Z. G., Hua, Z., "Analysis of two-tier public service systems under a government subsidy policy", *Computers & Industrial Engineering*, Vol. 90, 2015, pp. 146-157.

效用的损失。为避免该情形，充分发挥补贴对于改善服务供给的正面作用，本研究在供给侧视角下，重点讨论可用于提高服务能力的供给补贴政策。

二 供给补贴政策研究

按照对服务提供者进行补贴，即供给补贴的不同目的，关于供给补贴政策的相关研究主要集中于以下三个方面。

（1）弥补服务提供者以较低价格提供公共服务时所产生的亏损，从而维持其正常运营。一般地，公共服务供给常具有高成本、低收费的特点，往往需要政府通过财政资金对服务提供者进行补贴，弥补其亏损，从而保证服务供给的质量与效率。然而，政府对于服务提供者的补贴也可能导致"逆向选择"，减少服务提供者自身努力的动机与行为。基于此，赵源和欧国立[①]综合考虑了不同投融资模式与服务供给不同阶段的特点，对轨道交通的激励性补贴政策进行了研究，并得出了不同情境下以提高服务供给效率为目的的具体补贴方案。更为具体地，姚莲芳[②]区分了服务提供者的政策性亏损与经营性亏损，认为补贴应只限于前者，并分别从补贴原则、范围、方式、资金来源与机制设计等方面对城市公共交通财政补贴进行了讨论，以期构建更为合理的政策性亏损补贴机制。于凌云[③]分类别地讨论了公建民营型、民办公助型及政府购买型养老机构中的财政补贴问题，通过构建不同类型下的供给补贴调整模型来分析补贴机制与政府决策等问题。此外，许评[④]，康健和徐进亮[⑤]还对补贴政策效果进行了研究，前者基于平衡记分卡构建了公交财政补贴绩效评价指标体系，后者则采用分位数回归模型对实际交通中财政补贴的效果进行了实证分析，认为公交补贴有助于提高公交分担率，降低顾客出

---

① 赵源、欧国立：《城市轨道交通补贴机制研究》，《北京交通大学学报》（社会科学版）2008 年第 2 期。
② 姚莲芳：《城市公共交通企业财政补贴机制探讨》，《交通财会》2011 年第 4 期。
③ 于凌云：《推进养老机构市场化的财政补贴机制研究》，《财政研究》2015 年第 3 期。
④ 许评：《城市公共交通财政补贴绩效评价体系构建——基于平衡计分卡（BSC）方法的应用》，《价格理论与实践》2017 年第 1 期。
⑤ 康健、徐进亮：《北京市公交补贴对缓解交通压力的实证研究》，《价格理论与实践》2016 年第 4 期。

行成本，并在一定程度上缓解了交通拥堵。基于对服务提供者运营成本与收入逆差的财政补贴却未考虑将其用于提高服务提供者服务能力，只起到了保证基本服务运营的作用。

（2）通过补贴来解决政府与服务提供者之间信息不对称的问题，从而引导服务提供者在提高供给效率上多做努力。政府往往依据服务提供者所上报的成本信息对服务提供者进行补贴，但由于存在信息不对称，服务提供者，特别是私人部门往往隐瞒其真实成本，产生寻租行为[1]，从而导致社会福利的损失。Loeb 和 Magat[2] 研究了一个管制者（政府）根据企业所提供的成本信息对其进行定价（采用边际成本定价方法）的服务系统，认为同时使用定价和补贴的方式可以激励企业如实报告其成本信息。基于不同福利目标与制度环境，Finsinger 和 Vogelsang[3] 进一步分析了包含补贴在内的四种激励机制对垄断供给中服务提供者的影响，并提出可利用基于补贴的动态调整过程来引导企业按照边际成本进行定价，从而在信息不对称环境下有效分配资源，保证供给公平与效率。周春燕和王琼辉[4]认为对轨道交通中的服务提供者进行补贴时，应结合公众参与，将顾客对于服务质量的评价纳入补贴机制的设计中，从而促使服务提供者降低成本并提高服务质量，在一定程度上消除信息不对称所带来的负面作用。由此可见，虽然政府与服务提供者之间存在信息不对称，但政府仍可通过先验信息与管制措施，加之一些政策工具，如定价、补贴等，来激励服务提供者真实汇报其成本[5]。基于该作用，本研究结合补贴资金来源，讨论了多种供给补贴政策对于服务提供者与顾客行为的影响，并对比分析了不同补贴政策下的公共服务供给效果。

---

[1] 刘俊、曹向：《信息披露、寻租与政府补贴有效性》，《财经理论与实践》2014 年第 3 期。

[2] Loeb, M., Magat, W. A., "A decentralized method for utility regulation", *Journal of Law & Economics*, Vol. 22, No. 2, 1979, pp. 399 – 404.

[3] Finsinger, J., Vogelsang, I., "Alternative institutional frameworks for price incentive mechanisms", *Kyklos*, Vol. 34, No. 3, 1981, pp. 388 – 404.

[4] 周春燕、王琼辉：《公众参与城市轨道交通政府补贴机制探讨》，《价格理论与实践》2007 年第 6 期。

[5] Baron, D. P., Myerson, R. B., "Regulating a monopolist with unknown costs", *Econometrica*, Vol. 50, No. 4, 1982, pp. 911 – 930.

(3) 对服务提供者进行补贴可提高其服务能力，从而提高服务供给效率。de Véricourt 和 Lobo[①] 考虑了同一公共部门控制下免费（非营利）服务与收费（营利）服务同时存在的双轨医疗服务系统，通过将收费医院的收益转移补贴至免费医院来提高其服务能力，这与本研究所研究的 TTSF 模型，即将私人部门收益用于公共部门供给补贴是一致的。二者的区别在于，首先，本研究关注的是由公共部门和私人部门组成的双轨服务供给系统，公共部门既可提供免费服务，也可提供用以保障服务公平性的较低价格的收费服务；公共部门与私人部门既单独提供服务，存在竞争关系，又同时受政府关于价格、补贴与信息披露政策的调控，存在一定程度上的合作供给关系。由此可见，本研究是对 de Véricourt 和 Lobo 研究的扩展与一般化。其次，他们关注的是服务能力分配与收费服务中的动态定价问题，而本研究则是通过补贴来提高公共服务供给能力，从而解决供给效率与拥堵问题，并基于政府、服务提供者与顾客不同视角研究了静态定价与补贴政策的联合作用。最后，在收益所得用于补贴公共服务供给的基础上，本研究还进一步考虑了同时使用外部补贴来提高公共部门或私人部门服务能力的情形。Hua 等[②] 研究了双轨公共服务系统中两个服务提供者之间的竞争以及政府基于税收—补贴政策的协调问题，运用混合双寡头博弈模型分析得出了竞争者之间唯一的纳什均衡策略，并证明出一个相对较低的税收补贴率就可实现整个双轨服务供给的最大可能收益。该研究也是一个 TTSF 供给问题，但他们并未考虑异质顾客以及不同补贴政策之间的差异。与本研究所构建的 TTST 供给模式相类似地，Guo 等[③] 研究了一个完全以收益补贴来支持其运营（自筹资金）的双轨服务模型，发现此时通过外部补贴来增加公共部门服务能力只会加重整个服务系统中的拥堵程度并损害社会福利，即存在

[①] de Véricourt, F., Lobo, M. S., "Resource and revenue management in nonprofit operations", *Operations Research*, Vol. 57, No. 5, 2009, pp. 1114 – 1128.

[②] Hua, Z., Chen, W., Zhang, Z. G., "Competition and coordination in two-tier public service systems under government fiscal policy", *Production and Operations Management*, Vol. 25, No. 8, 2016, pp. 1430 – 1448.

[③] Guo, P., Lindsey, R., Zhang, Z. G., "On the Downs-Thomson paradox in a self-financing two-tier queuing system", *Manufacturing & Service Operations Management*, Vol. 16, No. 2, 2014, pp. 315 – 322.

运输经济学中的 Downs-Thomson 悖论①。本研究则考虑了同时具有初始投入与收益补贴的 TTST 供给模式，发现对于公共部门的外部补贴作用与自筹资金供给模式是不一致的，Downs-Thomson 悖论的存在性并不确定，主要取决于不同主体目标以及服务能力大小。也就是说，一定情形下通过合理的定价与补贴来提高服务能力的方法是可以改善公共服务供给效果的。此外，本研究还进一步研究了对于私人部门的外部补贴。与私人部门自筹资金模式正好相反，Qian 和 Zhuang② 研究了以税收收入来支持公共部门运营的双轨服务系统，通过同时考虑税收与私人部门补贴来分析公共收入的再分配与最优服务能力决策等问题。其研究发现，无论是以顾客福利最大化还是提高公共部门服务能力为目标，都应降低对私人部门的税率并提高其补贴额度。Raz 和 Ovchinnikov③ 扩展了带定价的报童模型，用来解释公共物品消费中固有的外部效应，并以社会福利最大化为目标，分析了政府如何通过折扣、补贴以及折扣加补贴的方式来协调定价与服务供给。此时，补贴表示为对服务提供者成本的优惠。他们发现只有同时使用折扣（定价）加补贴的联合机制才能达到协调整个服务供给的目的，这也为本研究关注价格与补贴政策的意义提供了佐证。

除了研究单独的需求或供给补贴外，对二者综合作用的考虑也是很多研究者关注的重要问题④。Small⑤ 认为对公共服务收益的再分配应更加充分，若同时采用需求补贴与供给补贴，并降低对于服务提供者的税收，既能有效实施资源再分配，又可调节并增加政府、服务提供者与顾

---

① Downs, A., "The law of peak-hour expressway congestion", *Traffic Quarterly*, Vol. 16, No. 3, 1962, pp. 393–409; Thomson, J. M., *Great cities and their traffic*, London: Victor Gollancz Ltd, 1977.

② Qian, Q., Zhuang, W., "Tax/Subsidy and capacity decisions in a two-tier health system with welfare redistributive objective", *European Journal of Operational Research*, Vol. 260, No. 1, 2017, pp. 140–151.

③ Raz, G., Ovchinnikov, A., "Coordinating pricing and supply of public interest goods using government rebates and subsidies", *IEEE Transactions on Engineering Management*, Vol. 62, No. 1, 2015, pp. 65–79.

④ Blömquist, S., Christiansen, V., "Price subsidies versus public provision", *International Tax & Public Finance*, Vol. 5, No. 3, 1998, pp. 283–306.

⑤ Small, K. A., "Using the revenues from congestion pricing", *Transportation*, Vol. 19, No. 4, 1992, pp. 359–381.

客三方的利益，提高服务供给效率。柳学信[①]也探讨了我国城市公共事业中的需求补贴与供给补贴，在充分分析了补贴的目的和方法后，对补贴机制的改革与完善提出了政策建议。

补贴政策是政府直接或间接用来调控服务提供者与顾客在服务供给中的选择行为，进而改变服务供给与需求的重要手段。现有研究分别基于不同的决策目标，如公共收入最大化、顾客等待时间最小化或社会福利最大化等，研究了不同补贴政策（需求补贴、供给补贴或收益补贴、外部补贴）的作用、机制与优化等问题。主要采用经济学、博弈论、排队模型等定量研究方法，对政府与服务提供者或者不同服务提供者之间的竞争行为与均衡进行了分析。然而，这些研究都只考虑了某种具体的补贴政策或对某两种补贴政策进行了简单比较。本研究则在不同供给主体目标（顾客等待、服务提供者收益与成本、社会福利）下分别比较了无补贴、收费供给补贴（包括 TTSF 和 TTST）与外部供给补贴等多种补贴政策，探讨了不同补贴政策对服务供给效果的影响，并给出最优补贴政策选择方案及其所对应的条件。其次，现有研究大多只考虑了补贴政策对同质顾客的引导作用，没有单独对顾客选择进行分析。本研究则基于不同价格与信息政策对异质顾客进行了动态分类，考察并分析了影响顾客选择的内在因素。最后，现有研究一般只关注了补贴政策本身，而本研究在 NRI 政策下进一步讨论了价格与补贴政策对于服务供给的联合作用，可为政府政策制定的多样性和有效性提供借鉴与参考。由此可见，本研究在更为现实的假设条件下拓展了现有关于补贴政策的研究，使得研究内容、方法与结果更具普适性。

第三节　服务供给中有关信息及其作用的研究

公共服务供给中的信息披露是指信息披露主体（如政府、服务提供者）在提供公共服务时向顾客公开透露或发布有关服务供给过程与状态

---

① 柳学信：《市场化背景下我国城市公用事业财政补贴机制重构》，《财经问题研究》2014 年第 2 期。

的历史或实时信息的行为。本节对于服务供给中有关信息披露及其作用的文献综述将按照图2-3的写作逻辑进行阐述。

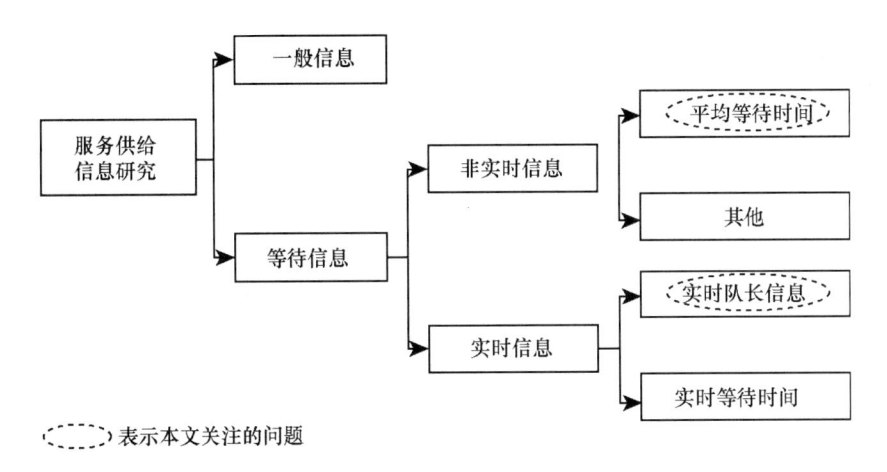

图2-3 服务供给中的信息研究综述写作逻辑

一 公共服务供给中的一般信息研究

现有研究分别从内容、有效性及作用等方面对公共服务供给中的一般信息进行了研究。参照公共物品的分类方式，刘强和吴江[①]将政府信息资源分为纯公共信息、弱竞争信息和强竞争信息，认为纯公共信息应免费提供，弱竞争信息收取一定比例费用，而强竞争信息则通过市场定价有偿提供。本研究虽然没有考虑信息成本费用，但假设收费较高的私人部门能提供更高质量的服务以及相同或优于公共部门的信息。因此，在混合信息，即MI-1政策下，公共部门披露平均等待时间信息，而私人部门则披露实时队长信息，顾客在私人部门中的较高付费可间接表示为信息与服务质量的成本。张序[②]基于不对称信息理论，认为信息披露可消除信息不对称，在提高公共服务供给质量、效率和公平性、维护公民知情权、增强公共服务部门公信力、有助于公众对公共服务供给的理解并获得更多的慈善资源等方面有着积极作用，故对如何完善公共服务

---

① 刘强、吴江:《政府信息资源分类共享方式的研究》,《中国行政管理》2004年第10期。
② 张序:《服务供给信息披露:体系与路径——基于不对称信息理论的研究》,《四川大学学报》(哲学社会科学版) 2017年第6期。

供给中的信息披露制度进行了探讨。马铮和刁庶[1]也认为信息化有利于扩大公共服务有效供给、减少无效供给，可创新供给模式、优化供给结构，进而改善供给路径并提升服务供给质量。Edgmanlevitan 和 Cleary[2]指出信息披露有助于提高信息透明度，引导服务资源合理配置，从而提高服务供给效率。然而，也有研究者对信息披露的作用持怀疑态度。唐斯斯[3]就信息化所带来的供给不均衡、信息安全风险、融合度不足的内部困境及由信息素质和监管等方面产生的外部困境进行了阐述。Hibbard 等[4]基于信息复杂性与人们处理信息的局限性，认为更多的信息会对顾客决策产生负面影响。董誉文[5]则通过实证研究得出医疗卫生系统中的信息披露详细度（信息量多少）不能直接起到改善拥堵、缩短顾客等待时间的作用。因此，是否披露有关公共服务供给信息，如何进行信息披露，以及信息披露所产生的作用等问题都有待进一步研究。

基于本研究的研究问题（公共服务供给模式与政策选择）、方法（排队模型）和目的（改善公共服务供给），本研究所关注的公共服务供给信息主要为顾客等待信息（延迟信息）[6]，具体包括非实时等待信息（平均等待时间信息及其他）和实时等待信息（实时队长和实时等待时间）两大类。

二 服务供给中的非实时信息研究

所谓非实时信息是指关于服务供给的长期平均等待时间、服务时间分布等基于历史累积数据而生成的信息，它既可由政府或服务提供者基于长期统计数据进行公布，也可通过顾客的个人经验判断来获得。在单一收费

---

[1] 马铮、刁庶：《信息化视角下公共服务供给侧改革路径分析》，《领导科学》2016 年第 12 期。

[2] Edgmanlevitan, S., Cleary, P. D., "What information do consumers want and need?", *Health Affairs*, Vol. 15, No. 4, 1996, pp. 42 – 56.

[3] 唐斯斯：《以信息化推动公共服务供给改革》，《宏观经济管理》2016 年第 10 期。

[4] Hibbard, J. H., Slovic, P., Jewett, J. J., "Informing consumer decisions in health care: Implications from decision-making Research", *Milbank Quarterly*, Vol. 75, No. 3, 1997, pp. 395 – 414.

[5] 董誉文：《医疗信息披露能否缩减公共医疗等待时间？——来自加拿大关节置换登记数据的实证证据》，《中国经济问题》2017 年第 5 期。

[6] Ibrahim, R., "Sharing delay information in service systems: A literature survey", *Queueing Systems*, Vol. 89, No. 1 – 2, 2018, pp. 49 – 79.

供给中，*Edelson* 和 *Hilderbrand*[①] 首次关注了给定平均等待时间信息时的最优定价问题。Mandelbaum 和 Shimkin[②]，Shimkin 和 Mandelbaum[③] 分别基于线性和非线性的顾客等待成本函数研究了平均等待时间信息下顾客基于自身效用的离开行为及其均衡状态。Afèche 和 Mendelson[④] 则考虑了具有一般顾客等待成本结构的定价与优先拍卖、收入最大化以及社会最优均衡等问题。Armony 和 Maglaras[⑤] 研究了呼叫中心中同时存在顾客平均等待时间信息以及回电最长等待时间保证信息情境下的顾客止步、等待与回电行为，以及服务供给中的最优配置决策问题。Zhang 和 Yin[⑥] 也在服务提供者仅披露平均等待时间信息的假设下，基于政府、服务提供者与顾客的不同目标，对新增服务供给是否定价、如何定价等问题进行了分析。此外，Haviv[⑦]，Haviv 和 Oz[⑧] 探讨了该信息情境下如何分别使用进入准则和随机优先权分配的方法来引导顾客，使之产生符合社会最优目标的选择行为。由此可见，这些研究都将平均等待时间信息作为给定的前提条件，仅为服务供给中信息披露政策的一种存在状态，并未对其作用或使用方法进行进一步论述。而在本研究中，平均等待时间是信息披露的一种方式或手段，是有关信息政策研究的决策变量，即考虑双轨公共服务供给模式下不同服务提供者如何进行信息披露来改善公共服务供给效果，重点关注私人部门信息披露政策的选择问题。其次，作为

[①] Edelson, N. M., Hilderbrand, D. K., "Congestion tolls for Poisson queuing processes", *Econometrica*, Vol. 43, No. 1, 1975, pp. 81-92.

[②] Mandelbaum, A., Shimkin, N., "A model for rational abandonments from invisible queues", *Queueing Systems*, Vol. 36, No. 1, 2000, pp. 141-173.

[③] Shimkin, N., Mandelbaum, A., "Rational abandonment from tele-queues: Nonlinear waiting costs with heterogeneous preferences", *Queueing Systems*, Vol. 47, No. 1, 2004, pp. 117-146.

[④] Afèche, P., Mendelson, H., "Pricing and priority auctions in queueing systems with a generalized delay cost structure", *Management Science*, Vol. 50, No. 7, 2004, pp. 869-882.

[⑤] Armony, M., Maglaras, C., "On customer contact centers with a call-back option: Customer decisions, routing rules, and system design", *Operations Research*, Vol. 52, No. 2, 2004, pp. 271-292.

[⑥] Zhang, Z. G., Yin, X., "To price or not to price incremental public services subject to congestion", Working Paper, Lanzhou University, 2018.

[⑦] Haviv, M., "Regulating an M/G/1 queue when customers know their demand", *Performance Evaluation*, Vol. 77, No. 7, 2014, pp. 57-71.

[⑧] Haviv, M., Oz, B., "Self-regulation of an unobservable queue", *Management Science*, Vol. 64, No. 5, 2018, pp. 2380-2389.

一种政策工具，本研究还探讨了平均等待时间信息情境下的最优定价问题，即研究信息政策与价格政策之间的交互作用。

此外，Guo 等[1]研究了几种关于服务时间分布的非实时信息（如服务时间均值、范围及方差）下的顾客均衡以及服务提供者最优策略问题，对比分析了不同信息在鼓励顾客进入系统并接受服务过程中的作用，得出了关于服务时间分布的部分信息可使得福利最大化，但为实现收益最大化目标，还须提供更多信息的结论。Guo 和 Zhang[2]基于服务提供者数量可随队长（顾客数）动态调整的拥堵配置策略（Congestion-Based-Staffing，CBS）[3]，研究了平均等待时间信息以及其他信息（服务者数量与配置策略信息）下的顾客均衡行为，数值分析结果表明信息既可损害又可改善服务供给效果，主要取决于服务提供者具体的配置与定价策略。Economou 和 Kanta[4]则考虑了多个隔开的服务等候区，以顾客具体进入某个等候区且在其中的具体排队位置为信息，对顾客止步策略及服务提供者定价问题进行了研究。然而，上述研究并未关注或区分双轨公共服务供给中私人部门具体的信息作用。

三 服务供给中的实时信息研究

实时队长信息是指服务提供者向顾客实时披露的服务系统中现有顾客人数的信息。对于实时队长信息的研究可追溯至 Naor[5]，他研究了存在实时队长信息时同质顾客基于线性等待成本来选择是否接受服务或者

---

[1] Guo, P., Sun, W., Wang, Y., "Equilibrium and optimal strategies to join a queue with partial information on service times", *European Journal of Operational Research*, Vol. 214, No. 2, 2011, pp. 284–297.

[2] Guo, P., Zhang, Z. G., "Strategic queueing behavior and its impact on system performance in service systems with the congestion-based staffing policy", *Manufacturing & Service Operations Management*, Vol. 15, No. 1, 2013, pp. 118–131.

[3] Zhang, Z. G., "Performance analysis of a queue with congestion-based staffing policy", *Management Science*, Vol. 55, No. 2, 2009, pp. 240–251.

[4] Economou, A., Kanta, S., "Optimal balking strategies and pricing for the single server Markovian queue with compartmented waiting space", *Queueing Systems*, Vol. 59, No. 3, 2008, pp. 237–269.

[5] Naor, P., "The regulation of queue size by levying tolls", *Econometrica*, Vol. 37, No. 1, 1969, pp. 15–24.

离开的行为。Perkins 和 Srikant[①] 采用随机控制方法探讨了具有服务质量约束条件时，实时队长信息对于拥堵控制与资源定价的作用。连同其他信息，如顾客分类等，Whitt[②] 讨论了实时队长信息在顾客实际等待时间预测中的作用。Cui 和 Veeraraghavan[③] 则在给定实时队长信息的假设下，进一步关注了服务提供者的服务能力，即服务率对于供给的影响，得出披露服务率信息有利于提高服务收益，但同时可能损害社会福利。Guo 和 Li[④] 还对服务提供者状态信息（工作中或休假中）和实时队长信息下的顾客行为、社会最优时的顾客进入策略进行了对比分析，认为某些情形下只提供队长信息的效果等同于披露实时等待时间信息。

相比于非实时等待信息，实时队长信息可以降低等待时间的不确定性，从而提高信息预测准确度与顾客满意度。但受顾客选择行为的影响，实时队长信息对于服务供给实际效果的作用却具有正反两面性。因此，很多研究也致力于比较平均等待时间和实时队长信息，讨论不同信息披露政策的优劣及适用条件。同时考虑平均等待时间和实时队长信息，Guo 和 Hassin[⑤]、Guo 和 Hassin[⑥] 分别探讨了服务提供者可休假时同质与异质顾客的进入行为，得出无实时信息下存在多个均衡和唯一的最优到达率，以及实时队长信息下顾客的最优阈值（选择接受服务时系统中最大队长）策略。Hassin[⑦] 分别考虑了存在顾客止步和实时队长信息，

[①] Perkins, J. R., Srikant, R., "The role of queue length information in congestion control and resource pricing", paper delivered to the 38th IEEE Conference on Decision and Control, Phoenix, AZ, December 7–10, 1999.

[②] Whitt, W., "Predicting queueing delays", *Management Science*, Vol. 45, No. 6, 1999, pp. 870–888.

[③] Cui, S., Veeraraghavan, S., "Blind queues: The impact of consumer beliefs on revenues and congestion", *Management Science*, Vol. 62, No. 12, 2016, pp. 3656–3672.

[④] Guo, P., Li, Q., "Strategic behavior and social optimization in partially-observable Markovian vacation queues", *Operations Research Letters*, Vol. 41, No. 3, 2013, pp. 277–284.

[⑤] Guo, P., Hassin, R., "Strategic behavior and social optimization in Markovian vacation queues", *Operations Research*, Vol. 59, No. 4, 2011, pp. 986–997.

[⑥] Guo, P., Hassin, R., "Strategic behavior and social optimization in Markovian vacation queues: The case of heterogeneous customers", *European Journal of Operational Research*, Vol. 222, No. 2, 2012, pp. 278–286.

[⑦] Hassin, R., "Consumer information in markets with random product quality: The case of queues and balking", *Econometrica*, Vol. 54, No. 5, 1986, pp. 1185–1195.

以及不存在顾客止步但具有平均等待时间信息两种情境下服务供给中的收益与社会福利最大化的问题。他得出，披露实时队长信息总能提高服务提供者收益，但不同信息披露与顾客止步组合策略对于社会福利的作用则取决于队长与顾客到达率，只有当到达率在某一确定区间内，提供实时队长信息才能提高社会福利。Larsen[1]研究了非实时信息（平均等待时间）和实时队长信息下 M/M/1/∞ 排队系统中的定价决策问题。同时考虑收益与社会福利最大化的决策目标，他认为大多数情况下，仅提供平均队长信息更有利于获得更多收益与社会福利，只有当顾客等待成本较低时，提供实时队长信息有利于收益最大化的实现。这一结论恰好与 Hassin[2] 所得结论相反。Shone 等[3]基于可控制的系统参数（如顾客到达率、服务率、顾客收益与成本）以及两种顾客行为（自私与利他）对单一供给模式中的顾客均衡进行了分析，得出若以增加供给能力为目的，是否披露实时队长信息取决于顾客等待成本；若只考虑改善拥堵，提高顾客效用，那么服务提供者则应披露实时队长信息。Whitt[4] 也对比分析了这两种等待信息情境下顾客止步与中途离开行为，并得出实时队长信息可以减少顾客等待时间并提高供给能力。

虽然上述研究都关注了多种等待信息，但在同一服务供给模式中，所有顾客可获得的信息是一致的，即都只拥有平均等待时间或实时队长信息。基于顾客对于实时队长信息获取能力的不同，Hu 等[5]认为同一服务供给中存在部分顾客拥有实时队长信息，而另外的则只能获得平均等待时间的非实时信息。在此背景下，他们研究了拥有实时队长信息的顾

---

[1] Larsen, C., "Investigating sensitivity and the impact of information on pricing decisions in an M/M/1/∞ queueing model", *International Journal of Production Economics*, Vol. 56 – 57, 1998, pp. 365 – 377.

[2] Hassin, R., "Consumer information in markets with random product quality: The case of queues and balking", *Econometrica*, Vol. 54, No. 5, 1986, pp. 1185 – 1195.

[3] Shone, R., Knight, V. A., Williams, J. E., "Comparisons between observable and unobservable M/M/1 queues with respect to optimal customer behavior", *European Journal of Operational Research*, Vol. 227, No. 1, 2013, pp. 133 – 141.

[4] Whitt, W., "Improving service by informing customers about anticipated delays", *Management Science*, Vol. 45, No. 2, 1999, pp. 192 – 207.

[5] Hu, M., Li, Y., Wang, J., "Efficient ignorance: Information heterogeneity in a queue", *Management Science*, Vol. 64, No. 6, 2018, pp. 2650 – 2671.

客比例对于服务供给效果的影响，得出在某一特定比例下，供给能力和社会福利均可实现最大化。Hui 和 Tse[①]运用实验研究的方法检验了不同等待信息对于服务评价（顾客满意度）的影响，以及顾客感知到的等待时间、情感反应与可接受程度对二者关系的中介效应。结果表明，当实际等待时间处于中等水平时，提供平均等待时间信息更优；当实际等待时间过长时，队长信息则更有利于提高顾客满意度。这也说明了当服务系统越发拥堵时，基于实时队长信息的披露更为有效。此外，Singh 等[②]研究了具有两个服务提供者，且可选择不同等待信息（平均等待时间或实时队长）时的优先决策问题，以市场占有率和等待时间为服务供给效果评价指标，得出不同最优信息政策的选择取决于服务提供者的服务能力。

实时等待时间信息是指顾客可获得当下实时的排队等待时间的信息。Manou 等[③]比较了平均等待时间、实时队长与实时等待时间三种信息情形下可间断供给服务中的定价与顾客选择，得出大多数情况下实时等待时间有利于增加顾客收益，而服务提供者基于不同系统参数（服务收益、等待成本等）会更倾向于披露无实时信息或平均队长信息，即隐瞒部分供给信息。Ibrahim 和 Whitt[④]，Ibrahim 和 Whitt[⑤] 分别在没有顾客离开以及存在顾客止步的服务系统中，研究了三种基于历史等待时间而对实时等待时间进行估计的方法，并将它们与常用的基于队长信息的估计方法进行了对比，通过对均方误差的分析，认为它们在多服务者与经典的交通拥堵问题中具有一致的估计效果。此外，Ibrahim 等[⑥]在给定最

[①] Hui, M. K., Tse, D. K., "What to tell consumers in waits of different lengths: An integrative model of service evaluation", *Journal of Marketing*, Vol. 60, No. 2, 1996, pp. 81–90.

[②] Singh, S. P., Delasay, M., Schellerwolf, A. A., "Evaluating the first-mover's advantage in announcing real-time delay information", Available at SSRN: https://ssrn.com/abstract=3081583, December 2, 2017.

[③] Manou, A., Canbolat, P. G., Karaesmen, F., "Pricing in a transportation station with strategic customers", *Production and Operations Management*, Vol. 26, No. 9, 2017, pp. 1632–1645.

[④] Ibrahim, R., Whitt, W., "Real-time delay estimation based on delay history", *Manufacturing & Service Operations Management*, Vol. 11, No. 3, 2009, pp. 397–415.

[⑤] Ibrahim, R., Whitt, W., "Real-time delay estimation in overloaded multiserver queues with abandonments", *Management Science*, Vol. 55, No. 10, 2009, pp. 1729–1742.

[⑥] Ibrahim, R., Armony, M., Bassamboo, A., "Does the past predict the future? The case of delay announcements in service systems", *Management Science*, Vol. 63, No. 6, 2016, pp. 1762–1780.

后进入服务的顾客等待时间（LES）下讨论了等待信息与顾客选择之间的关系，并发现基于 LES 实时等待信息的估计在多服务者与交通拥堵情形下也是渐进准确的。Armony 和 Maglaras[1] 也对实时等待时间下有关客服中心的研究进行了扩展，认为更多的信息有助于减缓系统拥堵并改善服务供给效果。一般而言，更多的实时信息有助于提高预测水平与服务水平，然而，Guo 和 Zipkin[2] 对比分析了带顾客止步的 M/M/1 排队服务系统中三种等待信息（平均等待时间，实时队长与实时等待时间）对于服务供给效果的影响，得出顾客成本函数决定了信息的作用，一定条件下更精确的信息有利于改善服务，但也可能存在损害服务提供者或顾客利益的情形。更一般地，Guo 和 Zipkin[3] 采用相形分布对 Guo 和 Zipkin[4] 中服从指数分布的服务时间进行了扩展，进一步分析了不同信息水平下的顾客效用以及服务时间变化对于服务供给的影响。

从上述文献中可以发现，顾客对于服务的选择往往基于平均等待时间和实时队长信息，这也是服务提供者最常披露的关于服务系统拥堵情况的两种信息形式。然而实时等待时间信息的使用主要集中于估计判断未来真实等待时间，从而指导当前顾客行为。一般地，该类研究技术性较强且不易被顾客掌握，因此本研究从供给侧视角出发，主要考虑前面两种等待信息对服务供给效果的影响。表 2-1 归纳总结了服务供给中的信息效用与条件。值得说明的是，首先，表格主体内容显示了不同决策目标（首行变量）最优，即收益、社会福利、顾客效用越大，等待时间越短或供给能力越强时的信息量要求，其中 L 表示更少（或质量较差）的信息，M 表示更多（或质量较高）的信息，即回答为达到这些目标是采用信息量更少的平均等待时间，还是披露信息量更多的实时信息。（ ）中的内容显示了影响信息披露政策选择的主要因素。从该表中

---

[1] Armony, M., Maglaras, C., "Contact centers with a call-back option and real-time delay information", *Operations Research*, Vol. 52, No. 4, 2004, pp. 527–545.

[2] Guo, P., Zipkin, P., "Analysis and comparison of queues with different levels of delay information", *Management Science*, Vol. 53, No. 6, 2007, pp. 962–970.

[3] Guo, P., Zipkin, P., "The effects of information on a queue with balking and phase-type service times", *Naval Research Logistics*, Vol. 55, No. 5, 2008, pp. 406–411.

[4] Guo, P., Zipkin, P., "Analysis and comparison of queues with different levels of delay information", *Management Science*, Vol. 53, No. 6, 2007, pp. 962–970.

可以看出，不同信息水平（信息披露政策）对于服务供给效果的影响是不确定的，虽然更多信息可以降低顾客等待的不确定性，但同时又会影响顾客基于自身成本或收益的不理性选择。不合理的信息披露和引导可使过多的顾客向原本并不拥堵的服务系统进行转移，由此产生的负外部效应则会降低顾客满意度，不利于服务供给效率的提高。大多数情况下更多的信息更有利于提高收益，却对社会福利产生负面影响。

表2-1　　　　　　　　服务供给中的信息效用与比较

文献＼目标	收益	社会福利	等待时间	供给能力	顾客效用	比较
Hassin	L/M（到达率）	M				
Hui 和 Tse					L/M（等待时间）	
Larsen	L/M（等待成本）	L				
Whitt			M	M		
Guo 和 Zipkin					L/M（等待成本分布）	单轨服务供给
Guo 等	M	L				
Shone 等			M	L/M（等待成本）		
Cui 和 Veeraraghavan	M	L				
Manou 等	L/M（系统参数）				M	
Guo 和 Zhang			L/M（配置和定价策略）			双轨；相同信息
Singh 等			L/M（服务能力）			两服务者；不同信息；M/M/1
本研究		多目标下信息与定价的交互作用				双轨；不同信息 MMPP/M/1

注：L（Less）表示更少的信息，M（More）表示更多的信息，即为实现不同目标最优时信息政策的选择结果；（）中内容表示影响信息披露政策选择的主要因素。

现有研究多关注单一供给模式，因此只能分别考虑不同等待信息对于服务供给的作用。虽然也有研究分析了双轨供给模式，如 Guo 和 Zhang[1]，但他们仅考虑了不同服务提供者披露相同信息（都只提供平均等待时间信息）的情形。现实中，由于不同服务提供者之间可能存在竞争，其价格水平、服务能力或信息政策都不尽相同。基于此，Singh 等[2]使用两个独立的 M/M/1 排队模型研究了两服务者之间的信息博弈问题。与之不同的是，首先，本研究构建了差异化定价下的双轨服务供给模式，而 Singh 等却未考虑服务供给中的收费问题；其次，Singh 等也没有考虑服务供给中的现实约束，如服务能力或空间受限等问题，本研究则在控制顾客实际等待成本及一定顾客流失率的前提下假设私人部门中的等待空间有限，进而多余顾客会向公共部门发生转移，运用 MMPP/M/1 排队模型来刻画更加现实的公共服务供给问题。本研究联合价格政策，首次研究了混合信息（MI-1）政策下的双轨服务供给模式，通过比较不同信息披露政策（NRI 和 MI-1）下的顾客选择及其对于服务供给效果的作用，为政府和服务提供者的信息决策提供建议与指导。

第四节 关于公共服务供给模式的研究

除上述直接作用于服务提供者的公共服务供给政策外，供给模式的构建与选择也是供给侧视角下政府用于改善公共服务供给的重要手段。基于公共服务供给主体性质，并参照丁姿[3]对公共服务供给模式的分类，本小节将从公共部门供给（政府直接供给与政府间合作）、私人部门供给（合同外包与私有化）和多元供给（一般多元供给与公私联合供给）三类供给模式对现有文献进行回顾总结。本节有关公共服务供给模式的

---

[1] Guo, P., Zhang, Z. G., "Strategic queueing behavior and its impact on system performance in service systems with the congestion-based staffing policy", *Manufacturing & Service Operations Management*, Vol. 15, No. 1, 2013, pp. 118 – 131.

[2] Singh, S. P., Delasay, M., Schellerwolf, A. A., "Evaluating the first-mover's advantage in announcing real-time delay information", Available at SSRN: https://ssrn.com/abstract = 3081583, December 2, 2017.

[3] 丁姿：《西方国家公共服务供给模式研究综述》，《公共管理评论》2016 年第 1 期。

文献综述将按照图 2-4 的写作逻辑进行阐述。

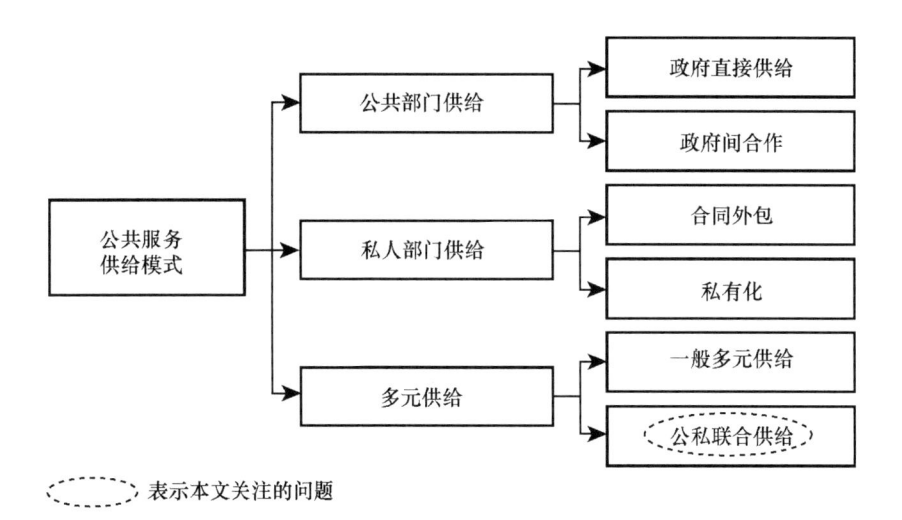

图 2-4　公共服务供给模式研究综述写作逻辑

（虚线椭圆）表示本文关注的问题

一　公共部门供给研究

公共部门供给包括政府直接供给（Public Delivery）与政府间合作供给（Inter-Municipal Cooperation）两种供给模式。

1954 年，Samuelson[①]运用经济学方法对公共服务供给均衡进行了分析，认为由于公共服务具有非竞争性、非排他性与不可分割性，不能或者不能有效地采用市场机制进行供给，即出现市场失灵，因此只能依靠政府来提供公共服务。Clarkson 和 Miller[②]论述了自然垄断的规模报酬递增原理，为政府直接供给有利于提高资源利用率与供给效率提供了理论依据。廖进球[③]在分析了政府供给的动因、特点与失效原因后，从加强成本意识、防止供给陷阱、合理界定政府作用边界，以及深化管理体制改革四个方面对如何提高政府有效供给能力给出了建议。廖晓明和

---

① Samuelson, P. A., "The pure theory of public expenditure", *Review of Economics and Statistics*, Vol. 36, No. 4, 1954, pp. 387–389.

② Clarkson, K. W., Miller, L. R., *Industrial organization: Theory, evidence, and public policy*, New York: McGraw-Hill, 1982.

③ 廖进球：《论政府供给》，《当代财经》2000 年第 10 期。

黄毅峰[①]则从公共服务这一政府基本职能出发，分析了政府供给的重要意义，认为政府应抓紧公共服务供给的规划决策权，对有关国计民生的公益事业进行直接干预，并发挥政府在服务供给中的宏观调控与监督权力，以保证公共服务资源合理分配及有效供给。此外，以构建服务型政府为重心，刘厚金[②]讨论了如何健全公共服务体制，发挥政府的主导和协调作用。综上可见，有关政府直接供给的研究主要集中在对理论机理与政府作用的探讨。在实践中，诸如国防、公安和司法等纯公共服务一般由政府直接且单独供给。此外，前面所讨论的公共服务单一供给模式也属于政府或公共部门直接供给。

然而，由于公共服务内容多、覆盖范围广，仅凭一方政府之力已不能有效进行供给，政府间的合作逐渐增加，形成了政府间合作供给模式。大量研究表明，政府间合作对于公共服务供给有着积极的作用。首先，考虑成本节约问题，Bel 和 Warner[③]对比分析了有关欧美政府间合作模式的现有文献，对影响供给模式选择的目标与因素进行了理论与实证解释，认为私有化在成本节约中只能发挥短暂的作用，未来研究可考虑政府间合作这一潜在的有效解决方法。其次，Arya 和 Lin[④]认为在资源有限的情形下，政府间合作模式可以提高资源利用率。Andrews 和 Entwistle[⑤]则通过对不同公共服务供给模式与服务绩效的关系进行对比，发现相比于其他供给模式（如公私合营、公共部门与非营利企业合作等），政府间合作可以兼顾供给效率、效益和公平。

---

① 廖晓明、黄毅峰：《论我国政府在公共服务供给保障中的主导地位》，《南昌大学学报》（人文社会科学版）2005 年第 1 期。

② 刘厚金：《我国政府公共服务的体制分析及其路径选择》，《上海行政学院学报》2011 年第 1 期。

③ Bel, G., Warner, M. E., "Inter-municipal cooperation and costs: Expectations and evidence", *Public Administration*, Vol. 93, No. 1, 2015, pp. 52 – 67; Bel, G., Warner, M. E., "Factors explaining inter-municipal cooperation in service delivery: A meta-regression analysis", *Journal of Economic Policy Reform*, Vol. 19, No. 2, 2016, pp. 91 – 115.

④ Arya, B., Lin, Z., "Understanding collaboration outcomes from an extended resource-based view perspective: The roles of organizational characteristics, partner attributes, and network structures", *Journal of Management*, Vol. 33, No. 5, 2007, pp. 697 – 723.

⑤ Andrews, R., Entwistle, T., "Does cross-sectoral partnership deliver? An empirical exploration of public service effectiveness, efficiency, and equity", *Journal of Public Administration Research and Theory*, Vol. 20, No. 3, 2010, pp. 679 – 701.

更为具体地，Holen-Rabbersvik 等[1]、Lintz[2] 分别考虑了医疗与环境中的政府间合作供给模式，为未来相关理论与实证研究提供了系统性分析框架。然而，Frère 等[3]研究发现政府间合作对于公共支出行为并无显著影响，也就是说，该供给模式不能实现减少公共开支的目的。汪伟全[4]、王佃利和任宇波[5]针对我国政府间合作存在的问题，探讨并完善了适用于我国国情的政府间合作机制。

虽然公共部门供给可以发挥政府统一管理优势，政策能更快更好地被执行，也可有效消除信息不对称，通过规范服务提供者行为来保证服务供给的公平性。但是，采用政府或政府间合作的方式来提供公共服务，往往受限于传统官僚体系下的垄断供给，使得服务成本仅由财政资金承担，缺乏提高服务效率所需的资金与动机，从而导致服务质量与水平较低，服务供给效率难以提高[6]。因此，发展其他公共服务供给模式势在必行。

二 私人部门供给研究

私人部门供给模式包括公共服务合同外包（Contracting Out）和私有化（Privatization）。合同外包是指公共部门以合同方式与私人部门所建立的委托—代理关系，公共服务产权与服务供给的责任主体仍为政府[7]。关于公共服务合同外包的研究主要关注是否对公共服务实施合同外包（合同外包范围）以及如何进行合同外包（合同外包机制）。句华[8]从理论

---

[1] Holen-Rabbersvik, E., Eikebrokk, T. R., Fensli, R. W., Thygesen, E., Slettebø, Å., "Important challenges for coordination and inter-municipal cooperation in health care services: A Delphi study", *BMC Health Services Research*, Vol. 13, No. 1, 2013, pp. 451–462.

[2] Lintz, G., "A conceptual framework for analysing inter-municipal cooperation on the environment", *Regional Studies*, Vol. 50, No. 6, 2016, pp. 956–970.

[3] Frère, Q., Leprince, M., Paty, S., "The impact of inter-municipal cooperation on local public spending", *Urban Studies*, Vol. 51, No. 8, 2014, pp. 1741–1760.

[4] 汪伟全：《论我国地方政府间合作存在问题及解决途径》，《公共管理学报》2005 年第 3 期。

[5] 王佃利、任宇波：《区域公共物品供给视角下的政府间合作机制探究》，《中国浦东干部学院学报》2009 年第 4 期。

[6] Miranda, R., Lerner, A., "Bureaucracy, organizational redundancy, and the privatization of public services", *Public Administration Review*, Vol. 55, No. 2, 1995, pp. 193–200.

[7] Domberger, S., Jensen, P., "Contracting out by the public sector: Theory, evidence, prospects", *Oxford Review of Economic Policy*, Vol. 13, No. 4, 1997, pp. 67–78.

[8] 句华：《公共服务合同外包的适用范围：理论与实践的反差》，《中国行政管理》2010 年第 4 期。

与实践两个方面分析了公共服务合同外包的适用范围,认为理论上应从价值判断和服务本身特性出发来探寻服务外包交易成本,进而作为是否外包的依据;而实践中则应综合考虑服务本身特性、制度环境、信息与组织功能等综合因素的影响。杨桦和刘权[1]分别基于公共物品和行政类型对公共服务外包范围进行界定,并讨论了外包机制构建中的风险与政府作用。此外,有关合同外包中的政府角色[2]、多方协作[3]与风险管理[4]等问题也相继得到论述,为具体实施合同外包给予了充分支持。句华[5]、杨欣[6]还借鉴美国政府有关公共服务合同外包的理论与实践经验,对我国实施合同外包中的政府目标、责任与具体注意事项进行了说明,为探索出适用于我国国情的合同外包机制提供了参考与启示。刘波等[7]则采用实证方法对影响公共服务外包决策的因素进行了分析,发现服务特性(任务复杂性、市场成熟性)与环境因素(政治因素)均对公共服务外包决策有着显著影响;政府间的竞争和领导支持与外包管理能力正向相关,因此有助于外包决策的制定。

按照公共部门权力与责任下放程度,或私人部门参与程度,狭义上的公共服务私有化仅指将公共服务的产权从公共部门转向私人部门的供给模式;而广义上,公共服务私有化(又称民营化)还包括自由化、合同外包与财源替代等多种形式[8],旨在利用私人部门的竞争性来提高公共服务供给效率或降低供给成本。Pack[9]从理论与实践两方面详细阐述

---

[1] 杨桦、刘权:《政府公共服务外包:价值、风险及其法律规制》,《学术研究》2011年第4期。

[2] 赵全军:《公共服务外包中的政府角色定位研究》,《学习与探索》2011年第4期。

[3] 申亮、王玉燕:《公共服务外包中的协作机制研究:一个演化博弈分析》,《管理评论》2017年第3期。

[4] 徐姝:《政府公共服务外包中的风险管理研究》,《中国行政管理》2011年第6期。

[5] 句华:《美国地方政府公共服务合同外包的发展趋势及其启示》,《中国行政管理》2008年第7期。

[6] 杨欣:《公共服务外包中政府责任的省思与公法适用——以美国为例》,《中国行政管理》2010年第6期。

[7] 刘波、崔鹏鹏、赵云云:《公共服务外包决策的影响因素研究》,《公共管理学报》2010年第2期。

[8] 周志忍:《当代国外行政改革比较研究》,国家行政学院出版社1999年版,第31页。

[9] Pack, J. R., "Privatization of public-sector services in theory and practice", *Journal of Policy Analysis and Management*, Vol. 6, No. 4, 1987, pp. 523–540.

了私有化的动机、范围与作用,指出它虽然可以提高服务效率,但在公平性上却不尽人意,这也是私有化受限的主要原因。私有化虽然试图通过市场机制引入竞争与差异化,从而达到控制成本并提高服务绩效的目的,但实践表明,由于私人部门的逐利性,该供给模式只能在短期内起到减少财政支出的作用,并逐渐暴露出服务碎片化、公共利益与公共责任受损、服务效率提升不显著,以及从政府垄断转向私营垄断等问题[①]。此外,若单独由私人部门来提供公共服务,也可能出现服务质量不能保证、成本不能有效降低以及有失公平性等问题[②]。因此,政府仍有必要对公共服务私有化过程进行宏观调控,发挥政策引导与监督作用[③]。综上所述,现有研究重点关注了私有化对于服务供给作用的两面性[④]、私有化过程中存在的问题[⑤]及解决方案[⑥]。对于公共服务的有效性,仍须通过不同程度的私有化水平来调控公共部门与私人部门各自的作用[⑦],从而扬长避短,实现公共服务可持续性供给。

从已有研究中可以看出,单一(公共部门或私人部门)供给模式都存在不可避免的缺点,无法兼顾效率与公平,因此,多元供给模式逐渐兴起。这也是本研究重点关注双轨公共服务供给模式的主要原因。

---

① 张菊梅:《二战后英国公共服务供给模式变革及对中国的启示》,《学术论坛》2012 年第 2 期。

② Hefetz, A., Warner, M., "Privatization and its reverse: Explaining the dynamics of the government contracting Process", *Journal of Public Administration Research and Theory*, Vol. 14, No. 2, 2004, pp. 171–190.

③ 娄成武、尹涛:《论政府在公共服务民营化中的作用》,《东北大学学报》(社会科学版)2003 年第 5 期。

④ Morgan, D. R., England, R. E., "The two faces of privatization", *Public Administration Review*, Vol. 48, No. 6, 1988, pp. 979–987.

⑤ 王乐夫、陈干全:《我国政府公共服务民营化存在问题分析——以公共性为研究视角》,《学术研究》2004 年第 3 期;Moe, R. C., "Exploring the limits of privatization", *Public Administration Review*, Vol. 47, No. 6, 1987, pp. 453–460.

⑥ Wallin, B. A., "The need for a privatization process: Lessons from development and implementation", *Public Administration Review*, Vol. 57, No. 1, 1997, pp. 11–20.

⑦ 娄成武、尹涛:《论政府在公共服务民营化中的作用》,《东北大学学报》(社会科学版)2003 年第 5 期;Warner, M. E., Bel, G., "Competition or monopoly? Comparing privatization of local public services in the US and Spain", *Public Administration*, Vol. 86, No. 3, 2010, pp. 723–735;俞宪忠:《市场失灵与政府失灵》,《学术论坛》2004 年第 6 期。

三 多元供给模式研究

除了公共部门与私人部门外,公共服务供给主体还包括第三部门,但一般地,由于公共服务特殊属性与供给现状,第三部门往往需要联合公共部门或私人部门一起提供服务,从而形成了多元供给模式,即由两个及以上供给主体共同承担公共服务职能的供给模式。现有研究多从形成原因与机制构建两方面对一般多元供给模式进行讨论。夏志强和毕荣[1],尹华和朱明仕[2]基于政府失灵、市场失灵与志愿失灵的现实背景,分析了单一供给模式的局限性,进而分别构建并讨论了多元化供给与"一主多元"供给模式下各主体的作用及其协调机制。席恒[3]运用公共政策与制度分析框架,分别对多元供给模式下的政府、市场和志愿事业供给机制进行了深入分析,得出建立多元供给模式有利于供给有效性和可持续性。周燕和梁樑[4]则将多元化供给细分为双主体参与供给、三元主体合作供给与多元主体互动供给,通过不同主体作用与供给过程中的相互关系,从理论上论述了不同供给模式的优缺点与作用机理。由此可见,多元供给是一种复合型的供给模式,既能发挥政府的管控作用,又可实现市场的高效供给[5],并利用第三部门对公私部门供给进行补充,有利于服务供给公平化、效率化与多样化[6]的实现。

与本研究关于公共服务供给模式研究相类似地,王喆和丁姿基于供给主体间的关系将医疗领域的多元供给模式概括为"公—公""公—私"与"民营化"三种模式,通过组内与组间案例的对比分析,对供给模式与服务绩效之间的关系以及影响因素(作用机制)进行了讨论。与之不同的是,首先,本研究仅比较了"公—公"(TQS)与"公—私"

---

[1] 夏志强、毕荣:《论公共服务多元化供给的协调机制》,《四川大学学报》(哲学社会科学版)2009年第4期。

[2] 尹华、朱明仕:《论我国公共服务供给主体多元化协调机制的构建》,《经济问题探索》2011年第7期。

[3] 席恒:《公共物品多元供给机制:一个公共管理的视角》,《人文杂志》2005年第3期。

[4] 周燕、梁樑:《国外公共物品多元化供给研究综述》,《经济纵横》2006年第2期。

[5] Barter, P. A., "Public planning with business delivery of excellent urban public transport", *Policy and Society*, Vol. 27, No. 2, 2008, pp. 103–114.

[6] 张瑾:《服务型政府与公共服务的多元供给》,《天津师范大学学报》(社会科学版)2008年第2期。

(TTS）两种供给模式，保留了公共服务供给中公共部门的参与及主导作用，这也是发挥政府监督管理权的基础。其次，本研究采用了基于排队论的随机建模研究方法，相比于案例研究，更能刻画出各决策变量与不同目标评价指标之间的定量关系，为探究供给模式对服务供给效果的作用以及影响因素提供了更为准确的度量。最后，本研究还拓展了王喆和丁姿[1]的研究结论，认为虽然不同供给模式可表现出不同水平的服务绩效，但其原因在于不同政策的交互影响，因此，可通过供给模式与供给政策的合理选择来改善公共服务供给效果。

作为多元供给最主要的形式之一，公私联合供给模式，如公私合营、双轨供给模式等在理论与实践中备受关注，已逐渐成为我国基础设施建设与公共服务供给的主要方式。叶晓甦和徐春梅[2]总结了国内外关于公私合营的概念，认为我国公私合营是指"公共部门和私人部门为提供公共产品或服务、实现特定公共项目的公共效益而建立的项目全生命期关系性契约的合作伙伴、融资、建设和经营管理模式"。而本研究所关注的双轨供给模式则只强调服务供给过程，并不关注融资与生产。张莹[3]也基于对公私合营概念的界定，重点分析了公私合营在提高供给效率与推动公共治理机制创新上的作用，为其实践运用奠定了理论基础。赖丹馨和费方域[4]分别从合约特性、风险配置和规制设计与实施等方面对公私合营的效率问题进行了全面考察，认为实践中对效率的评价应综合考虑合约与规制下的收益风险配置问题。此外，大量学者还讨论了公私合营在实践领域，如城市公共服务[5]、高速公路[6]、医疗[7]与

---

[1] 王喆、丁姿：《公共服务供给模式改革的多案例研究——以医疗服务为例》，《管理评论》2018年第3期。

[2] 叶晓甦、徐春梅：《我国公共项目公私合作（PPP）模式研究述评》，《软科学》2013年第6期。

[3] 张莹：《中国公私合作模式发展研究综述》，《东北财经大学学报》2015年第4期。

[4] 赖丹馨、费方域：《公私合作制（PPP）的效率：一个综述》，《经济学家》2010年第7期。

[5] Warner, M. E., Hefetz, A., "Managing markets for public service: The role of mixed public-private delivery of city services", *Public Administration Review*, Vol. 68, No. 1, 2008, pp. 155–166.

[6] 姚鹏程、王松江：《关于政府和私人合作高速公路项目定价理论的研究综述》，《科技管理研究》2011年第9期。

[7] 戴悦、孙虹、周丽：《医疗服务供给的公私合作伙伴关系模式探讨》，《中南大学学报》（医学版）2015年第2期。

养老①等方面的具体应用。

　　本研究重点关注由公共部门与私人部门共同提供服务的双轨公共服务供给模式（TTS），并基于不同供给政策与目标，试图回答是否提供差异化服务、是否进行补贴、是否提供实时信息，以及如何制定相关政策等问题。对于 TTS 供给模式的研究最早可见于 Zhang② 关于如何对新增公共服务定价问题的分析。然而，他仅构建了免费与收费供给同时存在的 TTS 供给模式来解决公共服务供给中出现的拥堵问题，却没有考虑现实约束条件与政府政策对于服务供给的影响。随后，Guo 和 Zhang③ 研究了双轨服务供给中的顾客行为与服务提供者的配置策略。Guo 等④考虑了收费服务供给自负盈亏的约束条件，对 TTS 供给模式中的 Downs-Thomson 悖论及其存在条件与原因进行了分析，并讨论了社会福利最大化下的收费服务提供者的服务能力。Chen 等⑤、Hua 等⑥、Qian 和 Zhuang⑦ 则分别研究了 TTS 供给模式中的补贴机制、税收协调机制和福利再分配等问题。上述关于 TTS 供给模式的研究都未考虑公共服务提供者的定价问题，并假设公共部门只提供免费服务；然而，本研究中的公共部门和私人部门采取差异化定价，都可提供收费服务，从而在理论与现实应用上拓展了现有研究。此外，上述研究均未考虑供给模式与供给

---

　　① 郜凯英：《PPP 模式应用于中国社区居家养老服务研究》，《现代管理科学》2015 年第 9 期。

　　② Zhang, Z. G., "Pricing public services subject to congestion: When and how much", Working paper-MSORWP 2008 - 019, Western Washington University, 2008.

　　③ Guo, P., Zhang, Z. G., "Strategic queueing behavior and its impact on system performance in service systems with the congestion-based staffing policy", Manufacturing & Service Operations Management, Vol. 15, No. 1, 2013, pp. 118 - 131.

　　④ Guo, P., Lindsey, R., Zhang, Z. G., "On the Downs-Thomson paradox in a self-financing two-tier queuing system", Manufacturing & Service Operations Management, Vol. 16, No. 2, 2014, pp. 315 - 322.

　　⑤ Chen, W., Zhang, Z. G., Hua, Z., "Analysis of two-tier public service systems under a government subsidy policy", Computers & Industrial Engineering, Vol. 90, 2015, pp. 146 - 157.

　　⑥ Hua, Z., Chen, W., Zhang, Z. G., "Competition and coordination in two-tier public service systems under government fiscal policy", Production and Operations Management, Vol. 25, No. 8, 2016, pp. 1430 - 1448.

　　⑦ Qian, Q., Zhuang, W., "Tax/Subsidy and capacity decisions in a two-tier health system with welfare redistributive objective", European Journal of Operational Research, Vol. 260, No. 1, 2017, pp. 140 - 151.

政策的选择问题，只是在给定的 TTS 供给模式与特定政策下对主体行为与目标进行考量。

通过上述文献回顾可以发现，公共服务供给模式种类繁多，选择与运用具有不确定性。因此，对于公共服务供给模式的具体选择也是研究关注的重要问题。一般地，交易成本[1]、市场特征、顾客特征和地域特征[2]、人口统计特征[3]以及政府能力[4]等都可视为影响公共服务供给模式选择的重要因素。Lülfesmann 和 Myers[5]通过对比分析单轨与双轨公共服务供给模式，论证了双轨供给模式的存在性及其均衡条件，为如何选择不同供给模式提供了依据。他们认为公共部门供给中的税率与顾客收入是决定不同供给模式的关键。然而，本研究基于公共服务供给中的拥堵、服务效率低下等现实背景，重点讨论如何引入私人资本进行有效供给，以及该过程中政府政策对于私人部门的规范引导作用，由此构建并比较了 TQS 与 TTS 供给模式，并得出，不同供给政策及其交互作用是影响供给模式选择的重要因素。此外，现有关于公共服务供给模式的研究系统性不足、缺乏定量分析、对经济因素及如何构建科学合理的供给机制的讨论较少[6]，本研究则从供给侧视角出发，在不同主体目标下，运用建模方法分别对不同供给模式与供给政策进行了系统性的定量分析，从而补充并扩展了当前有关公共服务供给的研究。

---

[1] Williamson, O. E., "Public and private bureaucracies: A transaction cost economics perspectives", *Journal of Law Economics and Organization*, Vol. 15, No. 1, 1999, pp. 306–342.

[2] Hefetz, A., Warner, M. E., "Contracting or public delivery? The importance of service, market, and management characteristics", *Journal of Public Administration Research and Theory*, Vol. 22, No. 2, 2012, pp. 289–317.

[3] Nelson, M. A., "Decentralization of the subnational public sector: An empirical analysis of the determinants of local government structure in metropolitan areas in the U. S.", *Southern Economic Journal*, Vol. 57, No. 2, 1990, pp. 443–457.

[4] Yang, Y., Wang, Y., "On the development of public-private partnerships in transitional economies: An explanatory framework", *Public Administration Review*, Vol. 73, No. 2, 2013, pp. 301–310.

[5] Lülfesmann, C., Myers, G. M., "Two-tier public provision: Comparing public systems", *Journal of Public Economics*, Vol. 95, No. 11, 2011, pp. 1263–1271.

[6] 许晓龙：《公共服务供给机制：一个研究综述》，《山东农业工程学院学报》2013 年第 1 期。

第三章

双轨公共服务供给中的定价问题

　　服务价格和服务质量差异是公共服务供给中公共部门服务与私人部门服务的主要区别。若公共服务仅由两个公共部门提供相似服务，则称为双通道无差异供给（TQS）；若公共部门与私人部门同时提供价格和服务质量不同的同类服务，则称为双轨服务供给（TTS）。公共服务定价不仅是不同服务提供者的竞争手段，如在 TTS 供给模式下，私人部门可通过差异化定价与高质量服务来吸引更多顾客，从而获得更多收益，在自身盈利的同时也可对公共部门供给起到分流与缓解拥堵的作用；还可作为政府对于服务提供者的管制性措施，通过价格政策来规范引导服务提供者与顾客行为，从而保证公共服务的有效供给。基于 TTS 供给模式构建过程（见图 1-5），本章首先讨论双轨公共服务供给中的定价问题，通过对拥堵产生原因以及公共服务供给失效原因进行深入分析，针对不同主体目标构建、比较 TTS 和 TQS 供给模式下的公共服务供给效果，从而回答是否采用差异化供给、TTS 供给模式下私人部门如何定价等问题。

　　本章内容安排如下：第一节对有关公共服务定价问题进行描述，从而构建关于 TQS 与 TTS 供给的基本模型来定量刻画相关问题；结合现实背景，设计具体的符号变量并给出模型的基本假设。第二节采用排队建模方法分别对双轨服务供给中公共部门与私人部门的供给行为与供给效果进行分析，并着重讨论了不同条件下私人部门的定价问题。第三节和第四节分别通过对比不同供给模式下的等待时间与各主体成本大小，探明拥堵产生的原因，以及各主体目标下供给模式的最优选择及相应条件。在理论结果基础上，第五节运用数值例子直观显示相关结果，并探寻更多管理启示。第六节则对本章进行归纳总结。

第一节 问题描述与模型构建

一 问题描述

过度拥堵和顾客长时间等待是公共服务供给，特别是公共部门供给中普遍存在的问题，常见于公共医疗、公共交通等服务领域。拥堵不仅会增加等待成本，降低顾客满意度，还会产生资源浪费与环境破坏等一系列隐患，是理论与实践中亟待解决的重要问题。由于公共服务供给具有非竞争性、非排他性与不可分割性，政府在解决该问题上需担负主要责任。现实中，当公共服务供给不足、服务效率低下时，政府往往通过投入更多财政资金或引入外部私人资本来补充现有公共服务供给，提高服务提供者的服务能力。针对不同资金来源，政府可选择以下两种公共服务供给模式：首先，基于公平性考虑，若政府使用财政资金构建一个与原有服务相同的供给通道，即额外增加一个新的公共部门供给，则形成了 TQS 供给。如由两家公立医院组成的医疗服务系统，或由两条普通公路组成的公共交通系统等。该模式试图通过直接提高服务能力来改善供给，从而解决单一供给模式下顾客长时间等待的问题。然而现实中，政府财政资金或预算往往有限，此时引入私人资本则是增加资金、提高服务提供者服务能力的有效途径。一般地，为满足顾客多样化需求，私人部门往往提供比公共部门服务质量更好（如服务时间更短）的服务，利用差异化定价来吸引公共部门中的部分顾客，从而对公共部门供给进行补充与分流。该模式即为 TTS 供给模式，常见于公立医院与民营医院组成的医疗服务系统，或普通公路与高速公路组成的交通系统等公私联合供给中。除单一供给模式外，现有双轨公共服务也常面临着供给不均衡、资源浪费与闲置并存、公共部门拥堵等问题。因此，如何引入私人资本、构建良好的 TTS 供给模式是补充财政资金、提高服务能力和供给效率需要考虑的重要问题。

作为公共服务供给的主导者，政府在面临现有服务供给失效，服务系统出现严重拥堵等问题时,需要深入分析拥堵产生的原因,判断是否可以通过增加供给或引导需求来调整供需关系,实现公共服务可持续性供给。公共服务供给往往依赖财政资金与预算,或私人资本的引入,由此而形成了不同的供给模式。一般而言,通过政府财政资金所建立起的无差异化供给,即 TQS 供给更加强调服务的公平性,而引入私人资本所构建的 TTS 供给则是利用差异化服务与市场机制来提高服务供给效率。由于公平与效率均为公共服务供给的基本原则①,因此,政府在选择供给模式时还须权衡多方主体利益关系与不同目标,确定是否引入私人资本或差异化服务来改善现有公共服务供给中的拥堵与供给效率低下等问题。然而,顾客需求是客观存在的,政府或服务提供者不能强制干涉顾客对于服务的需求大小,故本研究从供给侧视角出发,对相关供给政策,如定价、补贴与信息披露等进行研究,从而分析用以规范引导服务提供者供给和顾客选择的供给模式与政策。其中,定价是公共资源和财政资金有限情况下通过直接改变顾客成本来刺激或控制需求的有效方式,是服务供给模式选择与价格政策制定过程中的核心内容,也是联合其他政策来改善服务供给效果的主要手段(见第四章和第五章)。基于此,本章在不考虑补贴与实时等待信息情境下,对双轨公共服务供给模式构建中的定价问题进行讨论,属于全文的基础性章节。

具体而言,本章关于公共服务定价的研究主要在于探讨以下两个问题:(1)公共服务供给中是否需要进行差异化定价及其条件是什么?即是在现有公共服务供给的基础上引入私人资本,构建 TTS 供给模式,还是直接利用财政资金新增一个与原有服务相同或类似的公共部门供给通道,形成 TQS 供给模式;(2)基于 TTS 供给模式的潜在优点,若构建该模式,应如何规范私人部门定价,从而更好地发挥私人部门对公共部门的补充与分流作用,实现公共服务可持续性供给。

二 模型与假设

本章所使用的符号变量及其解释见表 3-1,基本假设可见表 3-2。

---

① 严明明:《公共服务供给模式的选择——基于公平与效率关系理论的阐释》,《齐鲁学刊》2011 年第 4 期。

表 3-1　　符号变量与解释

符号变量	解释
λ	总的顾客到达率
λ_1/λ_2	TQS 供给中原有/新增公共部门顾客到达率
λ_f/λ_c	TTS 供给中公共部门/私人部门顾客到达率
μ_f/μ_c	原有/新增服务率
p_f/p_c	公共部门/私人部门服务价格
θ	顾客（等待）敏感性参数，表示顾客单位时间等待成本
θ_0	顾客敏感性阈值
T_{max}	私人部门等待时间保证，即承诺的最长等待时间
$1-\varepsilon$	T_{max} 保证的置信水平，即可信概率
s_f/s_c	公共部门/私人部门服务成本率，即单位服务成本
$E(W_1)/E(W_2)$	TQS 供给中原有/新增公共部门的顾客平均等待时间
$E(W_f)/E(W_c)$	TTS 供给中公共部门/私人部门的顾客平均等待时间
$E(W_0)/E(W_s)$	TQS/TTS 供给中整个系统的顾客平均等待时间，简称系统平均等待时间
R_c	TTS 供给中私人部门的期望收益
h	TQS 和 TTS 供给中服务提供者的持有成本率，即单位持有成本
TOC_0/TOC_s	TQS/TTS 供给中的运营总成本
TCC_0/TCC_s	TQS/TTS 供给中的顾客总成本
TSC_0/TSC_s	TQS/TTS 供给中的社会总成本

由于本研究重点关注公共服务供给中的拥堵解决与供给效果改善等问题，因此可转化为服务供给中的排队问题，进而借助排队模型对顾客选择、服务提供者供给，以及政府协调等过程进行微观定量分析，并运用等待时间、顾客到达率与服务率、收益与成本等变量来测量拥堵与服务供给效果。TQS 与 TTS 供给模式均由两个服务提供者联合进行公共服务供给，本章首先假设不同供给模式下的两个服务子系统都可采用 M/M/1 的排队模型进行描述，即假设公共部门和私人部门中都只有一个服务者，顾客到达时间间隔与服务时间均服从指数分布[1]。

---

[1] Ross，S. M.，*Introduction to probability models*（9th Edition），Burlington：Academic Press，2007，pp. 282-303.

表 3 – 2　　　　　　　　　　　　　基本假设

主体	条目	具体假设
顾客	顾客属性	异质顾客
	顾客到达	到达时间间隔为指数分布
	顾客离开	不存在止步和中途退出行为
	等待成本	不考虑私人部门中的等待成本
	顾客选择	成本最小化决策
服务提供者	服务时间	服务时间为指数分布
	服务机制	先到先服务（FCFS）
	等待信息	仅提供平均等待时间信息
	服务水平	私人部门服务水平为$(T_{\max}, 1-\varepsilon)$
服务系统	供给子系统	M/M/1 排队模型
	等待空间	等待空间无限制
	稳定性	所有供给均稳定，即各自服务率大于顾客到达率

定义 W 为包括服务时间在内的顾客等待时间，即顾客到达服务系统直至完全离开所花费的总时间；θ 为异质顾客的（等待）敏感性参数，表示单位时间顾客等待成本，并假设 θ 服从 $[0, U]$ 上的均匀分布，其分布函数和概率密度函数分别为 $H(\theta)$ 和 $H'(\theta) = dH(\theta)/d\theta$。因此，单一顾客的平均等待成本为 $\theta E(W)$，其中，$E(W)$ 表示顾客平均等待时间。分别使用下标 "1" "2" "f" "c" 对 TQS 与 TTS 供给模式中的原有、新增、公共部门与私人部门进行区分，则 $E(W_1)$、$E(W_2)$、$E(W_f)$ 和 $E(W_c)$ 分别表示上述部门中的顾客平均等待时间。假设不存在顾客止步和中途退出行为，也就是说目标顾客都会选择某一供给部门并接受服务，直至离开。该假设适用于医疗与交通等公共服务领域，即只有当顾客完成治疗或到达目的地才能离开当前供给系统，而不会出现放弃服务的行为。顾客对于公共服务总需求一定，用总的顾客到达率 λ 表示。记原有（初始）公共部门服务率为 μ_f，政府通过新增财政资金或引入私人资本所构建的新的供给部门服务率为 μ_c。顾客基于自身成本（包括等待成本和货币成本）最小化来选择进入或接受服务

的供给部门。假设所有参数均为平稳状态下的均衡值①，即考察供给达到稳定时的服务效果。

首先，在 TQS 供给模式下，定义原有及新增公共部门中的顾客到达率分别为 λ_1 和 λ_2，则满足 $\lambda_1 + \lambda_2 = \lambda$。基于上述变量和假设，TQS 供给模型可表示为图 3-1。

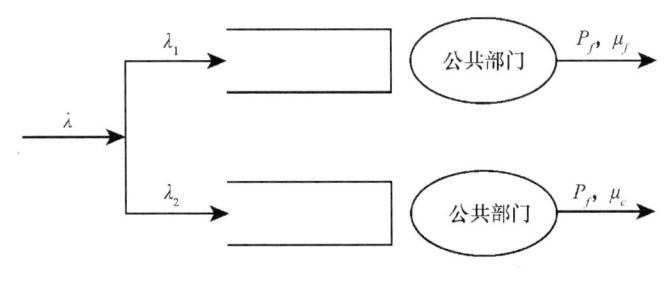

图 3-1 TQS 供给模型

在该供给模式下，由于两公共部门中的服务价格相等，表明顾客拥有相同的货币成本，因此仅当二者的等待时间也相等时，才能保证供给系统的有效性，即两个供给部门中均有顾客进入。假设服务提供者都只披露平均等待时间信息，根据 M/M/1 排队模型中关于平均等待时间的计算公式，TQS 供给的均衡条件为：

$$E(W_1) = \frac{1}{\mu_f - \lambda_1} = E(W_2) = \frac{1}{\mu_c - \lambda_2},$$

联立条件 $\lambda_1 + \lambda_2 = \lambda$，解得：

$$\lambda_1 = \frac{\lambda + \mu_f - \mu_c}{2}, \ \lambda_2 = \frac{\lambda - \mu_f + \mu_c}{2}; \quad (3.1.1)$$

$$E(W_1) = E(W_2) = \frac{2}{\mu_f + \mu_c - \lambda}. \quad (3.1.2)$$

由此可见，不同供给部门中的顾客到达率与其自身服务率（服务能力）正相关，而与另一供给部门的服务率负相关。然而，提高任一供给部门的服务率时，两个供给部门中的平均等待时间均会缩短。因此，对

---

① Hassin, R., Haviv, M., *To queue or not to queue*, Berlin: Springer, 2003, p. 46; Stidham, S., "Optimal control of admission to a queueing system", *IEEE Transactions on Automatic Control*, Vol. 30, No. 8, 1985, pp. 705-713.

于减少公共部门供给中的顾客等待而言，任一部门服务能力的提高都是有效的。当顾客总需求越高时，显然，两个供给部门中的平均等待时间也越长。

记 TQS 供给模式下整个服务供给系统中的顾客平均等待时间为 $E(W_0)$，则：

$$E(W_0) = \frac{\lambda_1}{\lambda}E(W_1) + \frac{\lambda_2}{\lambda}E(W_2) = \frac{2}{\mu_f + \mu_c - \lambda}. \quad (3.1.3)$$

因此，基于供给侧视角，若想缓解 TQS 供给模式下各公共部门及整个服务供给中的拥堵情况，只能通过增加资金投入或提高服务率等方法。

其次，若政府通过引入私人资本进行差异化供给，则构成了 TTS 供给模式。记 TTS 供给中公共部门与私人部门的服务价格分别为 p_f 和 p_c；顾客到达率分别为 λ_f 和 λ_c（$\lambda_f + \lambda_c = \lambda$）。故 TTS 供给模型可表示为图 3-2。

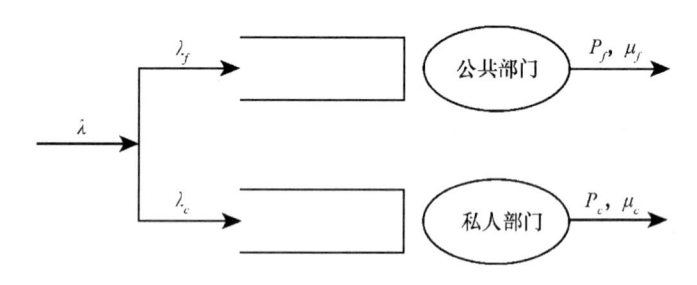

图 3-2　TTS 供给模型

为满足顾客多样化需求，假设私人部门在提供更高质量公共服务时收取更高费用，则 $p_c > p_f$。现实中，民营医院诊疗费高于公立医院、高速公路收费高于普通公路等现象都符合该假设。因此，若政府采用 TTS 供给模式，顾客基于自身成本最小化，既可选择公共部门价格较低但须长时间等待的一般服务，也可选择私人部门提供的价格较高但等待时间短的优质服务。一般地，私人部门常通过"服务水平"[①] 来保证服务供

---

① Johar, M., Savage, E., "Do private patients have shorter waiting times for elective surgery? Evidence from New South Wales public hospitals", *Economic Papers*, Vol. 29, No. 2, 2010, pp. 128–142.

给质量，即承诺顾客最长等待时间不超过 T_{max} 的最小概率为 $(1-\varepsilon)$。其中，称 T_{max} 为最长等待时间循证基准[1]或等待时间保证（Waiting Time Guarantee）[2]；称 $(1-\varepsilon)$ 为置信水平，即上述等待时间保证的可信概率。故私人部门中的服务水平可表示为 $(T_{max}, 1-\varepsilon)$。若给定 $(1-\varepsilon)=0.9$，T_{max} 则表示为大多公共医疗卫生服务网站中所披露的 90 百分位数下的顾客平均等待时间[3]。顾客在选择服务时往往具有主观性，若公共部门因拥堵而导致顾客等待时间过长，与此同时，私人部门中的服务水平足够高或 T_{max} 足够小时，部分敏感性参数较高的顾客则会选择私人部门供给，以支付更高费用，即更高货币成本来换取等待成本的降低。在此基础上，为简化分析，本章给出如下假设。

假设 3.1.1：在 TTS 供给模式下，若私人部门的服务水平（T_{max}，$1-\varepsilon$）足够高时，顾客可忽略在私人部门中的等待成本。

该假设可从三方面进行验证。首先，现有研究如 Johar 和 Savage[4]、Guo 和 Zhang[5]、Qian 等[6]在考虑相似问题时也给出了与假设 3.1.1 相同的假设。其次，作者还通过简单的问卷调查[7]来支持该假设，调查结果表明，当服务水平或服务质量足够高时，大多数顾客并不在意一定时间内的等待，即可忽略其等待成本。最后，本研究在第五章中也考虑了私人部门等待成本非零的情形，可作为本章相关假设与模型的进一步拓展。

---

[1] 董誉文：《医疗信息披露能否缩减公共医疗等待时间？——来自加拿大关节置换登记数据的实证证据》，《中国经济问题》2017 年第 5 期。

[2] Kumar, P., Kalwani, M. U., Dada, M., "The impact of waiting time guarantees on customers' waiting experiences", *Marketing Science*, Vol. 16, No. 4, 1997, pp. 295–314.

[3] https://swt.hlth.gov.bc.ca/swt/WaitTimesResults.xhtml?rollupProcedure=58&procName=Knee+Replacement&adult=Adult.

[4] Johar, M., Savage, E., "Do private patients have shorter waiting times for elective surgery? Evidence from New South Wales public hospitals", *Economic Papers*, Vol. 29, No. 2, 2010, pp. 128–142.

[5] Guo, P., Zhang, Z. G., "Strategic queueing behavior and its impact on system performance in service systems with the congestion-based staffing policy", *Manufacturing & Service Operations Management*, Vol. 15, No. 1, 2013, pp. 118–131.

[6] Qian, Q., Guo, P., Lindsey, R., "Comparison of subsidy schemes for reducing waiting times in healthcare systems", *Production and Operations Management*, Vol. 26, No. 11, 2017, pp. 2033–2049.

[7] Zhang, Z. G., Yin, X., "To price or not to price incremental public services subject to congestion", Working Paper, Lanzhou University, 2018.

第二节 双轨公共服务供给分析

本节在图 3-2 的基础上分别对 TTS 供给模式下的公共部门和私人部门供给行为与效果进行分析。

一 公共部门供给分析

无论是选择 TQS 还是 TTS 供给模式都是为了解决原有公共服务供给中顾客等待时间长、服务效率低下等问题。因此，本小节首先讨论 TTS 供给模式下的公共部门供给及其等待时间问题。

基于假设 3.1.1 与顾客成本最小化选择，当 $p_f + \theta E(W_f) \leq p_c$，即敏感性参数满足 $\theta \leq (p_c - p_f)/E(W_f)$ 时，顾客选择进入公共部门。称 $\theta_0 = (p_c - p_f)/E(W_f)$ 为顾客敏感性阈值，即在该值处，顾客选择公共部门与私人部门服务的成本相等。由于 θ 为 $[0, U]$ 上的均匀分布，因此，选择公共部门服务的顾客比例为：

$$H(\theta_0) = \theta_0/U = \frac{p_c - p_f}{UE(W_f)}.$$

由 M/M/1 公式知，$E(W_f) = 1/(\mu_f - \lambda_f)$，顾客到达率则为：

$$\lambda_f = \lambda H(\theta_0) = \lambda (p_c - p_f)(\mu_f - \lambda_f)/U.$$

解得，

$$\lambda_f = \frac{\lambda \mu_f (p_c - p_f)}{U + \lambda (p_c - p_f)}. \tag{3.2.1}$$

由于本研究重点关注 TTS 供给模式的构建以及政府政策对于私人部门的规范与约束作用，因此结合现实情境，可假定公共部门中的价格是既定的，TTS 供给中主要关注私人部门定价问题，即假设 p_f 为给定参数，p_c 为决策变量。对式（3.2.1）关于 p_c 求一阶导，可得：$d\lambda_f/dp_c = U\lambda \mu_f/[U + \lambda (p_c - p_f)]^2 > 0$，表明当公共部门服务价格已知时，私人部门定价越高，则会有更多顾客选择进入公共部门。若以缓解公共部门拥堵、降低公共部门顾客到达率为目标，政府应控制私人部门过高定价。同时，因为 $U > 0$，则 $\mu_f - \lambda_f = U\mu_f/[U + \lambda (p_c - p_f)] > 0$，$\mu_f > \lambda_f$，表明在 TTS 供给模式下，公共部门供给总能处于稳定状态，不会因顾客过多而导致服务系统"爆炸",这也验证了上一节中基本假设的正确与合理性。由式(3.2.1)还可计算出公共部门中的顾客平均等待时间,即为:

$$E(W_f) = \frac{1}{\mu_f - \lambda_f} = \frac{U + \lambda(p_c - p_f)}{U\mu_f}. \quad (3.2.2)$$

显然,$E(W_f)$ 与私人部门服务价格 p_c 正相关,而与公共部门服务率 μ_f 或顾客敏感性参数上界值 U 负相关。私人部门定价越高,则会有更多的顾客选择进入公共部门,从而导致其拥堵增加;若公共部门提高其服务率,则可有效缓解拥堵,缩短顾客等待时间;此外,当顾客整体敏感性参数越高,即顾客平均等待成本更高时,会有更多顾客选择等待时间较短的私人部门服务,因此也可减少公共部门中的顾客等待。上述结果表明,在 TTS 供给模式下,若不考虑补贴政策与实时等待信息,公共部门的供给效果(顾客到达率与拥堵情况)主要取决于顾客特征、私人部门定价及其自身服务能力。

二 私人部门供给及其定价

由式(3.2.1)和条件 $\lambda_f + \lambda_c = \lambda$ 可得,私人部门供给中的顾客到达率与平均等待时间分别为:

$$\lambda_c = \lambda - \lambda_f = \frac{\lambda[U + (\lambda - \mu_f)(p_c - p_f)]}{U + \lambda(p_c - p_f)}; \quad (3.2.3)$$

$$E(W_c) = \frac{1}{\mu_c - \lambda_c} = \frac{U + \lambda(p_c - p_f)}{U(\mu_c - \lambda) + \lambda(\mu_f + \mu_c - \lambda)(p_c - p_f)}. \quad (3.2.4)$$

考虑私人部门定价对私人部门供给中的顾客需求(到达率)与拥堵(等待时间)的作用,分别对上式关于 p_c 求一阶导,可得:

$$d\lambda_c/dp_c = -d\lambda_f/dp_c = -U\lambda\mu_f/[U + \lambda(p_c - p_f)]^2 < 0; \quad (3.2.5)$$

$$\frac{dE(W_c)}{dp_c} = \frac{-U\lambda\mu_f}{[U(\mu_c - \lambda) + \lambda(\mu_f + \mu_c - \lambda)(p_c - p_f)]^2} < 0.$$

表明,当私人部门定价越高,即顾客所须支付的货币成本越高时,选择私人部门服务的顾客会越少,平均等待时间也相应缩短。

政府在构建 TTS 供给模式时还应考虑双轨公共服务供给的有效性,即保证两供给部门中均有顾客到达,也就是 $0 < \lambda_c < \lambda$。由式(3.2.3)可得以下结论。

(1) 当 $\lambda < \mu_f$ 时，$p_c < p_f + U/(\mu_f - \lambda)$。表明当公共部门服务能力足够高、拥堵并不十分严重时，为保证有顾客选择私人部门服务，其定价不应过高。记私人部门最高服务价格为 $(p_c)_{\max}$，则有 $(p_c)_{\max} = p_f + U/(\mu_f - \lambda)$；

(2) 当 $\lambda \geq \mu_f$ 时，不存在私人部门价格上限，即 $(p_c)_{\max} = \infty$。表明任何定价均可实现 TTS 供给模式的有效性，顾客基于自身成本最小化会在公共部门与私人部门之间进行选择。这主要是因为此时公共部门较为拥堵，顾客在私人部门中的货币成本小于公共部门中的等待成本。

综上，构建 TTS 供给模式应满足的有效性条件为：

$$(p_c)_{\max} = \begin{cases} p_f + U/(\mu_f - \lambda), & \lambda < \mu_f \\ \infty, & \lambda \geq \mu_f \end{cases}. \tag{3.2.6}$$

此外，为保证私人部门供给的稳定性，还须满足条件 $\mu_c > \lambda_c$，解得：

$$p_c > p_f + \frac{U(\lambda - \mu_c)}{\lambda(\mu_f + \mu_c - \lambda)}. \tag{3.2.7}$$

该私人部门定价则称为 TTS 供给模式的稳定性条件。

易证 $p_f + U(\lambda - \mu_c)/[\lambda(\mu_f + \mu_c - \lambda)] < (p_c)_{\max}$，表明存在合理的私人部门定价，可同时满足 TTS 供给模式的稳定性与有效性条件。

现实中，私人部门在提供公共服务或制定服务价格时，往往是以其自身利益最大化为依据的。记 R_c 为私人部门期望收益，则 $R_c = \lambda_c p_c$。联合式（3.2.3）和（3.2.5），通过对 R_c 进行求导分析，可得以下命题。

命题 3.2.1：在不考虑补贴与实时等待信息的 TTS 供给模式下，私人部门的期望收益与其定价之间的关系为：

(i) 当 $U < \lambda p_f$ 且 $\lambda < \mu_f$ 时，私人部门期望收益随私人部门定价单调递减，收益最大化在最小定价处取得；

(ii) 当 $U < \lambda p_f$ 且 $\lambda > \mu_f$ 时，期望收益随私人部门定价先降后升，收益最大化在价格区间的边界处取得；

(iii) 当 $U > \lambda p_f$ 且 $\lambda < \mu_f$ 时，存在最优定价（称为收益最大化定价）

$$p_c^* = \frac{-(U - \lambda p_f)(\lambda - \mu_f) - \sqrt{-U(U - \lambda p_f)(\lambda - \mu_f)\mu_f}}{\lambda(\lambda - \mu_f)},$$

使得私人部门的期望收益达到最大；

(iv) 当 $U > \lambda p_f$ 且 $\lambda > \mu_f$ 时，私人部门期望收益随私人部门定价单

调递增，收益最大化在最大定价处取得。

从命题 3.2.1 中可以发现，当顾客整体敏感性参数较低且公共部门服务能力足够大时[命题 3.2.1 (i)]，若私人部门以收益最大化为目标，则应尽可能降低其服务价格。该结果也是显然的，因为当公共部门中的拥堵情况不严重，并且顾客等待成本较低时，私人部门差异化定价与服务很难起到吸引、分流公共部门顾客的作用。此时，双轨服务供给模式不再适用。反之，当顾客整体敏感性参数很高，同时公共部门出现严重拥堵时[命题 3.2.1 (iv)]，私人部门所提供的快速优质服务则更有吸引力，双轨服务供给模式有效。这也反映了拥堵与异质顾客情形，即本研究所关注的研究情境下构建 TTS 供给模式的必要性。然而，在该情形下，私人部门由于逐利性会不断提高其服务价格，以期获得更高收益，故此时往往需要通过政府管制（价格政策）来防止私人部门过高定价。当顾客敏感性参数以及公共部门的拥堵情况介于上述两种情形之间时，私人部门收益最大化定价既可在价格区间的最低处或最高处取得，也可能存在某一适中的收益最大化定价。综上所述，以收益最大化为目标的私人部门定价既与公共部门中的拥堵程度有关，同时也取决于顾客对等待时间或等待成本的敏感性。然而，收益最大化定价是否同顾客或社会福利最大化时的定价一致，将会在下一节中进行讨论。

除收益最大化以外，私人部门定价的另一个考虑纬度便是可靠性，即通过价格引导顾客选择，从而保证私人部门所承诺的服务水平$(T_{\max},1-\varepsilon)$。直观解释为，若私人部门服务价格较低，会吸引更多顾客进入，从而导致实际等待时间增加，甚至可能超过私人部门原有的等待时间保证 $T_{\max}$。此时若通过提高私人部门服务价格则可抑制部分顾客到达，降低顾客到达率及等待时间。此外，该价格的确定也是为了保证假设 3.1.1 的成立，只有当私人部门中的等待时间足够短时，顾客才可忽略在私人部门中的等待成本。

记 W_c 为私人部门中的顾客实际等待时间，根据 M/M/1 排队理论，其分布可表示为：

$$P(W_c \leq T_{\max}) = 1 - e^{-(\mu_c - \lambda_c)T_{\max}}.$$

该分布函数与服务水平的含义刚好一致，表示顾客等待时间不超过 $T_{\max}$ 的概率为 $1 - e^{-(\mu_c - \lambda_c)T_{\max}}$。对应服务水平 $(T_{\max}, 1-\varepsilon)$，则有：

$$1 - e^{-(\mu_c - \lambda_c)T_{\max}} \geq 1 - \varepsilon.$$

因此，为了保证私人部门所承诺的服务水平 $(T_{\max}, 1-\varepsilon)$ 及假设 3.1.1，进入私人部门的顾客到达率存在一个上界，记为 $(\lambda_c)_{\max}$，则：

$$(\lambda_c)_{\max} = \mu_c + \ln(\varepsilon)/T_{\max}. \tag{3.2.8}$$

式（3.2.8）成立还须满足条件 $\mu_c + \ln(\varepsilon)/T_{\max} > 0$，即：

$$\mu_c > -\ln(\varepsilon)/T_{\max}. \tag{3.2.9}$$

该式表明，政府若想充分发挥 TTS 供给模式的优势来改善公共服务供给，应引入足量的私人资本来保证私人部门的服务能力及其对原有公共部门的分流作用。若资金不足或私人部门服务率太小，则无法提供有替代性的服务，从而导致顾客不会选择私人部门服务。

由式（3.2.5）可得，降低 p_c，私人部门的到达率会增加。因此，私人部门存在一个最小定价，记为 $(p_c)_{\min}$ 可满足式（3.2.8）。联立式（3.2.3），有：

$$\frac{U\lambda + \lambda(\lambda - \mu_f)(p_c - p_f)}{U + \lambda(p_c - p_f)} \leq \mu_c + \frac{\ln(\varepsilon)}{T_{\max}}. \tag{3.2.10}$$

记 $\tau = \mu_c + \ln(\varepsilon)/T_{\max}$，显然 $0 < \tau < \lambda$。对上式求解可得以下命题。

命题 3.2.2：在不考虑补贴与实时等待信息的 TTS 供给模式下，

（i）当 $\tau - \lambda + \mu_f \leq 0$ 时，私人部门无法保证所承诺的服务水平 $(T_{\max}, 1-\varepsilon)$；

（ii）当 $\tau - \lambda + \mu_f > 0$ 时，私人部门存在唯一的最小定价，

$$(p_c)_{\min} = p_f + \frac{U(\lambda - \tau)}{\lambda(\tau - \lambda + \mu_f)}. \tag{3.2.11}$$

其使得服务价格若高于 $(p_c)_{\min}$，则可保证私人部门的稳定性与服务水平 $(T_{\max}, 1-\varepsilon)$。

称 $p_c \geq (p_c)_{\min}$ 为可行价格，式（3.2.11）为私人部门可靠性条件。

易证：

$$p_f + \frac{U(\lambda - \mu_c)}{\lambda(\mu_f + \mu_c - \lambda)} < (p_c)_{\min} < (p_c)_{\max}.$$

表明可靠性条件下私人部门供给始终是稳定并有效的。此外，由命题 3.2.2（i）可知，当 $\tau - \lambda + \mu_f \leq 0$，即 $\mu_f + \mu_c - \lambda \leq -\ln(\varepsilon)/T_{\max}$ 时，私人部门所承诺的服务水平是无法保证的。该条件说明当整个服务系统越拥堵，即 $\mu_f + \mu_c - \lambda$ 越小时，私人部门的服务水平越难得到保证。而

实践中私人部门所给出的过高的服务水平,如较短的等待时间保证或较大的保证概率等并不总是能够实现的。通过该条件,可以判断私人部门所承诺的服务水平是否可信。

联立式 (3.2.9), $\mu_c + \ln(\varepsilon)/T_{max} < \lambda$ 和 $\mu_f + \mu_c - \lambda > -\ln(\varepsilon)/T_{max}$,可得以下命题。

命题 3.2.3：为保证 TTS 供给模式中私人部门所承诺的服务水平 $(T_{max}, 1-\varepsilon)$,私人部门服务率需满足：

$$\max\{-\ln(\varepsilon)/T_{max}, \lambda - \mu_f - \ln(\varepsilon)/T_{max}\} < \mu_c < \lambda - \ln(\varepsilon)/T_{max}.$$
(3.2.12)

该式表明,在构建 TTS 供给模式时,私人部门的服务能力应控制在一定范围内,从而保证服务水平与 TTS 供给模式的可行性。

至此,本小节分别讨论了 TTS 供给模式下影响公共部门与私人部门顾客需求及拥堵程度的相关因素,并基于有效性、稳定性、可靠性条件,以及私人部门收益最大化目标,着重探讨了 TTS 供给模式构建过程中私人部门的定价和服务能力选择等问题。

第三节 双轨公共服务供给下的拥堵解决

一 TTS 供给模式能否缓解拥堵

拥堵产生原因及如何解决是本研究关注的重要问题。比较两种不同供给模式,即两通道无差异供给 (TQS) 以及公私联合供给下的双轨公共服务供给 (TTS),可以发现,TTS 供给模式具有引入私人资本、提高服务效率,并提供差异化、多样化服务等优点。然而在缓解拥堵问题上,TTS 供给模式是否优于 TQS 供给模式,即 TTS 供给中的等待时间是否短于 TQS 供给中的等待时间,还需进一步探讨。对于该问题的回答既是政府选择公共服务供给模式的重要依据,也是基于顾客视角评估公共服务供给效果的标准,是本小节讨论的主要内容。

虽然假设 3.1.1 给出,在 TTS 供给模式下,顾客在选择服务时可忽略私人部门中足够小的等待成本,但是该假设只是对顾客感知的近似考虑,也是出于简化模型与分析的需要。对于政府等服务供给决策者而言，在评估整个服务供给效果时，是需要同时考虑公共部门与私人部门中的等待时间的。服务系统中的平均等待时间与顾客等待成本是基于不同主体的考虑，二者的区别也将在下一节中详细阐述。联立式（3.2.1）—（3.2.4），可得以下命题。

命题 3.3.1：在不考虑补贴与实时等待信息的 TTS 供给模式下，系统平均等待时间

$$E(W_s) = \frac{\lambda_f}{\lambda}E(W_f) + \frac{\lambda_c}{\lambda}E(W_c)$$
$$= \frac{p_c - p_f}{U} + \frac{U + (\lambda - \mu_f)(p_c - p_f)}{U(\mu_c - \lambda) + \lambda(\mu_f + \mu_c - \lambda)(p_c - p_f)}.$$

(3.3.1)

且存在等待时间最小化定价

$$p_s^* = p_f + \frac{U(\lambda - \mu_c + \sqrt{\mu_f \mu_c})}{\lambda(\mu_f + \mu_c - \lambda)}.$$

(3.3.2)

其使得系统平均等待时间最小。

上述结果表明，TTS 供给模式下私人部门存在一个特定且唯一的可行价格 $\max\{(p_c)_{\min}, p_s^*\}$，既能保证私人部门的有效性、稳定性和可靠性，又能降低整个服务供给系统的拥堵程度。当 $[dE(W_s)/dp_c]|_{p_c=(p_c)_{\min}} > 0$ 时，$p_s^* < (p_c)_{\min}$，p_s^* 则为不可行价格，不能用以保证私人部门所承诺的服务水平，即可靠性条件。此时，若以系统平均等待时间最小化为目标，私人部门定价应为 $\max\{(p_c)_{\min}, p_s^*\} = (p_c)_{\min}$。类似地，若以私人部门收益最大化为目标，满足上述条件的可行价格为 $\max\{(p_c)_{\min}, p_c^*\}$。

命题 3.2.1 和命题 3.3.1 分别给出了基于服务提供者与顾客利益考虑的收益最大化定价和等待时间最小化定价。一般而言，在单一供给模式下，服务提供者基于自身收益最大化而实施的定价往往会损害顾客利益，即存在 $p_c^* > p_s^*$。因此，当政府对整个服务供给效果进行评估时，需要权衡不同主体间的利益关系，并通过相关政策来规范引导服务提供者与顾客行为。然而本研究发现，不同于单一供给模式，TTS 供给模式下 p_c^* 和 p_s^* 具有如下关系。

命题 3.3.2：在不考虑补贴与实时等待信息的 TTS 供给模式下，私人部门收益最大化定价可高于，等于或低于等待时间最小化定价，即 p_c^*

和 p_s^* 存在不确定的大小关系。

现有研究认为，引入私人资本可以提高服务质量和效率，但私人部门自身利益最大化目标与顾客及社会福利最大化目标之间却存在难以协调的矛盾①，从而不利于私人部门供给以及双轨服务供给模式的建立。然而，上述结果表明，在 TTS 供给模式下，私人部门并不总是通过提高价格（如高于等待时间最小化定价）来获取更多收益。由于收益最大化定价与等待成本最小化定价之间的关系不确定，因此，政府可通过资源的优化配置或其他相关政策，来调节不同供给部门中的拥堵程度以及供给主客体的行为选择，并制定同时满足服务提供者收益最大化与顾客等待时间最小化的私人部门服务价格，从而在一定程度上规避服务提供者与顾客之间的利益冲突。

式（3.1.3）和（3.3.1）分别表示了 TQS 与 TTS 供给模式下的系统平均等待时间，即拥堵程度。基于顾客视角，以等待时间最小化下的可行价格作为私人部门服务价格，即当 $p_c = \max\{(p_c)_{\min}, p_s^*\}$ 时，定义

$$f(\mu_c) = \frac{(\mu_c - \lambda_c)(\mu_f + \mu_c - \lambda)(p_c - p_f)}{2U} + \frac{\lambda_c}{2\lambda}(\mu_f + \mu_c) + \frac{\lambda_c}{2}, \quad g(\mu_c) = \mu_c$$

，那么选择 TTS 供给模式来有效缓解拥堵，即满足 $E(W_s) < E(W_0)$ 的条件为以下命题。

命题 3.3.3：若 $f(\mu_c) < g(\mu_c)$，TTS 供给模式下的系统平均等待时间小于 TQS 供给模式下的系统平均等待时间；反之，在缩短系统平均等待时间上，TQS 供给模式更为有效。

该命题的证明可直接通过 $E(W_s) = (p_c - p_f)/U + \lambda_c/[\lambda(\mu_c - \lambda_c)]$ 和 $E(W_0) = 2/(\mu_f + \mu_c - \lambda)$ 的表达式以及简单代数运算即可得出。

该条件是政府以解决拥堵、减少顾客等待时间为目的来判断是否引入私人资本进行差异化供给，即如何选择不同供给模式的关键。对此，本研究将从以下两个方面进行更为详细的阐述。首先，通过数值与图像，可以清楚地看见新增服务率 μ_c 以及私人部门定价 p_c 对于该条件的影响。在满足式（3.2.12）的约束下，给定系统参数：$U = 1$，$\lambda = 6$，$\mu_f = 5$，$\mu_c = 5：0.01：9.8$，$p_f = 0$，$T_{\max} = 0.6$，$\varepsilon = 0.1$，可得，当私人

---

① 韩斌斌：《我国营利性医院竞争效果的实证研究》，《中国卫生经济》2014 年第 1 期。

部门采用满足可靠性条件的等待时间最小化定价或某一较低价格时[见图3-3（a）]，$f(\mu_c)$和$g(\mu_c)$存在唯一交点，记该交点所对应的新增（私人部门）服务率为μ_c^*。当$\mu_c > \mu_c^*$时，$f(\mu_c) < g(\mu_c)$，根据命题3.3.3可得，此时，相比于 TQS 供给模式，TTS 供给模式更能起到降低系统平均等待时间，即缓解拥堵的作用；当$\mu_c < \mu_c^*$时，$f(\mu_c) > g(\mu_c)$，说明 TQS 供给模式更能缓解服务供给中的拥堵，从而减少顾客等待时间。然而，当私人部门定价较高时[见图3-3（c）]，$f(\mu_c)$始终大于$g(\mu_c)$，TTS 供给模式不再能起到减少顾客等待时间的作用。μ_c不仅表示新增服务率或投入的资本量大小，还可反映服务供给中的拥堵程度，当μ_c越小时，服务系统越为拥堵，反之亦然。因此，图3-3表明，当引入的私人资本极为有限，服务供给系统越发拥堵，或私人部门定价较高时，政府应选择 TQS 供给模式；而当政府能够引入大量私人资本来提供额外的差异化服务，或私人部门能采用较低服务价格时，选择 TTS 供给模式则更能有效地减少顾客等待。该结果反映出私人资本的可及性（可获得性）以及服务价格对于是否构建 TTS 供给模式的直接影响。二者的联合作用还会在第五节中进一步讨论。

其次，还可通过理论分析进一步明确政府选择服务供给模式的依据（条件）以及拥堵产生的原因。对$E(W_s) < E(W_0)$成立条件$f(\mu_c) < g(\mu_c)$进行变换，可得：

$$f(\mu_c) = \frac{(p_c - p_f)/\frac{1}{\mu_c - \lambda_c}}{2U/(\mu_f + \mu_c - \lambda)} + \frac{\lambda_c}{\lambda}(\mu_f + \mu_c) - \frac{\lambda_c \mu_f + \mu_c - \lambda}{\lambda \quad 2}$$
$$= \zeta(\mu_c) + \eta(\mu_c) < g(\mu_c).$$

(3.3.3)

其中，

$$\zeta(\mu_c) = \frac{(p_c - p_f)/\frac{1}{\mu_c - \lambda_c}}{2U/(\mu_f + \mu_c - \lambda)}, \tag{3.3.4}$$

$$\eta(\mu_c) = \frac{\lambda_c}{\lambda}(\mu_f + \mu_c) - \frac{\lambda_c \mu_f + \mu_c - \lambda}{\lambda \quad 2}. \tag{3.3.5}$$

$\zeta(\mu_c)$的分子可表示 TTS 供给中顾客的负外部效应测度，分母则为 TQS 供给模式下最大的顾客等待成本。故称$\zeta(\mu_c)$为 TTS 供给模式的负外部效应比率（Negative Externality Ratio，NER），表示 TTS 供给模式中私人部门定价与顾客选择所产生的服务率损失。$\eta(\mu_c)$ 可解释为增加政府预算或新增服务率为 μ_c 的额外公共部门供给后，TQS 供给中所增加的有效服务率［对于 $\zeta(\mu_c)$ 和 $\eta(\mu_c)$ 含义的具体解释可见附录 1.5］。由 $\zeta(\mu_c) + \eta(\mu_c) < g(\mu_c)$，得 $\eta(\mu_c) < \mu_c - \zeta(\mu_c)$，该式右侧即为引入私人资本或新增服务率为 μ_c 的私人部门供给后，TTS 供给中所增加的有效服务率，即除去顾客负外部效应后所增加的服务率净值。若 TTS 新增的有效服务率大于 TQS 供给模式，则 TTS 供给更能有效降低服务系统中的拥堵程度。上式表明，在相同资本投入情况下，政府决策应充分考虑服务提供者与顾客行为，进而选择能够产生更多有效服务率的供给模式，真正做到"物尽其用"。

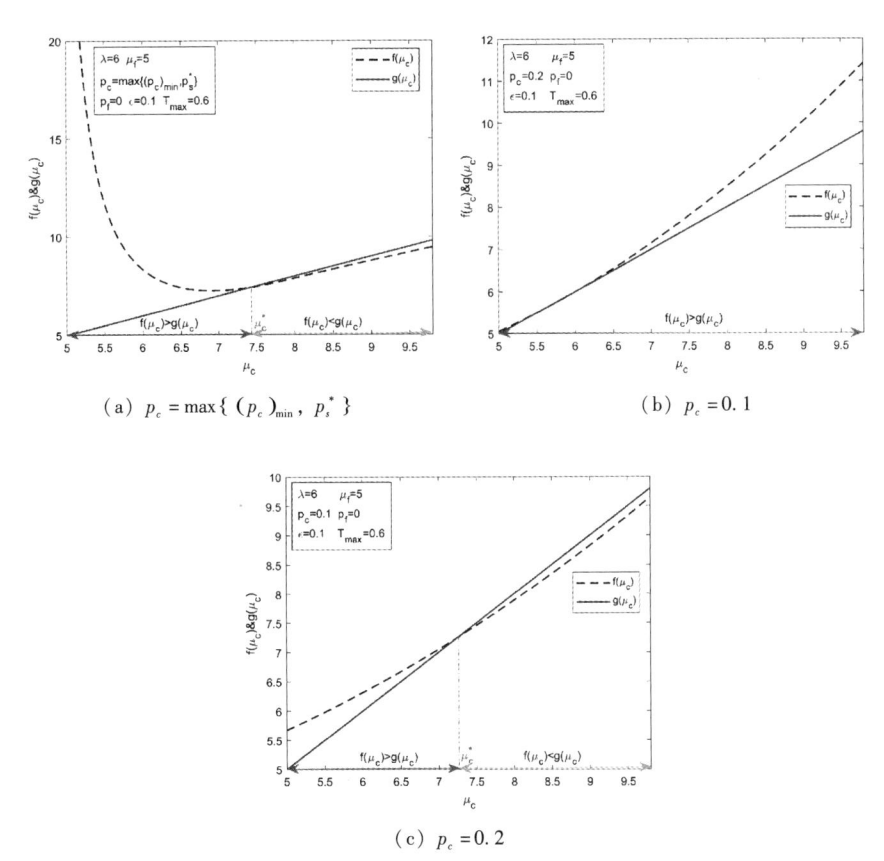

(a) $p_c = \max\{(p_c)_{\min}, p_s^*\}$

(b) $p_c = 0.1$

(c) $p_c = 0.2$

图 3-3　不同供给模式选择及其判定条件

由式（3.3.4）和（3.3.5）可得，顾客负外部效应是影响公共服务供给模式选择的重要因素。具体而言，公共服务供给模式的选择与私人部门定价、服务能力和顾客等待敏感性有关。首先，当私人部门服务价格上涨时，进入公共部门的顾客增多，NER 增大，即 TTS 供给模式所产生的有效服务率减少，对于改善服务供给的作用也随之下降。相比之下 TQS 供给则更为有效。由此可见，若私人部门以收益最大化为目标而采取过高定价，是会损害以等待时间最小化为目标的顾客及社会福利的，因此需要政府对私人部门过高定价进行管控。其次，增加私人部门服务率虽然直接提高了私人部门的服务能力（μ_c 增加），但由于过多的顾客到达会产生更多的负外部效应 [由 $d\zeta(\mu_c)/d\mu_c > 0$ 得，$\zeta(\mu_c)$ 增加]，因此增加私人部门服务率对于 TTS 供给模式的选择具有两面性：当私人部门服务率较低时，所产生的负外部效应更大，不利于发挥 TTS 供给模式对于降低顾客等待时间的作用，此时 TQS 供给模式更为有效；当私人部门服务率较高时，提高其服务能力所产生的正面作用更大，TTS 供给模式也更为有效。该分析从理论上解释了图 3-3 中私人部门定价及其服务能力对于供给模式选择的作用。最后，当顾客对于等待的敏感性较高时，差异化服务有利于减少服务率的损失，从而使得 TTS 供给模式更加有效。由于异质顾客的选择行为对于服务供给既具有正面的消费作用又有负面的负外部效应，因此，政府在确定具体供给模式时，需充分考虑新增的资本投入在不同供给模式中所能产生的有效服务率，从不同方面考虑其对顾客行为的影响，从而做出正确的判断与选择。

由附录 1.5 可以发现，公共服务供给中出现拥堵的两个原因为资源分配不均以及顾客选择所产生的负外部效应。一般地，资源分配不均也是负外部效应产生的原因。当不同服务提供者之间的服务能力、服务价格或服务质量差异过大时，会导致大量顾客倾向于其中某一特定的服务供给部门，因此，顾客基于自身成本最小化的自私行为则对其他顾客以及服务系统带来更多的负外部效应。负外部效应的增加使得 TTS 供给模式中的有效服务率减少，从而影响其服务供给效果。因此，政府在致力于缓解拥堵、减少顾客等待时间的实践中，应在保证一定差异化服务的前提下，通过合理政策（如资源分配与价格政策）来有效引导顾客选择，降低其负外部效应，并投入或引入适量资本来提高服务提供者的服务能力，从而改善公共服务拥堵现状。

二 TTS 供给模式构建中的现实约束条件

在选择或构建 TTS 供给模式时，除了上述双轨公共服务供给的有效性、稳定性与可靠性条件外，还应考虑几个具体的现实约束条件。首先，由于选择私人部门服务的顾客需支付更高的费用（货币成本更高），因此，从私人部门顾客的公平性角度出发，应要求私人部门中的等待时间保证小于公共部门供给的平均等待时间，即 $T_{max} < E(W_f)$。也就是说，对于时间更为敏感的顾客会以更高的货币成本来换取等待成本的降低。此外，足够小的等待时间保证也是满足私人部门服务水平以及假设 3.1.1 成立的前提。

根据式（3.2.2），求解 $T_{max} < E(W_f)$，可得：

$$p_c > p_f + U(\mu_f T_{max} - 1)/\lambda. \quad (3.3.6)$$

若私人部门定价过低，则会吸引大量顾客到达，导致实际等待时间增加，甚至超过公共部门中的顾客等待时间或所承诺的等待时间保证。因此，上述结果表明，私人部门存在一个与等待时间保证相关的最低定价，用以抑制更多的顾客到达。

对于 TTS 供给模式而言，考虑 3.2.2 小节中所讨论的有效性条件，由式（3.2.6）可得：

当 $\lambda \geq \mu_f$ 时，$(p_c)_{max} = \infty$，式（3.3.6）所确定的最小定价可保证私人部门有效供给；

当 $\lambda < \mu_f$ 时，为满足 TTS 供给模式的有效性条件，则需 $p_f + U(\mu_f T_{max} - 1)/\lambda < p_f + U/(\mu_f - \lambda)$，即

$$T_{max} < 1/(\mu_f - \lambda). \quad (3.3.7)$$

该式右侧表示当所有顾客都选择公共部门服务时，公共部门中的顾客平均等待时间，即最大等待时间。由于私人部门服务价格已高于公共部门定价，只有当其等待时间小于公共部门中的等待时间，才可能吸引顾客选择该服务。由此可见，在一个现实有效的 TTS 供给系统中，条件（3.3.7）总是满足的。

此外，考虑 TTS 供给的稳定性和可靠性，联立式（3.3.6），可得同时满足稳定性、可靠性与现实约束条件 $T_{max} < E(W_f)$ 的私人部门定价为：

$$p_c > \begin{cases} p_f + \dfrac{U(\lambda - \tau)}{\lambda(\tau - \lambda + \mu_f)}, & T_{\max} < \dfrac{1}{\tau - \lambda + \mu_f} \\ p_f + \dfrac{U(\mu_f T_{\max} - 1)}{\lambda}, & T_{\max} > \dfrac{1}{\tau - \lambda + \mu_f} \end{cases}$$

该结果表明，当私人部门等待时间保证足够小 $[T_{\max} < 1/(\tau - \lambda + \mu_f)]$ 时，现实约束条件 $T_{\max} < E(W_f)$ 始终成立，即私人部门承诺的最长等待时间始终小于公共部门中的等待时间，此时，私人部门实际定价只需满足可靠性条件即可。但如果等待时间保证超过 $1/(\tau - \lambda + \mu_f)$，TTS 供给是稳定且可靠的，私人部门在定价时还需考虑现实约束条件 $T_{\max} < E(W_f)$。

其次，当政府财政资金并不充足，需要引入私人资本来提供更多服务时，为了利用 TTS 供给模式有效缓解拥堵，私人部门等待时间保证还应小于 TQS 供给模式中的系统平均等待时间，即 $T_{\max} < E(W_0)$。根据式 (3.1.3) 则有 $T_{\max} < 2/(\mu_f + \mu_c - \lambda)$。联立条件 (3.2.12)，可得以下命题。

命题 3.3.4：在不考虑补贴与实时等待信息的 TTS 供给模式下，若私人部门致力于提供优于（以等待时间为衡量标准）TQS 供给的服务，即满足现实约束条件 $T_{\max} < 2/(\mu_f + \mu_c - \lambda)$，则有：

（i）私人部门的最大置信水平为 $1 - e^{-2} = 86.47\%$；

（ii）当 $\lambda < \mu_f$ 时，$T_{\max} < [2 + \ln(\varepsilon)]/(\mu_f - \lambda)$；当 $\lambda > \mu_f$ 时，$T_{\max} < -\ln(\varepsilon)/(\lambda - \mu_f)$。

该命题给出了 TTS 供给模式中私人部门服务水平（等待时间保证与置信水平）应满足的条件。由命题 3.3.4 (i) 可知，若私人部门承诺其最长等待时间不会超过 TQS 供给模式中的平均等待时间，所能保证该情况发生的最大概率为 86.47%。该指标可用于检验私人部门所承诺的服务水平是否可信。命题 3.3.4 (ii) 则给出了不同公共部门服务能力或拥堵情况下私人部门等待时间保证与置信水平之间的关系。当公共部门服务能力有限，服务供给中出现较为严重的拥堵时，私人部门等待时间保证越小，置信水平也往往越低。因此，私人部门应充分考虑顾客对于等待时间保证与置信水平的不同反应，有侧重地制定更为合理的服务水平，从而提高顾客满意度和顾客到达率（顾客需求）。

第四节 不同供给模式下的成本分析

前面小节分别讨论了 TQS 和 TTS 供给模式下公共部门与私人部门供给及其效果等问题，从顾客和服务提供者视角出发，对顾客平均等待时间、私人部门收益以及不同条件下私人部门定价进行了详细的分析。然而，由于顾客与服务提供者，特别是私人部门的目标和利益往往是有冲突的，因此，本节则基于政府视角，综合考虑顾客与服务提供者的总体利益，通过各主体成本来反映不同主体以及社会总体福利，从而对整个服务系统的供给效果进行定量测量。

一 运营总成本

运营总成本（TOC）是不同服务供给模式下所有服务提供者因服务供给所产生的成本之和。具体而言，运营总成本包括服务成本与持有成本。服务成本是服务提供者在供给过程中所产生的直接成本费用，如设备、租金、服务人员工资等。为简化分析，本研究并不对服务成本分类别讨论，而是假设公共部门与私人部门的服务成本率分别为 s_f 和 s_c，且服务成本是它们各自服务率的线性函数。该假设在现实中也是合理的：服务率越高，表明服务质量与服务效率越高，则需更多的资金投入来达到此目的，因此，服务成本也会越高。此外，该假设是在服务率的基础上考虑服务成本大小的，也与本研究在供给侧视角下所关注的服务能力（或资源）分配决策相关。一般而言，相比于公共部门，私人部门服务能力与服务质量要求更高，其服务成本率也应高于公共部门服务成本率，即 $s_c > s_f$。综上，TQS 与 TTS 供给模式下的服务成本可分别表示为 $s_f(\mu_f + \mu_c)$ 和 $(s_f\mu_f + s_c\mu_c)$。

持有成本是指服务提供者因顾客等待所产生的直接或间接费用，如医疗服务中，医院因对等待病人定期进行检查，或增加病床等等待空间所产生的额外支出；或交通系统中，因车辆拥堵而带来的污染治理、道路维修等费用。由于顾客等待是资源与预算约束下服务供给中的必然现象，可视为系统原因，因此而产生的系统费用（持有成本）也应由服务提供者或政府承担。虽然持有成本与顾客等待时间相关，但是它与基于顾客视角的等待成本是有差别的。顾客等待成本不仅与服务系统中的等待时间有关，还取决于顾客感知（敏感性参数 θ），具有一定的主观性。在 TTS 供给模式中，当等待时间足够短且得以保证时，顾客是可以忽略其等待成本的（假设 3.1.1 及其论证）。但对服务提供者而言，无论是在考虑持有成本还是计算系统平均等待时间［式（3.1.3）和（3.3.1）］时，相比于顾客更为客观，同时因具有信息优势也更容易准确获得并量化不同供给部门的等待时间。因此，基于服务提供者视角的供给分析应考虑所有供给部门中的顾客等待。然而据作者所知，以往排队研究中并没有对服务提供者的持有成本和顾客等待成本加以区分，这一点也凸显了本研究对于不同主体视角下供给问题的考量与分析。记持有成本率为 h，TQS 与 TTS 供给模式中的持有成本则可分别表示为 $\lambda h E(W_0)$ 和 $\lambda h E(W_s)$。

记 TQS 和 TTS 供给模式下服务提供者的运营总成本分别为 TOC_0 和 TOC_s，基于上述分析，由式（3.1.3）和（3.3.1）可得：

$$TOC_0 = \frac{2\lambda h}{\mu_f + \mu_c - \lambda} + s_f(\mu_f + \mu_c), \qquad (3.4.1)$$

$$TOC_s = \lambda h \left[\frac{p_c - p_f}{U} + \frac{\lambda_c}{\lambda(\mu_c - \lambda_c)}\right] + s_f\mu_f + s_c\mu_c. \qquad (3.4.2)$$

通过分析发现，在不同公共服务供给模式下，若给定系统参数 λ，μ_f，μ_c，U，s_f，s_c，h 以及私人部门可行价格 p_c，那么，服务提供者的运营总成本是新增服务率 μ_c 的凸函数；且在 TTS 供给模式中，运营总成本也是私人部门服务价格 p_c 的凸函数。即存在某一新增服务率及私人部门定价，使得服务提供者的运营总成本最小。具体而言，记 TQS 和 TTS 供给模式下满足运营总成本最小时的最优新增服务率分别为 μ_c^0 和 μ_c^s，则有以下命题。

命题 3.4.1：

(i) 在 TQS 供给模式下，当 $h > (\mu_f - \lambda)^2 s_f/(2\lambda)$ 时，服务提供者的运营总成本可在最优新增服务率 $\mu_c^0 = \lambda - \mu_f + \sqrt{2\lambda h/s_f}$ 处达到最小；

(ii) 在 TTS 供给模式下，当私人部门定价 $p_c = p_s^*$ 或新增服务率 $\mu_c = \mu_c^s = \lambda_c + \sqrt{\lambda_c h/s_c}$ 时，服务提供者的运营总成本最小。

上述结果表明，无论政府采取何种供给模式，均可通过投入或引入适量的资本（从而决定不同的新增服务率），来降低服务提供者的运营总成本。此外，若政府选取 TTS 供给模式，那么，当私人部门服务价格为等待时间最小化定价时，系统平均等待时间与服务提供者运营总成本均可达到最小。由此可见，定价与服务能力决策仍是公共服务供给以及供给模式构建过程中应考虑的主要问题，也是解决公共服务资源合理分配与有效利用的重要手段。

二 社会总成本

顾客与服务提供者均为公共服务供给中的行为主体。一般而言，他们各自的目标是不同，甚至是相互矛盾的。顾客往往期待自身成本最小化，即等待时间最短或支付费用最少；公共部门更多关注顾客利益，常以缓解拥堵、提高顾客满意度为目标；而私人部门则会追求收益最大化。因此，作为公共服务供给的主导者，政府应综合考虑并权衡各主体的收益与成本，以期提高社会总体福利。即便政府以缓解拥堵为主要目标，仍需考虑包含服务提供者利益在内的整个服务供给过程，在资源有限的现实约束下，努力实现对于公共服务的可持续性供给。由于本研究假设不存在顾客止步与中途退出行为，即顾客接受服务所获得的收益是无穷大的，因此，无法实现对于顾客收益或社会总体福利的直接表述，转而只能关注不同主体的成本问题。

基于政府视角，公共服务供给中的社会总成本包括所有顾客与服务提供者的成本之和。当社会总成本越低时，社会总体福利则越高。首先，定义 TCC_0 和 TCC_s 分别为 TQS 与 TTS 供给模式下的顾客总成本（包括等待成本与货币成本），则有，

$$TCC_0 = \theta_1^* \lambda_1 E(W_1) + \theta_2^* \lambda_2 E(W_2) + p_f \lambda,$$
$$TCC_s = \theta_f^* \lambda_f E(W_f) + p_f \lambda_f + p_c \lambda_c.$$

其中，$\theta_1^* = \theta_2^* = U/2$ 表示 TQS 供给模式下分别进入原有与新增公共部门的平均顾客敏感性参数，即单位时间等待成本；$\theta_f^* = E[\theta | \theta < \theta_0] = (p_c - p_f)/[2E(W_f)]$ 为 TTS 供给模式下进入公共部门的顾客平均等待成本；由假设 3.1.1，不考虑 TTS 供给模式下私人部门中的顾客等待成本，因此，顾客总成本 TCC_s 只是进入公共部门中所有顾客的等待成本与两

供给部门中的货币成本之和。具体地，
$$TCC_0 = U\lambda/(\mu_f + \mu_c - \lambda) + p_f\lambda, \quad (3.4.3)$$
$$TCC_s = \lambda(p_f + p_c)/2 + \lambda_c(p_c - p_f)/2. \quad (3.4.4)$$

经证明，可得下述命题。

命题 3.4.2：在 TQS 供给模式下，顾客总成本随新增服务率的增加而降低；在 TTS 供给模式下，顾客总成本随私人部门服务价格的增加而升高。

显然，上述结果在现实中也是成立的。当投入的额外资金更充裕时，服务提供者能更好地改善服务，提高供给效率，因此顾客的等待成本及其总成本均会降低。而在 TTS 供给模式下，当私人部门服务价格增加时，直接导致顾客的货币成本及总成本增加。

记 TQS 和 TTS 供给模式下的社会总成本分别为 TSC_0 和 TSC_s，满足社会总成本最小时的最优新增服务率分别为 $\bar{\mu}_c^0$ 和 $\bar{\mu}_c^s$，则：

$$\begin{aligned} TSC_0 &= TCC_0 + TOC_0 \\ &= \frac{(U+2h)\lambda}{\mu_f + \mu_c - \lambda} + p_f\lambda + s_f(\mu_f + \mu_c), \end{aligned} \quad (3.4.5)$$

$$\begin{aligned} TSC_s &= TCC_s + TOC_s \\ &= \frac{\lambda(p_f + p_c)}{2} + \frac{\lambda_c(p_c - p_f)}{2} + \lambda h\left[\frac{p_c - p_f}{U} + \frac{\lambda_c}{\lambda(\mu_c - \lambda_c)}\right] + s_f\mu_f + s_c\mu_c. \end{aligned} \quad (3.4.6)$$

命题 3.4.3：

(i) 在 TQS 供给模式下，当 $h > (\mu_f - \lambda)^2 s_f/(2\lambda) - U$ 时，社会总成本可在最优新增服务率 $\bar{\mu}_c^0 = \lambda - \mu_f + \sqrt{2\lambda(U+h)/s_f}$ 处达到最小；

(ii) 在 TTS 供给模式下，当新增服务率 $\mu_c = \bar{\mu}_c^s = \lambda_c + \sqrt{\lambda_c h/s_c}$ 时，社会总成本最小。

对比命题 3.4.1 和命题 3.4.3 可以发现，首先，在 TQS 供给模式下，均可通过最优新增服务率或资本投入量来降低服务提供者的运营总成本和社会总成本，且有 $\mu_c^0 = \lambda - \mu_f + \sqrt{2\lambda h/s_f} < \bar{\mu}_c^0 = \lambda - \mu_f + \sqrt{2\lambda(U+h)/s_f}$。也就是说，若服务提供者与政府分别以降低运营总成本或社会总成本为目标，对于最优新增资本投入量的要求并不一致。对于服务提供者而言，其所需要的资本量往往小于政府用以改善社会总体

福利所需的资本量，原因在于政府决策还关注了顾客的收益与成本。对顾客而言，资本投入量越高则越能降低其等待成本以及总成本。其次，在 TTS 供给模式下，运营总成本与社会总成本可在相同的私人部门服务率下得到，主要原因在于本节并未考虑私人部门中顾客的等待成本，运营成本完全决定了社会总成本的大小。此外，由于计算的复杂性，私人部门定价对于不同主体成本的影响及其关系无法直接表达，但可通过数值例子进行显示与分析（见第五节）。

第五节 数值例子与分析

本节主要通过数值例子直观显示上述理论结果，对不同供给模式下顾客等待时间及各主体的成本进行比较，以期得到私人部门定价与服务能力对服务供给效果的影响。在公共服务供给较为拥堵，即原有公共部门不能单独完成服务供给（$\lambda > \mu_f$）的现实背景下，给定系统参数：$U = 1$，$\lambda = 6$，$\mu_f = 5$，$p_f = 0$，$T_{max} = 0.6$，$\varepsilon = 0.1$，并在满足式（3.2.12）的基础上，通过新增服务率 μ_c 的不同取值来调节服务供给中的拥堵程度，同时也可通过归一化对实际不同供给情形进行拟合，使得本研究所选参数具有一定的适用性与代表性。

一 拥堵解决

图 3-4 直观地展示了投入或引入不同资本量时，TQS 和 TTS 供给模式下的系统平均等待时间，并对私人部门定价与资本投入量（可用新增服务率进行表示）如何影响不同供给模式的选择进行描述。

首先，从图 3-4（a）与 3-4（b）中可以清楚地看出，TTS 供给模式中的系统平均等待时间是私人部门服务价格的凸函数，且存在最优私人部门定价（分别为 $p_s^* = 0.2500$ 以及 $p_s^* = 0.1030$）使得顾客等待时间最短（命题 3.3.1）。其次，当投入或引入的资本量越大，即新增服务率越大时 [见图 3-4（b）]，不同供给模式下的系统平均等待时间明显缩短，拥堵得以改善，但现实中，该条件取决于能够投入或引入的资本量大小。在资本投入量不足或较为拥堵的情形下 [$\mu_c = 5$，见图 3-4

(a)], TTS 供给中的系统平均等待时间始终大于 TQS 供给中的平均等待时间,也就是说,当政府无法投入或引入足够多的资本时,直接构建一个与原有公共部门相同的无差异化服务通道,更能有效缓解服务供给中的拥堵问题。该结果也同图 3-3 所展示的结果相符。只有当投入或引入的资本量足够大时 [如图 3-4 (b) 所示],TTS 供给模式才可在一定的私人部门定价区间内起到缓解拥堵,减少顾客等待时间的作用,即需满足 $E(W_s) < E(W_0)$。然而该情形下,政府是否引入私人资本来提供差异化服务,还应考虑私人部门合理定价的问题。在上述参数取值下,通过检验可得,TTS 供给模式始终是有效的,即 $(p_c)_{max} = \infty$;同时,若以私人部门收益最大化为目标,私人部门存在无限制提高其服务价格的欲望,即 $p_c^* = \infty$(命题 3.2.1);此外,私人部门定价的可靠性条件为 $p_c \geq (p_c)_{min} = 0.0968$(命题 3.2.2),如图 3-4 (b) 中 $E(W_s)$ 图像的实线部分所示。因此,政府若以缓解拥堵为目的而选择 TTS 供给模式时,应将私人部门定价限定在图 3-4 (b) 中的可行价格区间内。最优地,在给定的资本投入量或新增服务率下,当私人部门定价为等待时间最小化定价(此时为可行价格),即 $p_c = p_s^* = 0.1030$ 时,可最大限度地缩短服务系统中的等待时间。然而,由于顾客所期待的等待时间最短与私人部门收益最大化所对应的服务价格并不一致,现实中则需通过政府来控制私人部门定价的范围,从而在资源有限的情况下尽可能实现公共服务供给效果最优。

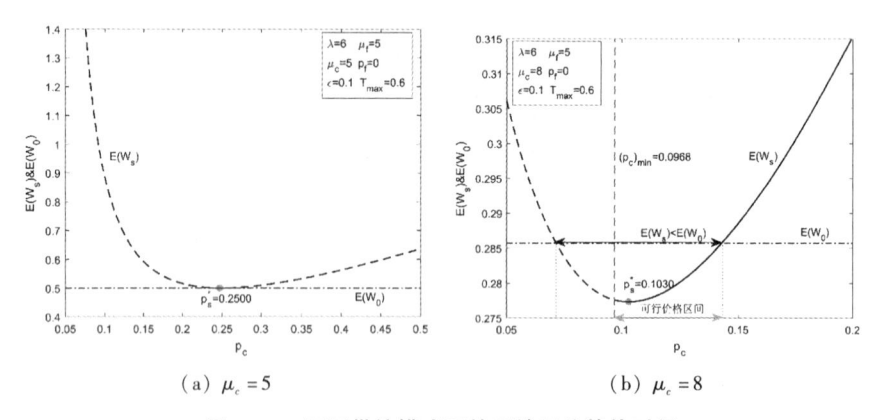

(a) $\mu_c = 5$

(b) $\mu_c = 8$

图 3-4 不同供给模式下的系统平均等待时间

现实中，由于信息不对称、政府监管不严或私人部门长期以来的逐利动机与行为，私人部门定价往往偏高。同时，为了满足一定的现实约束条件，如可靠性以及降低私人部门中的等待时间等，私人部门也需要通过更高的服务价格来限制更多的顾客进入，使得实际定价并不满足可行价格区间的要求，从而有损服务供给效果。这也是造成现有双轨服务供给中拥堵不能有效解决的主要原因。因此，结合本研究的研究结果，通过政府价格政策来约束服务提供者的定价行为，并以其他政策（如补贴或信息披露等）来合理引导顾客选择，不失为解决现有公共服务系统拥堵的一种有效途径。

二 成本分析

除了从顾客与服务提供者视角分别以等待时间（供给中的拥堵程度）或服务收益来分析评价公共服务供给效果以外，基于政府视角的社会总体福利（或社会总成本）更是能反映公共服务供给效果的主要指标。

在资本投入量较为充足、新增服务率较大时，给定持有成本率 $h = 0.1$ 及服务成本率 $s_c = 0.1 > s_f = 0.08$。首先，图 3-5（a）反映了 TQS 与 TTS 供给模式下服务提供者的运营总成本与私人部门定价的关系。可以看出，由于 TQS 供给模式中不存在私人部门及其定价，因此其运营总成本与私人部门定价无关，为价格的水平函数；但 TTS 供给模式下的运营总成本受私人部门服务价格的影响，表现为一凸函数，即存在最优定价可使服务提供者的运营总成本最小，且有 $p_c = p_s^* > (p_c)_{\min}$。也就是说，该最优且可行定价为等待时间最小化定价（命题 3.4.1）。此外，图 3-5（a）还显示，TQS 供给模式下的运营总成本始终小于 TTS 供给模式下的运营总成本，主要原因在于 TTS 供给中高质量的差异化服务往往伴随着更高的服务成本。因此，若政府以降低运营总成本为目标，则应限制私人部门的进入或差异化定价，转而利用公共部门来提供更多的服务。

图 3-5（b）显示了私人部门定价对于社会总成本（包括顾客总成本与服务提供者运营总成本）的作用，并对不同供给模式下的社会总成本进行了比较。可以发现，TTS 供给模式下社会总成本随私人部门服务

价格的提高而增加。当私人部门定价满足可靠性条件，即 $p_c > (p_c)_{\min}$ 时，TQS 与 TTS 供给模式中的社会总成本函数相交于一点，记其所对应的私人部门服务价格为 p_{TSC}^*，当 $(p_c)_{\min} < p_c < p_{TSC}^*$ 时，TTS 供给模式下的社会总成本更低；而当 $p_c > p_{TSC}^*$ 时，TQS 供给模式下的社会总成本更低。通过对比图 3-4（b）和 3-5（b）还可以发现，当新增服务率较大时，TTS 供给模式在降低社会总成本与减少系统平均等待时间等方面优于 TQS 供给模式的可行价格区间几乎一致，即表明，在该定价区间内，TTS 供给模式可以同时起到缓解拥堵、减少顾客等待时间以及提高社会总体福利的作用。

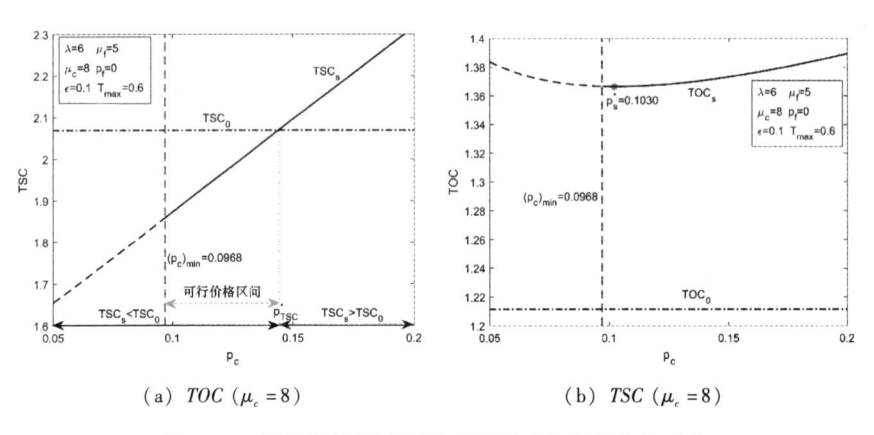

(a) $TOC\ (\mu_c = 8)$　　　　(b) $TSC\ (\mu_c = 8)$

图 3-5　不同供给模式下的运营总成本与社会总成本

此外，为研究投入或引入的资本量（新增服务率或服务能力）对于各主体成本以及供给模式选择的影响，首先需要判断能满足可靠性条件的新增服务率大小。由式（3.2.11）可得，随着 μ_c 的减小，$(p_c)_{\min}$ 增大，可靠性条件越难满足，也就是说当私人部门服务能力不足时，只能通过提高价格来阻止过多的顾客到达。因此，存在某一特定大小的新增服务率，记为 $(\mu_c)_{\min}$，使得当 $\mu_c > (\mu_c)_{\min}$ 时，才能保证私人部门所承诺的服务水平。

图 3-6（a）和 3-6（b）分别展示了不同私人部门定价下满足可靠性条件的新增服务率范围。若 $p_c = 0.1$，只有当 $\mu_c > (\mu_c)_{\min} = 8.0000$ 时，私人部门的服务水平才能得到保证，即满足 $p_c > (p_c)_{\min}$；若 $p_c = 0.2$，保证私人部门服务水平的新增服务率需满足 $\mu_c > (\mu_c)_{\min} = 7.2000$。

基于此，新增服务率与不同供给模式下社会总成本的关系可如图3-7所示。从图3-7可以看出，首先，不同供给模式下的社会总成本均为新增服务率μ_c的凸函数（命题3.4.3），表明投入或引入适量资本，可降低不同供给模式中的社会总成本。其次，TSC_0与TSC_s相交，记该交点所对应的服务率为μ_{TSC}^*，当$\mu_c < \mu_{TSC}^*$时，$TSC_s < TSC_0$；而当$\mu_c > \mu_{TSC}^*$时，$TSC_s > TSC_0$，表明以降低社会总成本为目标进行服务供给模式选择时，应考虑新增服务率或所投入的资本量大小。进一步地，为保证私人部门服务水平，只有当私人部门定价较低且新增服务率较大时，TTS供给才能有效降低社会总成本。

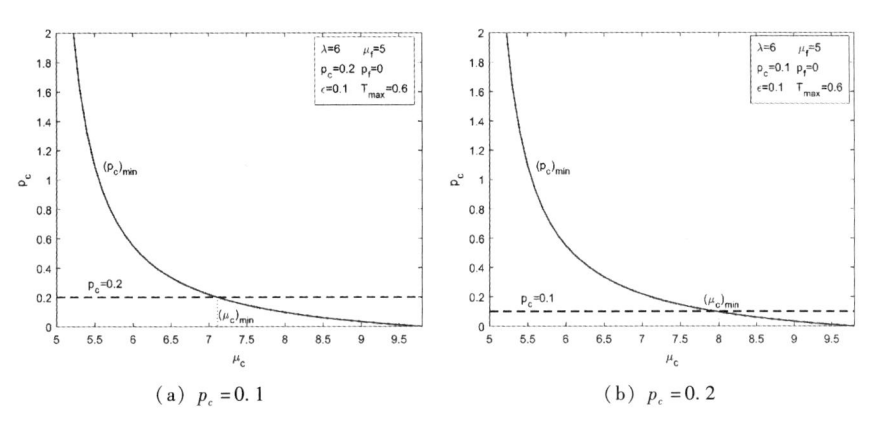

图3-6 满足可靠性条件的新增服务率范围

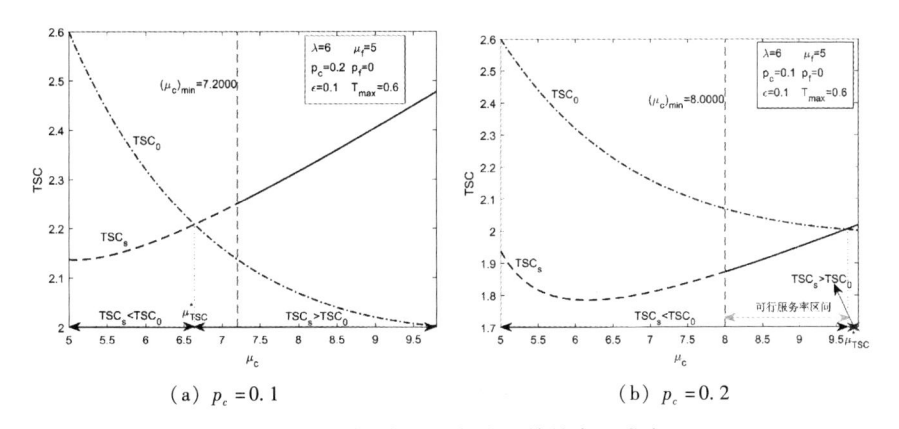

图3-7 不同新增服务率下的社会总成本

由此可见，政府在选择公共服务供给模式时，应充分考虑可供投入或引入的资本量大小，以及如何对私人部门服务价格进行管控（价格政策）等问题。不同供给模式的选择应考虑私人部门定价及其服务能力的联合作用。一般而言，在不考虑补贴与实时等待信息情形下，只有当资本量或服务能力较大（保证服务供给不会因过度拥堵而产生更多的负外部效应），以及私人部门定价合理（不会因差异化太大而限制顾客选择或造成资源浪费）时，政府方可考虑构建 TTS 供给模式来减少顾客等待时间以及社会总成本，即缓解拥堵、提高社会总体福利。

第六节　本章小结

现有单一供给或已存在的双轨公共服务供给模式下，由于财政资金不足、公共资源分配不均、服务价格不合理等原因，使得公共部门供给出现了严重拥堵、顾客等待时间长等问题。基于此，政府常面临是否需要增加公共投入，或引入私人资本来提高服务能力，从而改善公共服务供给的决策分析。通过对不同主体行为与目标的综合考虑，本章运用排队论等定量建模方法研究了公共服务供给过程中的顾客选择、服务提供者定价与资本投入量（服务率大小）之间的关系，进而分别以顾客等待时间最小、服务提供者收益最大，以及社会总成本最小为目标，系统性地讨论了是否进行差异化定价，即 TQS 与 TTS 供给模式的选择，以及采用 TTS 供给模式时，不同供给效果评价指标下私人部门应如何定价等重要问题。

具体而言，在不考虑补贴与实时等待信息情形下，本章采用 M/M/1 排队模型清楚地刻画了公共服务供给中的服务提供者（服务过程）与顾客行为（到达过程），以投入资金来源（是否引入私人资本）或是否提供差异化服务为基准，分别构建了 TQS 与 TTS 两种基本公共服务供给模式。首先，分别对不同供给模式中的公共部门和私人部门特征及其供给行为单独进行分析，得出影响并用以解决服务供给子系统（如公共部门）拥堵问题的具体因素与方案；并着重讨论了 TTS 供给模式构建过程中私人部门利益最大化以及不同约束条件（包括有效性、稳定性、可靠性以及某些现实约束条件)下的定价问题。这也是政府用以制定价格政策的主要依据。其次，基于顾客视角，对不同供给模式下的系统平均等待时间，即服务拥堵问题进行了定量表示与对比分析，明确并定量刻画了公共服务供给中拥堵产生的主要原因，以及选择不同供给模式来减少顾客等待的具体条件。再次，分析了公共服务供给中不同主体(服务提供者、顾客与政府)的成本问题，并讨论了新增服务率(资本投入量)以及私人部门定价与各成本之间的相关关系。最后，运用数值例子分别从如何解决拥堵与降低各主体成本两方面对比分析了 TQS 与 TTS 供给模式下的顾客等待时间、运营总成本以及社会总成本，得出了选择不同服务供给模式的具体条件，即有关私人部门定价与新增资本量大小的具体要求。

  研究发现：(1) 公共服务供给中的拥堵问题主要源于政府和服务提供者不同政策(资源分配与服务定价)下，异质顾客在基于自身成本最小化进行选择时所产生的负外部效应。因此，如何通过差异化定价和公共资源的合理分配来尽量减小顾客负外部效应，是解决服务供给拥堵的首要问题。(2) 服务提供者决策(定价与服务能力)与异质顾客特征(对于时间或等待成本的敏感性)是影响公共服务供给模式选择的主要因素。通过对比发现，TQS 与 TTS 供给模式在不同条件下均可作为政府缓解拥堵、提高社会总体福利的有效手段。具体而言，当以减少顾客等待时间或缓解系统拥堵为出发点时，TQS 与 TTS 供给模式的选择取决于在投入政府资金或引入私人资本后，不同供给模式所能产生的有效服务率大小。此外，基于服务提供者或政府视角，分别以降低运营总成本或社会总成本为目标时，不同供给模式的选择应综合考虑私人部门定价与资本投入量(新增服务率)之间的关系。当政府可以投入或引入足够多的资本，并对私人部门定价有着较强的管控能力时，TTS 供给模式可有效减少顾客等待、降低社会总成本。(3) 在构建或选择 TTS 供给模式来提供差异化服务时，私人部门定价需充分考虑双轨服务供给中私人部门的有效性、稳定性及可靠性条件，并同时参考收益最大化定价与等待时间最小化定价。只有充分了解服务提供者与顾客在公共服务供给过程中的目标、行为以及不同政策的交互作用，才能制定出实现社会总体福利最大化的最优决策。

本章是关于不同供给模式下拥堵与定价问题的定量研究，得出了较多的表达式与命题，为方便查找，本章所研究的主要内容与结果可归纳如下。

表3-3 第三章主要内容与结果汇总

\multicolumn{2}{c	}{TQS}	\multicolumn{2}{c	}{TTS}	\multicolumn{2}{c}{TQS 和 TTS}
内容	结果	内容	结果	内容	结果
$E(W_1)$	式（3.1.2）	$E(W_f)$	式（3.2.2）		
$E(W_2)$	式（3.1.2）	$E(W_c)$	式（3.2.4）		
$E(W_0)$	式（3.1.3）	$E(W_s)$	式（3.3.1）	$E(W_0)$和$E(W_s)$	命题 3.3.3
		有效性条件	式（3.2.6）	TOC_0 和 TOC_s	命题 3.4.1
		稳定性条件	式（3.2.7）	TCC_0 和 TCC_s	命题 3.4.2
		可靠性条件	命题 3.2.2	TSC_0 和 TSC_s	命题 3.4.3
		收益最大化	命题 3.2.1		
		等待时间最小化	式（3.3.2）		
		p_c^* 和 p_s^*	命题 3.3.2		
		现实约束	式（3.3.6）；命题 3.3.4		

基于本章研究内容与假设，还可以发现，第一，本章没有考虑 TTS 供给模式中的补贴政策，即政府资本投入或服务收益的再利用，公共部门与私人部门中的服务能力完全依赖初始或新增资本的投入使用。因此，充足的初始资本投入要求是提高服务提供者服务能力、改善公共服务供给的唯一途径。然而，现实中，由于公共服务的特殊属性，其供给所得收益往往也会以某种方式（如税收或补贴）再次用于服务供给中，以便增加政府公共预算或投入，并提高服务能力。特别是在 TTS 供给模式下，对私人部门征税来补贴公共部门供给，往往是私人部门进入公共服务供给领域所需承担的基本责任。如何有效利用引入的私人资本及其所产生的收益来提高公共服务供给效率将在第四章中进行研究。第二，本章也没有考虑顾客止步行为，以及顾客在私人部门中的等待成本等现实条件，从而忽略了新增服务率或资本对于顾客成本及其选择的影响，

该内容则会在第五章中进行拓展。第三，本章仅讨论了服务提供者平均等待时间，即无实时信息政策下的顾客选择与服务供给问题，作为政府与服务提供者用以引导或影响顾客选择的其他信息披露政策，也将在第五章中进行讨论。

第四章

双轨公共服务供给中的补贴政策

TTS供给模式既能引入竞争，满足市场化需求（服务提供者视角），又能提供高质量的差异化服务，满足多样化的公共需求（顾客视角），是解决资源稀缺、改善公共服务供给（政府视角）的有效途径，也是本研究关注的重点。然而第三章结果表明，当引入的私人资本量并不十分充足时，TTS供给模式无法实现缓解拥堵或提高社会总体福利的目标。主要原因在于，上一章中仅考虑了利用新增资本来改善公共服务供给效果，具有一定的局限性。对于TTS供给模式而言，其主要特征在于私人部门的差异化服务及其所创造出的价值。因此，为构建更好的双轨公共服务供给模式，实现可持续性供给，本章在第三章研究基础上进一步考虑私人部门收益所得的分配和再利用，在资本投入量不足的现实约束条件下探索提高公共部门或私人部门服务能力的有效方法。并对价格与补贴政策的交互作用进行分析，明确不同主体目标下不同收益补贴政策的具体效用。此外，为探讨更多的补贴政策，本章还考虑直接利用财政资金来提高服务率，即外部补贴对于公共服务供给效果的影响，从而对补贴政策进行较为全面的系统性分析，为政府补贴政策的制定提供更多借鉴与参考。

本章内容安排如下：首先，第一节基于现实背景对补贴政策研究的必要性以及待解决的问题进行描述，并在此基础上构建TTSF和TTST供给模型来表示两种不同的收益补贴方式，结合实际背景，给出模型相关假设与说明。其次，第二节和第三节分别对公共部门收益补贴与私人部门收益补贴进行定量分析，对不同补贴政策与不同主体目标下的双轨公共服务供给效果进行定量表达。再次，第四节通过数值计算的方法对不同供给模式与补贴政策下的服务供给效果进行直观显示，并对价格、收益补贴与外部补贴政策及其影响因素与条件进行判定与分析。最后，第五节则是对本章研究内容与相关结果的总结。

第一节 问题描述与模型构建

一 问题描述

公共服务作为公民的基本权利以及政府的主要职能[1]，往往具有非竞争性、非排他性与不可分割性等特点，因此，在面临不断增长的公共需求时，公共服务供给中常出现供给不足、服务效率低下等问题[2]。但由于目前财政制度限制、公共支出比例不合理[3]，以及资源稀缺等现实约束，仅通过扩大资本投入来改善公共服务供给的做法不切实际，无法从根本上解决公共服务供给不均衡及过度拥堵等问题。同时，通过第三章分析可知，当资本投入量有限或服务能力不能得到充分保证时，TTS 供给也不能作为一种有效的供给模式，从而抹灭了政府试图通过引入私人资本来增加财政资金的设想。政府对于改善公共服务供给面临两难困境。基于此背景，如何利用有限的财政资金或私人资本来提高服务供给能力，是政府在公共服务供给实践中需要解决的重要问题。

现实中，政府在构建 TTS 供给模式，引入私人资本来提供差异化服务或分流原有公共部门中的顾客时，往往运用财政补贴等手段，将私人部门收益所得以税收等形式转移至公共部门或私人部门，更大程度地发挥私人资本对于改善供给、提高服务能力的作用。例如在双轨医疗服务供给中，政府常通过对民营医院征收一定的税费[4]来获取更多的财政资

---

[1] 李军鹏：《论中国政府公共服务职能》，《国家行政学院学报》2003 年第 4 期。
[2] 王锋、陶学荣：《政府公共服务职能的界定、问题分析及对策》，《甘肃社会科学》2005 年第 4 期。
[3] 陈娟：《政府公共服务供给的困境与解决之道》，《理论探索》2017 年第 1 期。
[4] 郑大喜：《公立医院与民营医院适用的税收政策比较》，《中国卫生政策研究》2016 年第 12 期。

金，进而直接用于补贴公立医院①或民营医院本身②及其相关运营。前者在于改善公共部门服务供给，并保证引入差异化服务后的顾客公平，称之为公共部门收益补贴。后者则通过对民营医院的补贴来吸引更多的私人资本进入，并在其服务能力得以提高的基础上分流公立医院中的顾客，从而起到缓解公共部门拥堵的作用，该补贴方式称为私人部门收益补贴。该情形还可描述交通系统中政府对于市政（免费）道路与高速（收费）公路的收益补贴行为。

公共部门和私人部门收益补贴均属于供给补贴，除此之外，公共服务供给补贴还包括外部补贴③，即直接运用财政资金来提高公共部门或私人部门的服务能力。收益补贴与外部补贴的主要区别在于资金的来源问题。虽然私人部门税收也可构成财政资金，即外部补贴广义上也包括收益补贴，但由于本研究重点关注供给侧视角下私人部门差异化服务（TTS 供给模式）所带来的公共服务供给改善问题，因此对二者分别进行研究。由交通经济学中的相关分析可知，外部补贴往往会导致 Downs-Thomson 悖论（简称 DT 悖论），即提高公共部门服务能力既可能刺激更多的公共需求，又会因私人部门中的规模经济减小，以及公共部门中顾客增多而导致负外部效应增加，使得整个服务供给中的服务效率与拥堵状况并不能得到改善。简言之，DT 悖论表示公共资源投入却不能带来有效产出的现象。然而，该悖论论证过程中只考虑了外部补贴效应，并未包含收益补贴等其他可用于提高服务效率的政策手段。因此，在本研究所讨论的双轨公共服务供给中，是否及如何运用多种补贴方式来改善公共服务供给效果，也有待进一步研究。

具体而言，本章关于补贴政策的研究主要在于回答并验证以下两个问题：（1）在资本投入量有限的情况下，即私人部门服务率较小时，能

---

① de Véricourt, F., Lobo, M. S., "Resource and revenue management in nonprofit operations", *Operations Research*, Vol. 57, No. 5, 2009, pp. 1114 – 1128.

② Qian, Q., Zhuang, W., "Tax/Subsidy and capacity decisions in a two-tier health system with welfare redistributive objective", *European Journal of Operational Research*, Vol. 260, No. 1, 2017, pp. 140 – 151.

③ Guo, P., Lindsey, R., Zhang, Z. G., "On the Downs-Thomson paradox in a self-financing two-tier queuing system", *Manufacturing & Service Operations Management*, Vol. 16, No. 2, 2014, pp. 315 – 322.

否利用补贴政策来改善双轨公共服务供给效果？也就是说，相比于无补贴政策，供给补贴能否起到减少顾客等待时间、提高服务提供者收益，或带来更多社会福利的作用；在不同补贴政策（公共部门收益补贴、私人部门收益补贴或外部补贴）下，TTS 供给模式能否优于 TQS 供给模式。(2) 不同供给补贴政策下私人部门应如何定价来保证 TTS 供给模式的有效实施？即如何通过价格与补贴的联合作用，来实现不同主体目标下公共服务供给的改善。

二 模型与假设

在 TTS 供给模型（见图 3-2）的基础上，根据收益补贴作用对象的不同，可分别构建公共部门收益补贴（记为 TTSF）和私人部门收益补贴（记为 TTST）模型。如图 4-1 所示。

(a) TTSF 供给模型　　　　(b) TTST 供给模型

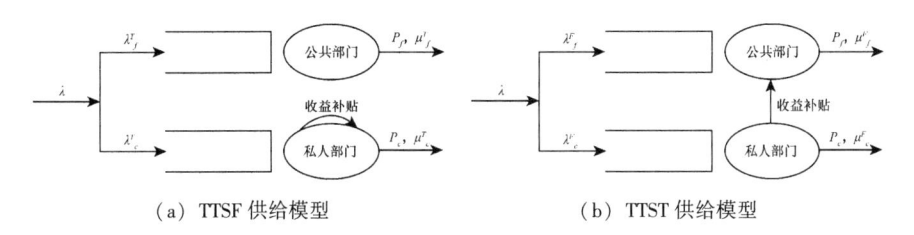

图 4-1　公共部门与私人部门收益补贴模型

分别使用上标"F"和"T"表示公共部门与私人部门收益补贴政策，进而区分不同收益补贴模型中的各变量与评价指标，详情可见表 4-1。由于收益补贴政策仅是在双轨服务供给模式下，将私人部门收益所得通过税收补贴等形式再投入到不同供给部门中，即充分利用所引入的私人资本及其产生的价值来提高服务能力。因此，相比于 TTS 供给模式，TTSF 供给中的公共部门服务率和 TTST 供给中的私人部门服务率都在一定程度上得到了提高，故有 $\mu_f^F > \mu_f$，及 $\mu_c^T > \mu_c$。

除了符号变量表示以及不同补贴政策下因服务能力的提高而导致顾客选择发生改变外，本章其他基本变量和假设同第三章一致，即仍采用表 3-2 中所有基本假设。定义 γ^F 和 γ^T（$0 \leq \gamma^F, \gamma^T \leq 1$）分别为 TTSF 与 TTST 供给中私人部门收益所得用于供给补贴的比例，若考虑税收补贴时，该比例则表示税率。当 $\gamma^F=0$ 或 $\gamma^T=0$ 时，表示政府不实施收益补贴政策；而当 $\gamma^F=1$ 或 $\gamma^T=1$ 时，表示私人部门收益全部转移至公共部门或私人部门，即最大收益补贴。进而，该收益补贴便可转化成不同供给部门额外的服务能力（服务率）。外部补贴政策则是通过追加额外财政资金来提高服务提供者的服务能力，因此，可通过增加公共部门与私人部门服务率大小（μ_f 和 μ_c）来研究外部补贴政策对于公共服务供给所产生的作用。

公共部门与私人部门是双轨公共服务供给中不可或缺的两重要组成部分，二者分别在公平性与效率性方面各具优势。同时，基于双轨服务供给特征，补贴虽然可提高相应服务提供者的服务能力，但由于不存在顾客止步与中途退出行为，也可能损害另一供给部门中的规模效应，同时还可能因供给与需求不匹配（资源分配不均）而产生更多的负外部效应。本章旨在通过定量方法对不同供给补贴进行对比分析，探明补贴对于整个公共服务供给的真实作用，从而在资本投入量不足以及服务效率低下的现实背景下构建更为有效的公共服务供给模式。

表 4 - 1　　　　　　　　　　符号变量与解释

符号变量	解释
λ_f^F/λ_c^F	TTSF 供给中公共部门/私人部门顾客到达率
λ_f^T/λ_c^T	TTST 供给中公共部门/私人部门顾客到达率
μ_f^F/μ_c^F	TTSF 供给中公共部门/私人部门服务率
μ_f^T/μ_c^T	TTST 供给中公共部门/私人部门服务率
θ_0^F/θ_0^T	TTSF/TTST 供给中顾客敏感性阈值
γ^F/γ^T	TTSF/TTST 供给中用于收益补贴的比例，简称补贴率
$E(W_f^F)/E(W_c^F)$	TTSF 供给中公共部门/私人部门的顾客平均等待时间
$E(W_f^T)/E(W_c^T)$	TTST 供给中公共部门/私人部门的顾客平均等待时间
$E(W_s^F)/E(W_s^T)$	TTSF/TTST 供给中的系统平均等待时间
R_c^F/R_c^T	TTSF/TTST 供给中私人部门的期望收益
TOC_s^F/TOC_s^T	TTSF/TTST 供给中的运营总成本
TCC_s^F/TCC_s^T	TTSF/TTST 供给中的顾客总成本
TSC_s^F/TSC_s^T	TTSF/TTST 供给中的社会总成本

第二节 公共部门收益补贴

一 公共部门收益补贴下的公共部门供给

如图4-1（a）所示，在公共部门收益补贴（TTSF）政策下，顾客基于自身成本最小化而选择不同供给部门所提供的服务。由于顾客不考虑私人部门中的等待成本（假设3.1.1），因此，当 $p_f + \theta E(W_f^F) \leq p_c$，即 $\theta \leq (p_c - p_f)/E(W_f^F)$ 时，顾客选择进入公共部门。TTSF 供给中顾客敏感性阈值 $\theta_0^F = (p_c - p_f)/E(W_f^F)$。仍假设 θ 服从 $[0, U]$ 上的均匀分布，那么，TTSF 供给中进入公共部门的顾客比例为 $H(\theta_0^F) = (p_c - p_f)/[UE(W_f^F)]$；顾客到达率为：

$$\lambda_f^F = \frac{\lambda(p_c - p_f)}{UE(W_f^F)}. \tag{4.2.1}$$

考虑 TTSF 政策，当私人部门所得收益以比例 γ^F 转移至公共部门时，公共部门的服务率则在初始值 μ_f 的基础上增加到 μ_f^F，即：

$$\mu_f^F = \mu_f + \frac{\gamma^F p_c (\lambda - \lambda_f^F)}{s_f}. \tag{4.2.2}$$

又因 $E(W_f^F) = 1/(\mu_f^F - \lambda_f^F)$，联立式（4.2.1）和（4.2.2），解得均衡状态下公共部门的顾客到达率、服务率及顾客平均等待时间，分别为：

$$\lambda_f^F = \frac{\lambda(\gamma^F \lambda p_c + s_f \mu_f)(p_c - p_f)}{Us_f + \lambda(\gamma^F p_c + s_f)(p_c - p_f)}; \tag{4.2.3}$$

$$\mu_f^F = \frac{[U + \lambda(p_c - p_f)](\gamma^F \lambda p_c + s_f \mu_f)}{Us_f + \lambda(\gamma^F p_c + s_f)(p_c - p_f)}; \tag{4.2.4}$$

$$E(W_f^F) = \frac{Us_f + \lambda(\gamma^F p_c + s_f)(p_c - p_f)}{U(\gamma^F \lambda p_c + s_f \mu_f)}. \tag{4.2.5}$$

显然，当 $\gamma^F = 0$，即不考虑公共部门收益补贴时，上述结果与第三章中公共部门供给结果［式（3.2.1）和（3.2.2）］一致，并且可以得到以下命题。

命题4.2.1：在一个具有公共部门收益补贴的双轨公共服务供给中，

(i) 当 $\lambda \geq \mu_f$；或（ii）$\lambda < \mu_f$，且私人部门定价满足 $p_c < p_f + U/(\mu_f - \lambda)$ 时，公共部门中的顾客到达率随补贴率的提高而增大，但其顾客平均等待时间则随补贴率的提高而减少。

该命题表明，当公共部门服务能力或供给不足以满足所有顾客需求时，对其进行收益补贴有助于提高公共部门中的顾客到达率，即增加公共部门的顾客需求或提高其市场占有率；并在提高服务率的基础上有效减少顾客等待，缓解供给拥堵。此外，当公共部门服务能力较强，甚至可以满足所有顾客需求时，只要私人部门定价可保证双轨供给的有效性，该补贴政策也总能用以改善公共部门供给。一般而言，顾客越多（到达率越高），等待时间则越长。然而，在该情形下，由于存在收益补贴，公共部门的服务能力会因补贴率提高而显著增强，因此能减少顾客等待时间。

此外，由于 TTSF 属于双轨公共服务供给，公共部门的供给效果也同样受私人部门定价的影响，故有以下命题。

命题 4.2.2：在一个具有公共部门收益补贴的双轨公共服务供给中，

(i) 当 $\gamma^F = 0$；或 $\gamma^F > 0$ 且 $p_c \leq p_f + \sqrt{Us_f/(\gamma^F \lambda)}$ 时，私人部门定价越高，选择进入公共部门的顾客则越多；

(ii) 当 $p_c \geq [U - (\lambda - \mu_f)p_f]/(2\mu_f)$ 时，公共部门中的顾客平均等待时间随私人部门定价的提高而增加。

从上一章结果中可以看出，若不存在收益补贴（$\gamma^F = 0$），公共部门中的顾客到达率与等待时间均随着私人部门定价的提高而增加。原因在于提高私人部门服务价格，顾客选择该服务的成本增加，从而导致更多顾客转移到公共部门。但同时，由于公共部门的服务率未发生改变，因此等待时间也相应增加。与之不同的是，当政府实行公共部门收益补贴时，公共部门的服务率也会增加。首先，从命题 4.2.2 中可以看出，公共部门顾客到达率、等待时间与私人部门定价之间的正相关关系在引入公共部门收益补贴后是有条件的，表明当补贴政策存在时，公共服务供给会更加复杂，顾客选择、服务提供者服务能力以及不同政策的交互作用共同决定了服务供给的最终效果。也正因为如此，该补贴政策才可能进一步发挥缓解拥堵、构建更为有效的双轨公共服务供给模式的功效。其次，命题 4.2.2（i）显示，当私人部门定价较低时，顾客对于服务价格增加更为敏感，因此公共部门顾客到达率会随着私人部门定价的提高而增加。最后，从命题4.2.2（ii）中还可以看出，当私人部门定价超过$[U-(\lambda-\mu_f)p_f]/(2\mu_f)$时，公共部门中的拥堵情况会随着私人部门服务价格的提高而变得更为严重。此时，政府若以减少公共部门中的顾客等待为目的，则应通过价格政策来限制私人部门过高的定价。

在双轨公共服务供给中，实行公共部门收益补贴虽然可以直接提高公共部门服务能力，但同时由于降低了私人部门收益（见第二节），也会间接导致公共部门服务能力的降低。因此，政府在确定具体补贴政策，即制定合理补贴率或税率时，应权衡补贴对于提高服务能力的直接作用以及通过私人部门收益所产生的间接作用。此外，价格与补贴政策是调节不同服务提供者服务能力与分配公共资源的重要手段，同时考虑私人部门定价和补贴率的共同作用也是政府综合运用不同政策来改善公共服务供给的重要工作。

二 公共部门收益补贴下的私人部门供给

当不考虑顾客止步时，$\lambda=\lambda_f^F+\lambda_c^F$。由式（4.2.3）可得，TTSF 供给中私人部门顾客到达率为：

$$\lambda_c^F=\frac{\lambda s_f[U+(\lambda-\mu_f)(p_c-p_f)]}{Us_f+\lambda(\gamma^F p_c+s_f)(p_c-p_f)}. \quad (4.2.6)$$

显然，TTSF 中的私人部门顾客达到率随补贴率的提高而减小。

为保证公共部门收益补贴政策下双轨公共服务供给的有效性，则需：$U+(\lambda-\mu_f)(p_c-p_f)>0$，即：

$$(p_c)_{\max}=\begin{cases}p_f+U/(\mu_f-\lambda),&\lambda<\mu_f\\\infty,&\lambda\geq\mu_f\end{cases}.$$

该式与式（3.2.6）一致，表明 TTSF 供给拥有与不存在补贴政策的双轨服务供给相同的有效性条件。

由于此时私人部门服务率未发生改变，即 $\mu_c^F=\mu_c$，因此，TTSF 政策下的私人部门供给可用到达率与服务率分别为 λ_c^F 和 μ_c 的 M/M/1 排队模型进行刻画，其顾客平均等待时间则为：

$$E(W_c^F)=\frac{Us_f+\lambda(\gamma^F p_c+s_f)(p_c-p_f)}{\gamma^F\lambda\mu_c p_c(p_c-p_f)+s_f[U(-\lambda+\mu_c)+\lambda(\mu_f+\mu_c-\lambda)(p_c-p_f)]}.$$

$$(4.2.7)$$

考虑 TTSF 政策对于私人部门供给的影响，可得以下命题。

命题 4.2.3：在一个具有公共部门收益补贴的双轨公共服务供给中，当 $\lambda \geqslant \mu_f$；或（ii）$\lambda < \mu_f$，且 $p_c < p_f + U/(\mu_f - \lambda)$ 时，私人部门中的顾客到达率与平均等待时间随补贴率的提高而减小。

由此可见，TTSF 供给中补贴率对于私人部门的顾客到达率与等待时间的影响具有一致性，到达率降低的同时也伴随着等待时间的缩短。然而，补贴率对于公共部门到达率与等待时间的作用却是相反的。主要原因在于 TTSF 供给中的收益补贴可用于提高公共部门服务率，而非私人部门服务率。也正因为如此，在满足有效性条件下，提高公共部门收益补贴率，可同时减少 TTSF 供给中公共部门与私人部门的顾客等待时间。该结果表明，公共部门收益补贴可作为改善公共服务供给的一种有效方式，但在政策具体制定过程中还应综合考虑私人部门服务价格的影响，即选择合理的价格与补贴政策。

上述分析依旧没有考虑顾客在私人部门中的等待成本，因此，私人部门还需制定合理的价格（最低定价）来保证顾客选择私人部门服务的最长等待时间，即服务水平 $(T_{max}, 1-\varepsilon)$。参照第三章第二节中关于私人部门供给可靠性的讨论，在 TTSF 供给中，则有 $P(W_c \leqslant T_{max}) = 1 - e^{-(\mu_c - \lambda_c^F)T_{max}} \geqslant 1 - \varepsilon$，即 $\lambda_c^F \leqslant \mu_c + \ln(\varepsilon)/T_{max} = \tau$。

记满足该可靠性条件的私人部门最小定价为 $(p_c)_{min}^F$，由式（4.2.6）可得以下命题。

命题 4.2.4：在一个具有公共部门收益补贴的双轨公共服务供给中，给定 $\tau - \lambda + \mu_f > 0$，私人部门存在唯一的最小定价：

$$(p_c)_{min}^F = p_f + \frac{U(\lambda - \tau)}{\lambda(\tau - \lambda + \mu_f) + \gamma^F \lambda \tau p_c / s_f}. \tag{4.2.8}$$

其使得当 $p_c \geqslant (p_c)_{min}^F$ 时，可保证私人部门服务水平 $(T_{max}, 1-\varepsilon)$。

显然，当 $\gamma^F = 0$，即不考虑公共部门收益补贴时，本节所讨论的公共服务供给与第三章所研究的 TTS 供给完全相同，故用以保证私人部门服务水平的最小定价也是一致的，即 $(p_c)_{min}^F = (p_c)_{min}$。当公共部门收益补贴存在（$\gamma^F > 0$）时，为保证私人部门服务水平 $(T_{max}, 1-\varepsilon)$，并在该等待时间保证下，使得顾客可忽略私人部门等待成本，私人部门定价应不低于 $(p_c)_{min}^F$。提高补贴率，TTSF 供给中私人部门的顾客达到率和等待时间都会减小（命题 4.2.3），因此更容易保证私人部门所承诺的服务水平。同时，由式（4.2.8）也可以看出，γ^F 增加，私人部门最小定价 $(p_c)_{\min}^F$ 也随之降低，故存在 $(p_c)_{\min}^F < (p_c)_{\min}$。此外，由于式（4.2.8）为 p_c 的隐式方程，且存在唯一的定价满足该式要求，因此，在实践运用中可通过数值方法对 $(p_c)_{\min}^F$ 进行求解，从而确定 TTSF 供给中私人部门的可行价格。

三 公共部门收益补贴下的双轨服务供给效果

首先，以缓解 TTSF 供给中的拥堵为目标，综合考虑公共部门与私人部门中的顾客等待，联立式（4.2.3）–（4.2.7），可得 TTSF 供给中的系统平均等待时间：

$$E(W_s^F) = \frac{\lambda_f^F}{\lambda} E(W_f^F) + \frac{\lambda_c^F}{\lambda} E(W_c^F)$$

$$= \frac{p_c - p_f}{U} + \frac{s_f [U + (\lambda - \mu_f)(p_c - p_f)]}{\gamma^F \lambda \mu_c p_c (p_c - p_f) + s_f [U(\mu_c - \lambda) + \lambda(\mu_f + \mu_c - \lambda)(p_c - p_f)]}.$$

$$(4.2.9)$$

显然，在满足有效性条件下，提高补贴率，TTSF 供给中的系统平均等待时间也会缩短。此外，由

$$E(W_s^F) - E(W_s)$$

$$= \frac{-\gamma^F \lambda \mu_c p_c (p_c - p_f)[U + (\lambda - \mu_f)(p_c - p_f)]}{\{\gamma^F \lambda \mu_c p_c (p_c - p_f) + s_f [U(\mu_c - \lambda) + \lambda(\mu_f + \mu_c - \lambda)(p_c - p_f)]\}[U(\mu_c - \lambda) + \lambda(\mu_f + \mu_c - \lambda)(p_c - p_f)]} \leq 0.$$

可得，$E(W_s^F) \leq E(W_s)$，表明相比于无补贴政策而言，公共部门收益补贴政策可有效降低双轨服务供给中的顾客平均等待时间，从而缓解拥堵。

其次，考虑 TTSF 供给中私人部门收益既是从服务提供者视角来判断差异化服务所产生的效益，同时由于补贴资金来源于私人部门收益，因此也是基于政府视角研究如何增加财政资金或税收收入的前提。记 TTSF 供给中私人部门收益为 R_c^F，由式（4.2.6）可得：

$$R_c^F = p_c \lambda_c^F = \frac{\lambda s_f p_c [U + (\lambda - \mu_f)(p_c - p_f)]}{U s_f + \lambda (\gamma^F p_c + s_f)(p_c - p_f)}. \quad (4.2.10)$$

显然，提高补贴率 γ^F，私人部门收益 R_c^F 减少。此外，

$$R_c^F - R_c = \frac{-\gamma^F \lambda^2 p_c^2 (p_c - p_f)[U + (\lambda - \mu_f)(p_c - p_f)]}{[U + \lambda(p_c - p_f)][Us_f + \lambda(\gamma^F p_c + s_f)(p_c - p_f)]} \leq 0.$$

(4.2.11)

故 $R_c^F \leq R_c$，表明 TTSF 供给中的私人部门收益小于不实行补贴时 TTS 供给中的私人部门收益。原因在于，对公共部门进行收益补贴，可提高其服务能力，并吸引更多的顾客到达，从而使得私人部门中的顾客数与收益均减少。由此可见，虽然 TTSF 政策可降低私人部门中的顾客等待时间，但对于服务提供者与政府而言，该政策并不利于增加收益与税收补贴资金。

最后，基于不同主体视角对 TTSF 供给中的成本问题进行定量分析。记 TTSF 供给中的运营总成本、顾客总成本与社会总成本分别为 TOC_s^F、TCC_s^F 和 TSC_s^F，且进入公共部门的顾客平均敏感性参数为 θ_f^{F*}，那么：

$$TOC_s^F = \lambda h E(W_s^F) + s_f \mu_f^F + s_c \mu_c^F$$

$$= \lambda h \left\{ \frac{p_c - p_f}{U} + \frac{s_f[U + (\lambda - \mu_f)(p_c - p_f)]}{\gamma^F \lambda \mu_c p_c (p_c - p_f) + s_f[U(\mu_c - \lambda) + \lambda(\mu_f + \mu_c - \lambda)(p_c - p_f)]} \right\}$$

$$+ \frac{s_f[U + \lambda(p_c - p_f)](\gamma^F \lambda p_c + s_f \mu_f)}{Us_f + \lambda(\gamma^F p_c + s_f)(p_c - p_f)} + s_c \mu_c,$$

(4.2.12)

$$TCC_s^F = \theta_f^{F*} \lambda_f^F E(W_f^F) + p_f \lambda_f^F + p_c \lambda_c^F = -\lambda_f^F (p_c - p_f)/2 + \lambda p_c$$

$$= \frac{\lambda p_c \{2Us_f + \lambda(p_c - p_f)[\gamma^F(p_c + p_f) + 2s_f]\} - \lambda(p_c - p_f)^2 s_f \mu_f}{2[Us_f + \lambda(\gamma^F p_c + s_f)(p_c - p_f)]},$$

(4.2.13)

$$TSC_s^F = TCC_s^F + TOC_s^F.$$

(4.2.14)

通过计算可以得出，提高补贴率能够降低顾客总成本。因为增加补贴可以提高公共部门服务能力，从而降低顾客等待时间和等待成本。此外，由于公共部门服务价格低于私人部门服务价格，更多的顾客转移至公共部门也同时降低了顾客总的货币成本。然而，公共部门服务能力的提高却使得服务提供者的服务成本相应增加，因此，在持有成本和顾客成本降低的情况下，无法从理论上确定补贴率或补贴政策对于降低双轨供给中运营总成本及社会总成本的作用。对此，第四节将运用数值计算方法对不同主体成本进行进一步分析与比较。

第三节 私人部门收益补贴

如图 4-1 (b) 所示，私人部门收益补贴 (TTST) 是将私人部门进行差异化服务供给所获得的收益用于提高其自身服务能力的过程。现实中，该政策既可能是政府出于吸引更多社会资本的目的而实施的税收减免或直接补贴政策；也可能是为了缓解公共部门拥堵，通过提高私人部门服务能力来进行顾客分流；此外，TTST 还可能是考虑私人部门自身发展所允许的自留资金。因此，该补贴政策也是政府常用且极为重要的政策工具。

一 私人部门收益补贴下的公共部门供给

首先，在 TTST 供给中，根据顾客对于公共服务的选择及其成本最小化决策，当 $p_f + \theta E(W_f^T) \leq p_c$，即 $\theta \leq (p_c - p_f)/E(W_f^T)$ 时，顾客会选择公共部门服务。此时顾客敏感性阈值为 $\theta_0^T = (p_c - p_f)/E(W_f^T)$；公共部门顾客到达率为：

$$\lambda_f^T = \lambda H(\theta_0^T) = \frac{\lambda (p_c - p_f)}{U E(W_f^T)}. \qquad (4.3.1)$$

由于 TTST 供给中公共部门的服务能力未发生改变，即 $\mu_f^T = \mu_f$，因此，公共部门顾客平均等待时间 $E(W_f^T) = 1/(\mu_f^T - \lambda_f^T) = 1/(\mu_f - \lambda_f^T)$，代入式 (4.3.1)，解得：

$$\lambda_f^T = \frac{\lambda \mu_f (p_c - p_f)}{U + \lambda (p_c - p_f)} = \lambda_f; \qquad (4.3.2)$$

$$E(W_f^T) = \frac{U + \lambda (p_c - p_f)}{U \mu_f} = E(W_f). \qquad (4.3.3)$$

由此可见，当收益仅用于补贴私人部门服务时，公共部门中的顾客到达行为及其等待时间与无补贴政策时保持一致。原因在于，TTST 供给只提高了私人部门服务能力，但在私人部门服务水平得以保证的基础上，顾客决策始终不考虑私人部门中的等待成本。也就是说，顾客选择的决策依据在无补贴政策与私人部门收益补贴政策下并未发生改变。故有以下命题。

命题 4.3.1：在一个具有私人部门收益补贴的双轨公共服务供给中，公共部门顾客到达与顾客等待不受补贴政策的影响，但顾客到达率与平均等待时间随私人部门定价的提高而增大。

该结果表明，虽然政府有可能采用对私人部门进行补贴的方式来分流公共部门中的顾客，从而缓解公共部门拥堵，但是，当私人部门服务能力足够高，顾客对于私人部门供给的感知成本较低，甚至可以忽略私人部门中的等待成本时，补贴政策并不能发挥预期效果。因此，政府在实施私人部门收益补贴政策时还应考虑其目标、服务提供者与顾客特征。顾客同时考虑公共部门与私人部门中的等待成本的情形将在第五章中进行讨论。此外，当私人部门服务价格增加时，公共部门中的顾客到达率与拥堵程度均会增加。因此，合理控制私人部门服务价格也是 TTST 政策制定时政府需要考虑的重要问题。

二 私人部门收益补贴下的私人部门供给

在 TTST 供给中，由式（4.3.2）和条件 $\lambda = \lambda_f^T + \lambda_c^T$ 可得，私人部门顾客到达率为：

$$\lambda_c^T = \lambda - \lambda_f^T = \frac{\lambda[U + (\lambda - \mu_f)(p_c - p_f)]}{U + \lambda(p_c - p_f)} = \lambda_c. \quad (4.3.4)$$

记补贴率为 γ^T，私人部门服务能力因补贴而有所提高，即为：

$$\mu_c^T = \mu_c + \frac{\gamma^T p_c \lambda_c^T}{s_c} = \mu_c + \frac{\gamma^T \lambda p_c [U + (\lambda - \mu_f)(p_c - p_f)]}{s_c [U + \lambda(p_c - p_f)]}. \quad (4.3.5)$$

联立式（4.3.4）和（4.3.5），可得，私人部门中的顾客平均等待时间为：

$$E(W_c^T) = \frac{1}{\mu_c^T - \lambda_c^T}$$

$$= \frac{s_c[U + \lambda(p_c - p_f)]}{[\gamma^T \lambda p_c - s_c(\lambda - \mu_c)][U + \lambda(p_c - p_f)] + \lambda \mu_f(s_c - \gamma^T p_c)(p_c - p_f)}.$$

(4.3.6)

显然，TTST 供给中私人部门的顾客达到率与补贴率无关，服务率与顾客等待时间分别随补贴率的提高而增加及减少，其逻辑关系为：实行私人部门收益补贴,有利于私人部门服务能力的提高,进而可减少顾客等待并缓解拥堵。此外,考虑私人部门定价,则有以下命题。

命题 4.3.2:在一个具有私人部门收益补贴的双轨公共服务供给中,

(i) 私人部门顾客到达率随其定价的提高而减小;

(ii) 当 $\lambda > \mu_f$ 且 $p_c > \lambda p_f/(\lambda - \mu_f) - U/\lambda$ 时,私人部门中的顾客平均等待时间随其定价的提高而减少。

在 TTST 供给中,顾客选择是否进入私人部门只考虑货币成本,因此,提高私人部门服务价格,顾客成本增加,更多的顾客则会选择公共部门服务,从而导致私人部门顾客到达率降低。此外,当公共部门不能单独满足所有顾客需求($\lambda > \mu_f$),且公共部门服务价格较低 $[p_f \le U(\lambda - \mu_f)/(\lambda \mu_f)]$ 或私人部门定价较高 $[p_c > \lambda p_f/(\lambda - \mu_f) - U/\lambda]$ 时,提高私人部门定价则会降低私人部门中的顾客等待。由此可见,相比于无补贴政策,TTST 供给中利用私人部门较高定价来抑制顾客到达、降低顾客等待时间的作用会因服务率的提高而有所减少。顾客选择、不同服务提供者的服务能力,以及政府政策的联合作用共同决定了双轨公共服务供给的最终效果。

在 TTST 供给中,为保证私人部门服务水平($T_{\max}$, $1 - \varepsilon$),则有:

$$\lambda_c^T \le \mu_c^T + \frac{\ln(\varepsilon)}{T_{\max}} = \tau + \frac{\gamma^T \lambda p_c [U + (\lambda - \mu_f)(p_c - p_f)]}{s_c [U + \lambda(p_c - p_f)]}.$$

由命题 4.3.2 (i) 可知,λ_c^T 是 p_c 的减函数,当私人部门定价过低时,上式条件可能无法满足。因此,存在私人部门最小定价,记为 $(p_c)_{\min}^T$,来保证私人部门所承诺的服务水平。联立式 (4.3.4),可得下述命题。

命题 4.3.3:在一个具有私人部门收益补贴的双轨公共服务供给中,给定 $\mu_f < \lambda < \tau + \mu_f$,私人部门存在唯一的最小定价:

$$(p_c)_{\min}^T = p_f + \frac{U(\lambda - \tau) - U\gamma^T \lambda p_c/s_c}{\lambda(\tau - \lambda + \mu_f) + \gamma^T \lambda p_c(\lambda - \mu_f)/s_c}. \tag{4.3.7}$$

其使得当 $p_c \ge (p_c)_{\min}^T$ 时,可保证私人部门服务水平($T_{\max}$, $1 - \varepsilon$)。

类似于命题 4.2.4,可得,当 $\gamma^T = 0$ 时,$(p_c)_{\min}^T = (p_c)_{\min}$;当 $\gamma^T > 0$ 时,$(p_c)_{\min}^T < (p_c)_{\min}$。因此,若政府采用 TTST 供给,私人部门可行价格范围因服务能力的提高而增大,此时,私人部门更容易保证较高的服务

水平。比较式（4.2.8）和式（4.3.7），可得以下命题。

命题 4.3.4：在双轨公共服务供给模式下，若政府实施收益补贴政策，并给定 $\mu_f < \lambda < \tau + \mu_f$ 且 $\gamma^F = \gamma^T = \gamma$，则，

（i）当私人部门定价 $p_c \leq [(\lambda - \tau)s_c - \mu_f s_f]/(\gamma\lambda)$ 时，$(p_c)_{\min}^F \leq (p_c)_{\min}^T$；

（ii）当私人部门定价 $p_c > [(\lambda - \tau)s_c - \mu_f s_f]/(\gamma\lambda)$ 时，$(p_c)_{\min}^F > (p_c)_{\min}^T$。

由此可见，当公共部门服务能力较低，但政府可引入充足私人资本，即私人部门服务能力较强，并能有效控制私人部门定价时，采用 TTSF 政策比 TTST 政策更能有效保证私人部门服务水平。原因在于，此时私人部门定价较低，若同时利用收益所得来提高其服务能力，则会导致大量顾客涌入，产生更多的负外部效应，从而增加私人部门中的顾客等待并降低其服务水平。反之，若私人部门定价较高，由于初始状态下顾客到达较少，服务能力提高则会产生更多的正效应，从而改善私人部门供给。因此，政府应制定合理的价格与补贴政策，利用二者对于服务提供者供给与顾客选择行为的交互作用，来解决供给过程中出现的因资源分配不均而产生的供给效率低下、服务水平不能被保证等问题。

三 私人部门收益补贴下的双轨服务供给效果

联合式（4.3.2）-（4.3.6），可得，TTST 供给中的系统平均等待时间为：

$$E(W_s^T) = \frac{\lambda_f^T}{\lambda}E(W_f^T) + \frac{\lambda_c^T}{\lambda}E(W_c^T)$$

$$= \frac{p_c - p_f}{U} + \frac{\lambda s_f[U + (\lambda - \mu_f)(p_c - p_f)]}{[\gamma^T \lambda p_c - s_c(\lambda - \mu_c)][U + \lambda(p_c - p_f)] + \lambda\mu_f(s_c - \gamma^T p_c)(p_c - p_f)}.$$

(4.3.8)

其中，公共部门与私人部门顾客到达率、公共部门顾客平均等待时间均与无补贴政策时相同，由 $E(W_c^T) \leq E(W_c)$ 可得，$E(W_s^T) \leq E(W_s)$。表明，TTST 供给可有效减少顾客等待时间。此外，对 $E(W_s^T)$ 关于 γ^T 求一阶导可得，

$$\frac{dE(W_s^T)}{d\gamma^T} = \frac{-\lambda^2 p_c s_f[U + (\lambda - \mu_f)(p_c - p_f)]^2}{\{[\gamma^T \lambda p_c - s_c(\lambda - \mu_c)][U + \lambda(p_c - p_f)] + \lambda\mu_f(s_c - \gamma^T p_c)(p_c - p_f)\}^2} < 0.$$

则，TTST 供给中的系统平均等待时间随补贴率的提高而减少。然而，由于表达式的复杂性，不同收益补贴政策下的服务供给效果仍需通过数值计算进行比较。

记 TTST 供给中私人部门收益为 R_c^T，由式（4.3.4）可得：

$$R_c^T = p_c \lambda_c^T = \frac{\lambda p_c [U + (\lambda - \mu_f)(p_c - p_f)]}{U + \lambda (p_c - p_f)} = R_c. \quad (4.3.9)$$

显然，该补贴政策下私人部门收益与补贴率 γ^T 无关，R_c^T 与 p_c 之间的关系符合命题 3.2.1。因此，当公共部门定价较低（$p_f < U/\lambda$），且服务能力不能完全满足所有顾客需求（$\lambda > \mu_f$）时，基于自身收益最大化，私人部门有不断提高其服务价格的动机。故此时需要政府制定合理的价格政策来规范私人部门定价行为，从而保证顾客与社会福利。此外，联合式（4.2.11），有 $R_c^F \leq R_c = R_c^T$，可见，相比于 TTSF 供给，TTST 供给能产生更多收益。若以增加服务供给中的资金收入为目的，政府应对私人部门进行补贴，发挥其提高供给效率与收益的作用，但同时，也需防范私人部门为追求更多财政补贴而谎报真实成本或采用其他不正当手段的行为。

基于不同主体视角，记 TTST 供给中的运营总成本、顾客总成本与社会总成本分别为 TOC_s^T、TCC_s^T 和 TSC_s^T，且该补贴政策下进入公共部门的顾客平均敏感性参数为 θ_f^{T*}，则有：

$$\begin{aligned}TOC_s^T &= \lambda h E(W_s^T) + s_f \mu_f^T + s_c \mu_c^T \\ &= \lambda h \left\{ \frac{p_c - p_f}{U} + \frac{\lambda s_f [U + (\lambda - \mu_f)(p_c - p_f)]}{[\gamma^T \lambda p_c - s_c (\lambda - \mu_c)][U + \lambda (p_c - p_f)] + \lambda \mu_f (s_c - \gamma^T p_c)(p_c - p_f)} \right\} \\ &\quad + s_f \mu_f + s_c \left\{ \mu_c + \frac{\gamma^T \lambda p_c [U + (\lambda - \mu_f)(p_c - p_f)]}{s_c [U + \lambda (p_c - p_f)]} \right\},\end{aligned}$$

(4.3.10)

$$\begin{aligned}TCC_s^T &= \theta_f^{T*} \lambda_f^T E(W_f^T) + p_f \lambda_f^T + p_c \lambda_c^T = -\lambda_f^T (p_c - p_f)/2 + \lambda p_c \\ &= \frac{2 \lambda p_c [U + \lambda (p_c - p_f)] - \lambda \mu_f (p_c - p_f)^2}{2 [U + \lambda (p_c - p_f)]},\end{aligned}$$

(4.3.11)

$$TSC_s^T = TCC_s^T + TOC_s^T. \quad (4.3.12)$$

第四节　不同补贴政策的对比分析

一　不同决策变量对于公共服务供给的影响

基于不同主体目标与供给侧视角，表4-2和表4-3分别归纳了私人部门定价（价格政策）、补贴率（收益补贴政策）与服务率（资源分配或外部补贴政策）对于不同收益补贴政策下公共服务供给的影响。从中可以得出：

（1）当收益补贴存在时，提高私人定价对于公共部门与私人部门服务供给所产生的作用，在一定条件下同无补贴政策保持一致。具体而言，一定程度上，私人部门过高定价可以抑制私人部门中的顾客到达并减少其等待时间；相反地，部分顾客则因私人部门价格增加而转移至公共部门，从而使其更为拥堵。因此，若以缓解公共部门拥堵为目的，政府则需控制私人部门服务价格，使其更好地发挥分流顾客的作用。由于私人部门定价对于减少公共部门与私人部门顾客等待的作用恰好相反，对于整个服务供给系统而言，私人部门定价的作用并不明显，很难得出理论结果，而该部分内容将在下一小节中通过数值方法进行求解与分析。

（2）补贴率增加能分别提高不同供给部门（TTSF供给中的公共部门和TTST供给中的私人部门）的服务能力，从而减少顾客等待时间，但却不利于私人部门收益的增加。因此，在预算有限的现实约束下，政府若需改善服务供给中的拥堵问题，可通过收益补贴予以实现。然而，当以增加收益或税收资金为目标时，政府则应减少收益补贴，甚至外部补贴（以财政资金直接提高公共部门或私人部门服务能力）政策的使用。

（3）除价格与收益补贴政策外，表4-2和4-3还反映了不同服务提供者的服务能力（服务率）对于公共服务供给的影响，其结果可作为引入私人资本或制定资源分配与外部补贴政策的重要参考。现实中，除收益补贴外，还可直接利用政府财政资金或其他外部资金来提高公共部门或私人部门服务能力，称之为外部补贴政策。从表4-2和4-3最后

表 4-2　不同决策变量对 TTSF 供给的影响

	λ_f^F	μ_f^F	$E(W_f^F)$	λ_c^F	μ_c^F	$E(W_c^F)$	$E(W_s^F)$	R_c^F
p_c	↑ $p_c \leq p_f + \sqrt{\left(\dfrac{Us_f}{\gamma^F \lambda}\right)}$	?	↑ $p_c \geq \dfrac{U-(\lambda-\mu_f)p_f}{2\mu_f}$	↓ $p_c \leq p_f + \sqrt{\left(\dfrac{Us_f}{\gamma^F \lambda}\right)}$	?	↓ $p_c \leq p_f + \sqrt{\left(\dfrac{Us_f}{\gamma^F \lambda}\right)}$	?	?
γ^F	↑	↑	↓	↓	/	↓	↓	↓
μ_f	↑	↑	↓	↓	/	↓	↓	↓
μ_c	/	/	/	/	↑	/	↓	/

注：↑/↓/?// 分别表示决策目标（首行）随决策变量（首列）的增加而增大/减小/无变化/关系不明确；具体 p_c 的取值范围表示关系成立时所需的条件；无该条件表明关系总成立。

表 4-3　不同决策变量对 TTST 供给的影响

	λ_f^T	μ_f^T	$E(W_f^T)$	λ_c^T	μ_c^T	$E(W_c^T)$	$E(W_s^T)$	R_c^T
p_c	↑	/	↑	↓	?	↓ $p_c > \dfrac{\lambda p_f}{\lambda-\mu_f} - \dfrac{U}{\lambda}$	?	命题 3.2.1
γ^F	/	/	/	/	↑	/	↓	↓
μ_f	↑	↑	↓	/	↓	↓/↑	↓	/
μ_c	/	/	/	↓	↑	/	↓	/

注：↑/↓/?// 分别表示决策目标（首行）随决策变量（首列）的增加而增大/减小/无变化/关系不明确；具体 p_c 的取值范围表示关系成立时所需的条件；无该条件表明关系总成立。

两行可以得出,第一,TTSF 供给中,提高公共部门服务能力,即增加公共部门外部补贴,能有效减少各服务供给中的顾客等待;但对于 TTST 供给而言,增加公共部门外部补贴对于减少私人部门中的顾客等待具有不确定性,主要取决于补贴率与私人部门服务成本率的大小关系①。第二,同收益补贴政策效果一致,增加公共部门外部补贴不利于私人部门收益的获得。第三,增加私人部门外部补贴不影响公共部门供给与私人部门收益,但可有效降低私人部门与整个服务供给中的顾客等待时间。

进一步地,表 4-4 展示了不同收益补贴政策(TTSF 和 TTST)与无补贴政策下公共部门、私人部门以及整个服务系统中的顾客到达、服务能力,以及不同主体目标下服务供给效果的对比结果。首先,相比于无补贴政策,TTSF 和 TTST 供给分别在提高公共部门与私人部门服务能力的基础上有效地降低了各供给部门与整个服务供给中的顾客等待时间。同时,二者均能更好地保证私人部门所承诺的服务水平,有利于制定其可行价格。对于公共部门(私人部门)服务提供者而言,公共部门(私人部门)补贴比私人部门(公共部门)补贴能吸引更多的顾客到达,提高了公共部门(私人部门)的市场占有率。此外,公共部门与私人部门收益补贴还可分别降低其顾客等待时间、提高私人部门收益。可见,TTSF 与 TTST 政策分别对于公共部门与私人部门供给有着更为积极的作用。

表 4-4　　　　收益补贴与无补贴政策下公共服务供给比较

收益补贴与无补贴政策下公共服务供给比较		
公共部门供给		
$\lambda_f^F \geqslant \lambda_f^T = \lambda_f$	$\mu_f^F \geqslant \mu_f^T = \mu_f$	$E(W_f^F) \leqslant E(W_f^T) = E(W_f)$
私人部门供给		
$\lambda_c^F \leqslant \lambda_c^T = \lambda_c$	$\mu_c^T \geqslant \mu_c^F = \mu_c$	$E(W_c^F) \leqslant E(W_f) \geqslant E(W_f^T)$

---

① Yin, X., Zhang, Z. G., "On Downs-Thomson paradox in two-tier service systems with a fast pass and revenue-based capacity investment", *Journal of the Operational Research Society*, Vol. 70, No. 11, 2019, pp. 1951–1964.

续表

私人部门收益与可靠性条件		
$R_c^F \leq R_c^T = R_c$	$\begin{cases} (p_c)_{\min}^F \leq (p_c)_{\min}^T \leq (p_c)_{\min}, p_c \leq [(\lambda-\tau)s_c - \mu_f s_f]V(\gamma\lambda) \\ (p_c)_{\min}^T < (p_c)_{\min}^F \leq (p_c)_{\min}, p_c > [(\lambda-\tau)s_c - \mu_f s_f]V(\gamma\lambda) \end{cases}$	
系统平均等待时间		不同主体成本
$E(W_s^F) \leq E(W_s) \geq E(W_s^T)$		无解析结果

通过上述分析可以发现，不同价格与补贴政策下基于不同主体视角的服务供给效果评价指标的定量表达相当复杂，价格政策与补贴政策各自及其对于公共服务供给的交互作用还不能通过理论方法有效确定。因此，运用数值计算进一步分析价格与补贴联合政策对于改善公共服务供给的作用是相当有必要的，该内容将在后面小节中进行直观的展示。

二 不同供给模式与补贴政策下的顾客等待

首先，给定与第三章相同的参数取值，以及补贴率 $\gamma^F = \gamma^T = 0.25$（参考民营医院的所得税税率为25%），图4-2展示了不同私人部门服务率（资本投入量）下不同收益补贴与无补贴政策所对应的系统平均等待时间。从中可以得出如下结论。

（1）（基本特征）双轨公共服务供给（包括不同收益补贴政策与无补贴政策，即 TTS、TTSF 与 TTST）中的系统平均等待时间是私人部门服务价格的凸函数，即存在最优定价，使得顾客等待时间最短。然而，考虑保证私人部门服务水平的可靠性条件，即可行价格区间（图中实线部分所对应的价格），若资本投入量不足或私人部门服务率较低（$\mu_c = 5$），这些最优定价，即等待时间最小化定价并不可行；若私人资本投入量足够高（如 $\mu_c = 8$），双轨公共服务供给的等待时间最小化定价则可保证私人部门服务水平。在给定参数下，$(p_c)_{\min}^T < (p_c)_{\min}^F \leq (p_c)_{\min}$，且提高私人部门服务能力能有效提高其服务水平，并减少顾客平均等待时间。

（2）（双轨服务供给 vs. TQS 供给）相比于 TQS 供给，当私人部门服务率较低时，不含补贴的差异化服务（TTS 供给）并不能起到减少顾客等待的作用 [同图3-4（a）一致]，此时，只有通过投入或引入更多的资本量，才能保证 TTS 供给对于改善拥堵的积极作用。然而，若采用收益补贴政策，双轨服务供给（TTSF 和 TTST）则可在提供差异化服务、保证公平性与私人部门服务水平的同时减少顾客等待时间。该结果表明，在资本投入量不足、服务效率低下等现实情境下，政府可使用收益补贴等政策手段来保证有效的双轨公共服务供给。

（3）（TTSF vs. TTST）相比于无补贴政策的 TTS 供给，TTSF 和 TTST 供给均能有效减少顾客等待时间，即 $E(W_s^F) \leq E(W_s)$，$E(W_s^T) \leq E(W_s)$ 总是成立的。从图 4-2 中还可以看出，当私人部门定价较低时，补贴私人部门比补贴公共部门更能有效减少顾客等待；相反地，当私人部门定价较高时，公共部门补贴在缓解拥堵、减少顾客等待时间上更具优势。原因在于，私人部门定价较低，更多顾客会选择进入私人部门，此时若提高其服务能力，则能有效解决过多顾客到达所产生的拥堵与顾客负外部效应，反之亦然。该结果也反映了政府应采用补贴政策来合理分配公共资源。此外，现实中当政府对私人部门进行价格管制时，往往也需要对其进行一定的补贴，从而保证服务提供者的利益以及正常供给。由此可见，充分考虑价格与补贴政策的交互作用，从而选择用于平衡供给与需求的不同政策是政府政策制定时应关注的重要问题。

（4）（供给模式与补贴政策选择）基于上述分析，若以减少公共服务供给中的顾客等待时间为目的，不同的供给模式与补贴政策具体选择如下：当私人部门定价过低或过高时，政府应选择 TQS 供给模式。原因在于前者不能保证私人部门的服务水平，后者则会增加顾客进入私人部门的成本，这两种情形下私人部门供给均无效。当私人部门价格较低（或较高）时，在保证服务水平的前提下，TTST（或 TTSF）供给可有效减少顾客等待时间，而不含补贴的 TTS 供给则不能成为政府有关公共服务供给模式的最优选择。政府在确定公共服务供给模式时应考虑价格与补贴政策的交互作用。

其次，提高补贴率（$\gamma^F = \gamma^T = 0.75$，见图 4-3），可有效降低 TTSF 和 TTST 供给中的顾客等待时间以及私人部门最小定价。该结果验证了补贴政策对于缓解拥堵、减少顾客等待，以及保证私人部门服务水平等方面的积极作用。此外，当私人部门服务能力或所能引入的私人资本量较低时，利用补贴政策可增加双轨公共服务供给对于减少顾客等待的可能性。因此，若政府在公共服务供给中能充分发挥收益分配与定价等主导作用，应积极制定并实施带有补贴政策的差异化供给。

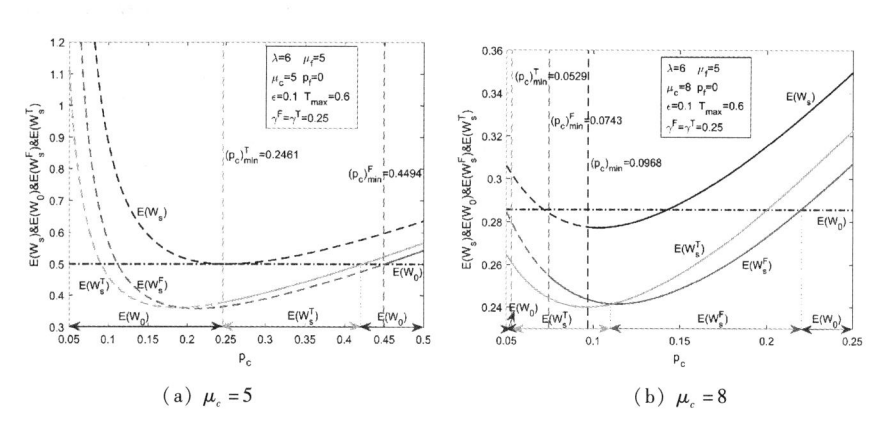

(a) $\mu_c = 5$ (b) $\mu_c = 8$

图 4-2　不同供给模式与补贴政策下的系统平均等待时间（$\gamma^F = \gamma^T = 0.25$）

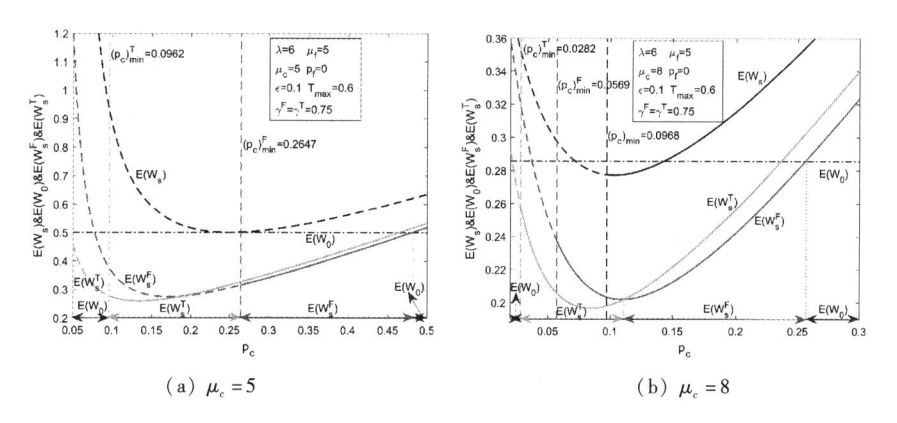

(a) $\mu_c = 5$ (b) $\mu_c = 8$

图 4-3　不同供给模式与补贴政策下的系统平均等待时间（$\gamma^F = \gamma^T = 0.75$）

三　不同收益补贴政策下的私人部门收益

收益最大化往往是私人部门供给决策的主要依据，是研究私人部门供给行为的基础，也是政府引入私人资本、构建双轨公共服务供给模式所需考虑的重要问题。图 4-4 和 4-5 分别展示了不同收益补贴政策下双轨服务供给中私人部门的定价与收益。首先，TTS 与 TTST 供给中私人部门收益相等，且随私人部门定价的提高而增加。该供给模式与政策下，私人部门有不断提高其服务价格的动机，因此需要政府进行价格管制,从而保证顾客与社会福利。而在 TTSF 供给中,私人部门收益受定价、补贴、服务能力等多因素的共同作用,具体表示为:当补贴率较低时,私人部门可通过提高其服务价格来获得更多收益。但补贴率较高时,公共部门的服务能力也因私人部门收益增加而提高,从而降低了私人部门中的顾客需求,导致私人部门收益减少,故存在收益最大化定价。因此,政府若选择 TTSF 供给,需通过制定合适的补贴政策(补贴率大小)来引导私人部门合理定价。

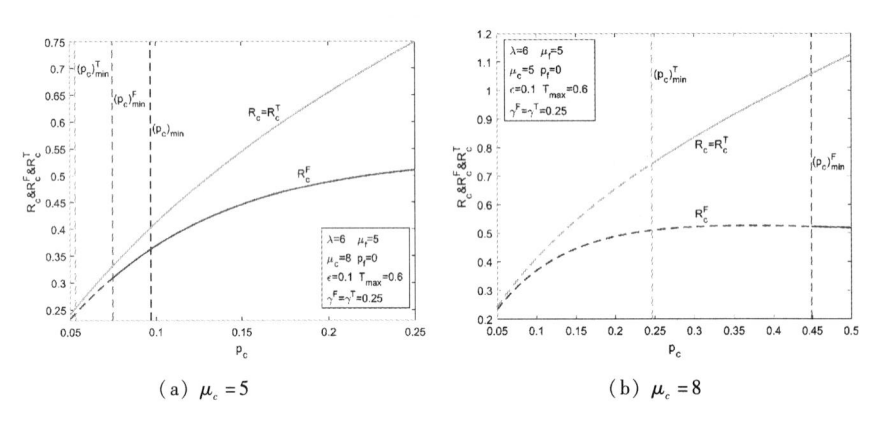

(a) $\mu_c = 5$ (b) $\mu_c = 8$

图 4-4 不同收益补贴政策下的私人部门收益($\gamma^F = \gamma^T = 0.25$)

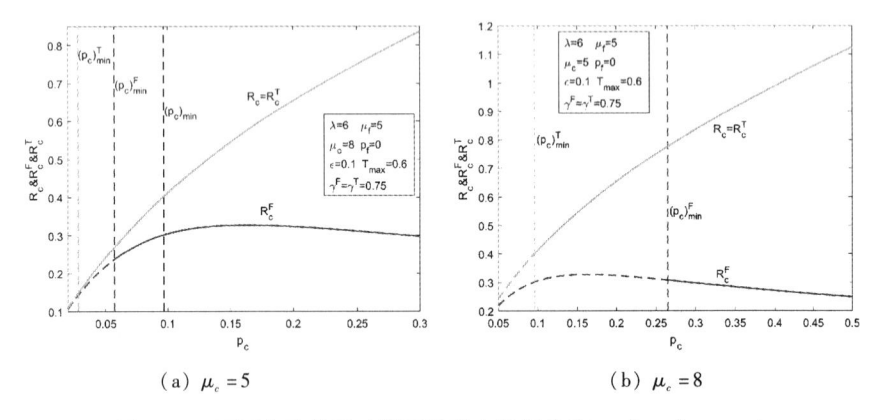

(a) $\mu_c = 5$ (b) $\mu_c = 8$

图 4-5 不同收益补贴政策下的私人部门收益($\gamma^F = \gamma^T = 0.75$)

显然,$R_c^F \leq R_c^T = R_c$ 在上述数值例子中总是成立的,即以私人部门收益最大化或增加税收资金为目标,应对私人部门进行补贴或采用无补贴政策的双轨服务供给模式。然而，由上一小节中的结果可知，若私人部门定价较高，TTSF 供给更能有效减少顾客等待时间。收益最大化与等待时间最小化目标下的供给模式与政策选择相互矛盾，因此，实践中政府应权衡当前主要目标下不同主体的利益得失，进而基于各决策变量对于服务供给效果的影响来制定合理的定价与补贴政策。

对比图 4-4 和 4-5 可以发现，TTS 与 TTST 供给中的收益与补贴率无关；但提高补贴率，TTSF 供给中的私人部门收益则减少。此外，私人部门定价或补贴率越高，不同补贴政策下私人部门收益的差距也越大。此时，私人部门更可能以自身利益最大化为目标而对其服务进行过高定价，或以不正当手段，如隐瞒真实成本等来获取政府高额补贴。因此，政府在选择供给模式与制定政策的过程中，应采取一定的管制措施，如合理的价格或补贴政策来防范与规避私人部门上述行为。

四　不同供给模式与补贴政策下的成本分析

社会总成本是基于政府视角对整个公共服务供给中所有顾客与服务提供者成本的综合考虑，往往是政府关于供给模式与供给政策选择的主要依据。然而，由于定量表达的复杂性，无法准确判断各决策变量（私人部门定价、补贴率及各服务提供者的服务率）对社会总成本的具体影响（如表 4-2 和表 4-3 所示）。因此，本小节采用数值计算的方法来分析不同价格与补贴（收益补贴与外部补贴）政策对于不同供给模式（TQS、TTS、TTSF 和 TTST）下的社会总成本的影响，从而提供进行供给模式构建与供给政策选择的条件与参考。

（1）价格政策下的社会总成本

图 4-6 展示了私人部门定价（价格政策）与社会总成本的关系。当私人部门服务率（资本投入量）较低，公共部门和私人部门无法单独满足所有顾客需求时，双轨服务供给中的社会总成本是私人部门服务价格的凸函数，即存在最优定价，分别使 TTS、TTSF 及 TTST 供给下的社会总成本最小。然而，若考虑私人部门服务水平，即可靠性条件，不同供给模式中私人部门服务价格的提高总会增加社会总成本。以降低社会总成本为目标，若私人部门定价过低或过高，政府应选择无差异化供给，即 TQS 供给模式来提供公共服务；若私人部门服务价格适中，政府

可采用双轨公共服务供给模式。同时该结果也受私人部门服务能力的影响：当私人部门服务能力较低（私人资本投入量较少）时［见图 4-6 (a)］，仅有 TTST 供给可实现低于 TQS 供给的社会总成本；当私人部门服务能力较强（私人资本投入量较多）时［见图 4-6 (b)］，TTST、TTSF 与 TTS 供给模式可分别在较低、适中与较高定价范围内用于降低社会总成本。由此可见，不同供给模式与补贴政策的选取与价格政策紧密相关。该结果也同顾客视角下等待时间最小化目标决策相一致。因此，政府若想进行差异化服务下的双轨服务供给，则应对私人部门定价进行约束，既要考虑定价过低所带来的信誉缺失，如不能保证私人部门所承诺的服务水平，又要防止私人部门定价过高对顾客与社会利益造成的损害。

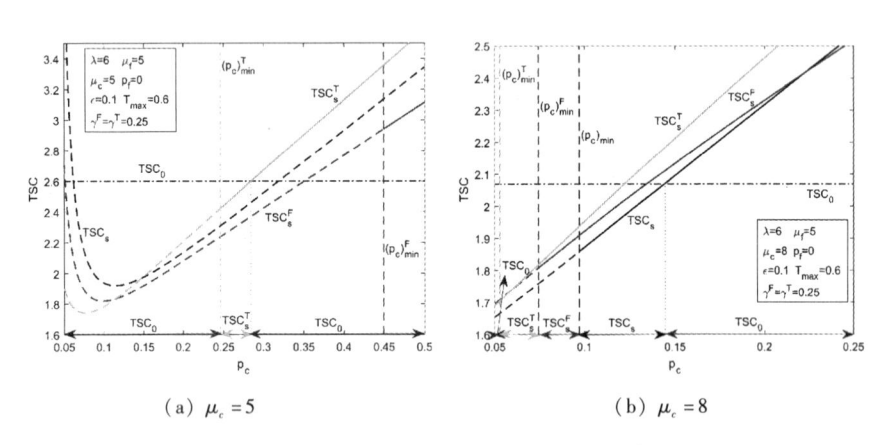

图 4-6　价格政策对社会总成本的影响

（2）收益补贴政策下的社会总成本

令 $\gamma^F = \gamma^T$，即考虑使用同一资本量分别对不同服务提供者进行补贴的情形，图 4-7 反映了补贴率（收益补贴政策）对社会总成本的影响。可以看出，由于 TQS 与 TTS 供给中不包含补贴，因此其社会总成本为补贴率的水平函数，且 TQS 供给的社会总成本（TSC_0）高于 TTS 供给的社会总成本（TSC_s）。相比于无补贴政策，公共部门收益补贴总能降低社会总成本，但私人部门收益补贴的作用还受到服务价格与具体补贴率的影响。如图 4-7（a）所示，当私人部门定价较低时，TTSF 与 TTST

供给下的社会总成本均为补贴率的凸函数,即存在最优补贴率,可分别使得不同收益补贴政策下的社会总成本最小。其中,若补贴率较低,TTST 供给中的社会总成本更小;若补贴率较高,补贴公共部门则更能降低社会总成本。由此可见,私人部门服务价格较低或政府能有效控制私人部门定价的情形下,政府可通过制定某一适中的补贴率来有效降低社会总成本。然而,当私人部门定价较高时[见图 4-7(b)],所有双轨服务供给中的社会总成本都增大,此时,仅有公共部门收益补贴可作为降低社会总成本的有效方法。

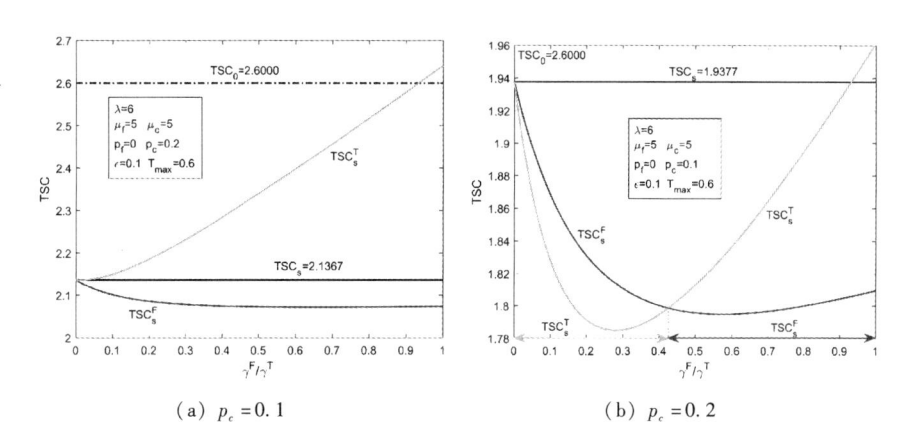

(a) $p_c = 0.1$ (b) $p_c = 0.2$

图 4-7 收益补贴对社会总成本的影响

(3) 外部补贴政策下的社会总成本

图 4-8 展示了公共部门与私人部门服务率,即外部补贴政策或资源分配政策对社会总成本的影响。通过观察可得以下结论。

首先,提高服务能力或增加外部补贴总能降低 TQS 供给中的社会总成本;但双轨服务供给中的社会总成本随着服务能力的提高先降低后升高,表明,存在最优的服务能力或最优的资本投入量,使得社会总成本最小。

其次,在不同的服务能力下,相比于 TQS 供给,双轨公共服务供给几乎总能降低社会总成本。仅当外部补贴足够多,私人部门或新增服务能力足够强时,TQS 供给模式下的社会总成本低于双轨服务供给。原因在于,此时公共服务供给不会出现供不应求等拥堵现象,双轨公共服务供给下的差异化定价对于顾客分流与减少顾客等待的作用不明显,反而增加了顾客成本,从而导致社会总成本的增加。

再次,在双轨服务供给中,当公共部门或私人部门服务能力较低时,补贴私人部门可有效降低社会总成本;当服务能力适中时,补贴公共部门可实现社会总成本最小;当服务能力较强时,无补贴政策下的双轨公共服务供给模式可最大限度地降低社会总成本。由此可见,若公共服务预算或投入的资本量并不充足时,政府可以考虑带收益补贴的双轨服务供给模式来降低社会总成本。

最后,提高公共部门或私人部门服务能力可视为外部补贴所产生的直接作用。表4-2和4-3展示了外部补贴对于减少顾客等待、缓解系统拥堵的积极作用。进而,基于政府视角,图4-8还反映了如何利用外部补贴来实现社会总成本最小或社会福利最大化目标。在双轨服务供给模式下,只有当初始资本投入量或服务能力较低时,继续增加投入、提高服务提供者的服务能力,才能有效降低社会总成本;若初始投入量较高,进一步增加投入或外部补贴反而会增加社会总成本。该结果对于政府关于公共服务供给的资本投入或外部补贴政策的制定具有重要的借鉴意义,可作为判断是否投入以及如何确定最优公共部门与私人部门外部补贴的依据。

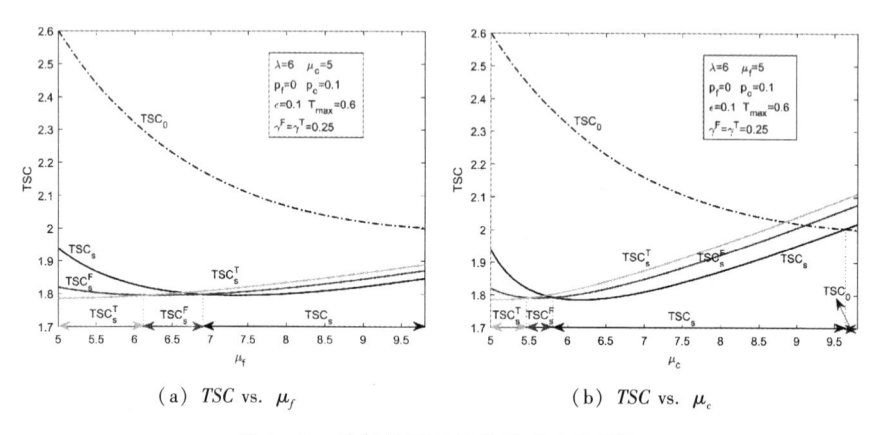

(a) TSC vs. μ_f

(b) TSC vs. μ_c

图4-8 外部补贴对社会总成本的影响

第五节 本章小结

本章在资本投入量不足、服务效率低下的现实背景以及价格政策的基础上，进一步研究了公共部门收益补贴、私人部门收益补贴以及外部补贴政策对于双轨公共服务供给效果的作用和影响，并探讨了定价与补贴政策的交互作用，进而分析得出了不同主体（顾客、服务提供者和政府）目标下的最优供给模式与供给政策的适用条件，为政府如何制定合理的补贴政策，并构建有效的双轨公共服务供给模式提供建议与指导。

具体而言，在第三章 TTS 供给模式与基本模型的基础上，本章首先考虑了可用于引导服务提供者与顾客行为的收益补贴政策，具体包括公共部门收益补贴和私人部门收益补贴，试图通过补贴来提高不同供给部门的服务能力，进而影响顾客与服务提供者在公共服务供给过程中的成本与选择。通过构建 TTSF 与 TTST 供给模型分别对不同收益补贴政策下反映不同主体目标的供给效果评价指标进行定量表达，然后运用模型求解与理论分析来探明决策变量（私人部门定价、补贴率与服务能力）或不同政策（价格政策、收益补贴政策与外部补贴政策）对于公共服务供给效果的具体作用。然而，由于部分定量表达式的复杂性，无法得出相应结果的解析表达，即明确关系，故本章进一步采用数值方法，既对已有理论结果进行直观展示，对比分析了不同供给模式与补贴政策下的服务供给效果（主要包括顾客等待与服务提供者收益），又对复杂情形下的社会总成本及其政策影响因素进行描述与分析，得出了政府视角下应如何选择合理的价格与补贴政策，进而匹配最优的公共服务供给模式，来实现社会总体福利最大化的目标。

研究发现，在无顾客止步与中途退出行为，但存在私人部门服务水平保证，即不考虑顾客在私人部门中的等待成本的情形下，有如下结果。

（1）（价格政策）是否实行补贴并不影响私人部门服务价格对公共部门和私人部门供给产生的直接作用，即大多数情况下，提高私人部门定价会使得顾客从私人部门转向公共部门，进而减少私人部门中的等待时间，同时增加公共部门中的拥堵程度和顾客等待。然而，对于整个服务供给而言，提高私人部门定价使得顾客平均等待时间先减少后增加，即存在等待时间最小化定价。其次，提高私人部门定价总能增加 TTS 和 TTST 供给中的私人部门收益，但在 TTSF 供给下，存在最优且适中的定价，来实现私人部门收益最大化。最后，考虑私人部门可靠性条件，私人部门定价过高或过低，不宜采用差异化服务来降低公共服务供给中的社会总成本，但价格适中时，TTST、TTSF 和 TTS 供给模式可分别作为降低社会总成本的最优供给模式选择。

（2）（收益补贴政策）在 TTSF 供给中，提高补贴率能减少不同服务供给部门与整个服务供给系统中的顾客等待，但却不利于私人部门收益的增加；而在 TTST 供给模式下，公共部门中的顾客等待时间及私人部门收益均不受补贴的影响，但提高补贴率可减少私人部门与整个服务供给中的等待时间；基于政府视角，存在最优补贴率，能有效降低社会总成本。当私人部门定价合理时，TTST 和 TTSF 供给可分别在补贴率较低及较高的情形下实现社会总成本最小化的目标。

（3）（外部补贴政策）外部补贴政策与收益补贴政策的作用基本相同，也可减少公共服务供给中的顾客等待，但却不利于提高私人部门收益；当资本投入量或外部补贴有限时，带补贴的双轨服务供给可有效降低社会总成本。

由此可见，在公共服务供给中，补贴政策可有效减少顾客等待时间与社会总成本，然而由于顾客与服务提供者的利益冲突，补贴政策往往不能增加私人部门收益所得。因此，政府决策时应权衡不同主体利益，在特定时期与目标下选择合适的政策手段。此外，不同主体目标下公共服务供给效果受不同决策变量或供给政策的影响，政府在选择不同供给模式与政策时，还应综合考虑价格政策、收益补贴与外部补贴政策的联合作用，从而在资源有限的约束条件下，通过引导服务提供者与顾客行为来改善公共服务供给效果。

第五章

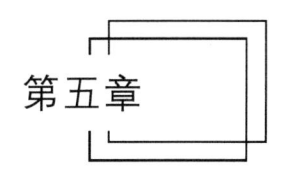

双轨公共服务供给中的信息披露

第三章和第四章在不存在顾客止步与无实时等待信息的基本假设下，分别对双轨公共服务供给模式构建过程中的定价和补贴政策进行了研究，并基于私人部门服务水平保证而忽略了顾客在私人部门中的等待成本，从而求出不同主体目标下公共服务供给效果的定量评价指标，以及各决策变量或供给政策对于改善公共服务供给的单独与联合作用。本章则在更为现实的情境下，考虑了私人部门不同信息披露政策以及顾客止步与等待成本等问题，进一步拓展了双轨公共服务供给研究及结果。由于现实约束条件的增多，本章无法通过模型分析直接求得相关解析结果，而是采用矩阵分析方法（Matrix Analytic Method，MAM[①]），通过构建基于顾客行为的计算算法来对不同信息情境下的双轨公共服务供给效果进行定量测量与对比分析。

本章内容安排如下：首先，第一节对公共服务供给中关于信息披露政策的研究背景、问题与意义进行阐述，进而给出本章所采用的模型及其基本假设。其次，第二节和第三节则分别对混合信息（MI-1）政策与无实时信息（NRI）政策下的双轨公共服务供给模型进行分析，并联合矩阵分析方法（MAM）及开发出的新的计算算法对服务供给效果进行定量表达。在此基础上，第四节运用数值方法对私人部门不同信息披露政策下的服务供给效果进行对比分析，从而探寻更多可用于公共服务

[①] He, Q. M., *Fundamentals of matrix-analytic methods*, New York：Springer, 2014, pp. 167-172.

供给实践的管理启示。最后,第五节则对本章内容与结果进行归纳总结。

第一节 问题描述与基本假设

一 问题描述

公共服务定价和补贴是政府基于现实情境与特定目标,在一定权限范围内可选择实施的、用于规范引导服务提供者与顾客行为,从而改善公共服务供给效果的政策手段。由于引入私人资本或差异化服务具有补充财政资金、满足顾客多样化需求,以及利用市场竞争提高服务效率等优势,因此双轨公共服务供给模式可视为一种潜在的有效供给方式。基于供给侧视角,第三章和第四章分别讨论了双轨服务供给中私人部门的定价与补贴政策,是政府构建双轨供给模式时对于所引入的私人部门服务供给的具体要求,但是其中仅考虑了不存在顾客止步,且公共部门与私人部门不提供实时等待信息的一般情形,对于拓展相关基本模型与假设还有待进一步研究。

现实中,随着信息网络技术的发展与应用,公众对于信息质量的要求不断提高,信息公开化、透明化逐渐成为公共服务供给的一项重要机制[①]与考核指标。此外,由于服务提供者与顾客关于服务供给信息存在不对称性,供给部门所提供的信息对于顾客公共服务选择,即公共需求具有重要引导甚至决定性作用。一般而言,顾客在选择或接受具体公共服务的过程中,往往只能依据服务提供者所提供的相关信息,如服务价格、服务提供者特征(如服务能力或服务水平等)、系统供给状态(如不同供给部门中的顾客等待),或自身经验来判断可获得的收益与成本,从而选择是否接受该服务。由此可见,服务提供者的信息披露政策是除定价与补贴政策外,政府可用于规范引导服务提供者与顾客行为,进而影响服务供给效果的另一主要措施与手段,是构建双轨公共服务供给模

---

① 蔡梅兰:《公众参与视角下提升公共服务有效供给的对策》,《行政管理改革》2017年第9期。

式应考虑的重要问题。

本章主要研究与公共服务供给过程及状态直接相关的信息,即等待信息对于顾客、服务提供者以及整个服务供给的作用。服务提供者所披露的等待信息通常包括平均等待时间和实时队长（顾客数）信息[1]。在双轨公共服务供给中,公共部门往往公布非实时等待信息,如基于历史统计数据所得出的平均等待时间等；而私人部门,由于其较高的服务质量与较少的顾客等待要求,可依据自身利益选择性披露非实时的平均等待时间或实时队长等信息。然而,现有文献仅对公共部门与私人部门提供同种类等待信息时的双轨供给问题进行了研究[2],并未关注混合信息政策的情形。本章则从供给侧视角出发,试图通过对比具有相同种类等待信息的无实时信息（NRI）政策与具有不同种类信息的混合信息（MI-1）政策,来研究私人部门实时信息披露与否对于公共服务供给的影响。一般而言,私人部门决策具有一定的自主性,在给定公共部门信息披露政策后,定量分析私人部门不同信息政策下的公共服务供给效果是政府引入私人资本,充分发挥其作用的前提,也是政府、服务提供者与顾客决策时共同关注及运用的重要信息。

此外,由于公共服务供给涉及政府、服务提供者与顾客等多方主体相互关联的利益、行为与决策,是一个较为复杂的研究问题。为明确不同供给模式与供给政策对于公共服务供给效果的影响,第三章与第四章基于一定的现实假设,研究了不同供给部门均不提供实时等待信息,即NRI政策下不存在顾客止步行为时的双轨公共服务供给模式构建问题,具有一定的局限性。因此,考虑顾客止步及更多的信息披露政策也是对于改善公共服务供给的现实需求。

具体而言,本章的主要研究问题为：在更为现实的情境下（考虑顾

---

[1] Hassin, R., Haviv, M., *To queue or not to queue*, Berlin: Springer, 2003, pp. 51 - 53.

[2] Hua, Z., Chen, W., Zhang, Z. G., "Competition and coordination in two-tier public service systems under government fiscal policy", *Production & Operations Management*, Vol. 25, No. 8, 2016, pp. 1430 - 1448; Guo, P., Lindsey, R., Zhang, Z. G., "On the Downs-Thomson paradox in a self-financing two-tier queuing system", *Manufacturing & Service Operations Management*, Vol. 16, No. 2, 2014, pp. 315 - 322; Guo, P., Zhang, Z. G., "Strategic queueing behavior and its impact on system performance in service systems with the congestion-based staffing policy", *Manufacturing & Service Operations Management*, Vol. 15, No. 1, 2013, pp. 118 - 131.

客止步及其在私人部门中的等待时间），若公共部门仅提供非实时等待信息（顾客平均等待时间），而私人部门可对其信息披露政策（实时队长或平均等待时间信息）进行选择时，不同信息披露政策下的双轨公共服务供给效果如何？基于不同主体目标，政府应如何规范服务提供者选择具体的信息披露政策，或通过价格与信息联合政策来引导顾客选择，实现公共服务有效供给？

二 基本模型与假设

本章不考虑补贴政策，因此可继续采用表 3-1 中的符号变量。假设此时双轨公共服务供给中存在顾客止步行为，则其供给模式可用带止步的双轨公共服务供给模型（Two-tier Service System with Balking, TTSB）进行描述，具体如图 5-1 所示。

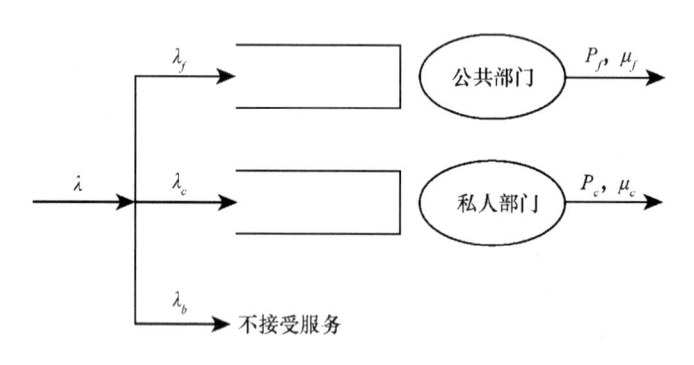

图 5-1　TTSB 供给模型

基于顾客止步假设，本章所讨论的 TTSB 供给模型只是在图 3-2TTS 供给模型的基础上增加考虑了顾客不接受服务而直接离开（Balking，顾客止步）的行为，因此，顾客总需求 λ 可分为三个部分：λ_f（选择进入公共部门的顾客需求或到达率）、λ_c（选择进入私人部门的顾客需求或到达率）和 λ_b（顾客止步率）。故有 $\lambda = \lambda_f + \lambda_c + \lambda_b$。公共服务供给实践中，既存在没有顾客止步的情形（第三、四章假设），如病人在看病或需要手术时必会选择进入公立医院或私营医院；出行车辆必然选择普通公路或高速公路通行等。然而，扩大潜在顾客需求，将所有可能会接受公共服务的顾客视为目标群体，如在医疗服务中，考虑存在顾客自愈、死亡或选择其他服务资源（如其他地区或国外医疗机构）等无须再接受原有公共服务的情形；以及公共交通中顾客放弃汽车出行而改用其他交通工具的例子中，都需要考虑顾客止步行为，从而利用 TTSB 供给模型来描述公共服务供给过程。

假设顾客敏感性参数 θ 服从 $[\underline{\theta}, \bar{\theta}]$ 上的任一分布，且分布函数为 $H(\theta)$，即扩展了前面章节中 θ 仅为 $[0, U]$ 上均匀分布的假设。并假设私人部门不再保证其服务水平，因此顾客不再忽略私人部门中的等待时间及成本。也就是说，公共部门与私人部门中的顾客总成本都包括等待成本与货币成本，分别表示为 $[\theta E(W_f) + p_f]$ 和 $[\theta E(W_c) + p_c]$。记顾客接受服务所获得的收益为 R，顾客选择公共部门、私人部门及止步时的净效用（收益与成本之差）分别为 U_f、U_c 和 U_b。则有：$U_f = R - \theta E(W_f) - p_f$，$U_c = R - \theta E(W_c) - p_c$ 且 $U_b = 0$。假设顾客依据其自身净效用最大化来选择是否接受服务，并定义 $\hat{\theta}_f = (R - p_f)/E(W_f)$ 和 $\hat{\theta}_c = (R - p_c)/E(W_c)$ 分别为 TTSB 供给中顾客选择公共部门和私人部门服务的敏感性阈值，即当 $\theta = \hat{\theta}_f$ 或 $\theta = \hat{\theta}_c$ 时，顾客选择公共部门或私人部门服务的净效用与顾客止步（不接受服务）时相同，顾客接受服务与否并不存在差异；当 $\theta < \hat{\theta}_f$ 或 $\theta < \hat{\theta}_c$ 时，顾客接受服务则可获得正的净效用；此外，还需满足 $R \geqslant p_f$ 且 $R \geqslant p_c$，即为保证 TTSB 供给的有效性，各供给部门中的服务价格不能超过顾客通过服务所能获得的收益。记 $\hat{\theta}_0 = (p_c - p_f)/[E(W_f) - E(W_c)]$ 为 TTSB 供给中顾客选择不同供给部门净效用相等时的敏感性阈值，则当 $\theta < \hat{\theta}_0$ 时，顾客选择公共部门的净效用更大；反之，当 $\theta > \hat{\theta}_0$ 时，顾客则会进入私人部门。基于上述敏感性阈值，可得，$E(W_c) = (R - p_c)/\hat{\theta}_c$，$E(W_f) = E(W_c) + (p_c - p_f)/\hat{\theta}_0$，表明，公共部门中的等待时间比私人部门中的等待时间要长 $(p_c - p_f)/\hat{\theta}_0$，该结果符合高收费可提高服务能力、减少顾客等待的假设。

根据上述定义，若不考虑供给部门中的空间受限问题，也就是说公共部门与私人部门能够接受到达的所有顾客，基于净效用与顾客敏感性参数，可对潜在顾客及需求进行分类，具体条件如表 5-1 所示。

值得说明的是，首先，由条件（2.2）可以看出，顾客分类取决于不同供给部门的定价与等待时间，即价格政策与信息（实时队长或平均

表 5-1　顾客分类及其条件

顾客分类\\条件		(1) 进入公共部门顾客	(2) 进入私人部门顾客	(3) 止步顾客
1	净效用	$\begin{cases} U_f > 0 \\ U_f > U_c \end{cases}$	$\begin{cases} U_c \geq 0 \\ U_c \geq U_f \end{cases}$	$\begin{cases} U_f < 0 \\ U_c < 0 \end{cases}$
2	敏感性参数 (2.1)	$\theta < \min\{\hat{\theta}_f, \hat{\theta}_0\}$	$\hat{\theta}_0 \leq \theta \leq \hat{\theta}_c$	$\theta > \max\{\hat{\theta}_f, \hat{\theta}_c\}$
	(2.2)	$\theta < \min\left\{\dfrac{R - p_f}{E(W_f)}, \dfrac{p_c - p_f}{E(W_f) - E(W_c)}\right\}$	$\dfrac{p_c - p_f}{E(W_f) - E(W_c)} \leq \theta \leq \dfrac{R - p_c}{E(W_c)}$	$\theta > \max\left\{\dfrac{R - p_f}{E(W_f)}, \dfrac{R - p_c}{E(W_c)}\right\}$

等待时间信息）披露政策，这也是本章研究的出发点和主要内容，即评价影响顾客选择的不同价格与信息政策下的公共服务供给效果。其次，该条件也反映出顾客分类具有动态性，不同价格与信息政策都会影响顾客对于服务供给的具体选择。最后，由条件（2.1）得出条件（2.2），主要基于以下结果。

命题 5.1.1：在一个具有顾客止步的双轨公共服务供给中，顾客选择不同供给部门及止步时的敏感性阈值满足 $\hat{\theta}_0 \leqslant \hat{\theta}_f \leqslant \hat{\theta}_c$，即：

$$\frac{p_c - p_f}{E(W_f) - E(W_c)} \leqslant \frac{R - p_f}{E(W_f)} \leqslant \frac{R - p_c}{E(W_c)}. \tag{5.1.1}$$

由式（5.1.1）可得，

$$E(W_c) \leqslant \frac{R - p_c}{R - p_f} E(W_f) < E(W_f). \tag{5.1.2}$$

表明，私人部门必须以降低等待时间（等待成本）来弥补顾客所支付的较高费用（货币成本）。此外，从命题 5.1.1 还可以看出，敏感性参数较低的顾客倾向于公共部门服务；敏感性参数适中的顾客会选择进入私人部门；而当顾客对于等待的敏感性极高时，则不再接受服务。该结果也符合现实情境，如医疗服务中，若顾客不在乎等待时间，往往会选择拥堵较为严重但服务价格较低的公立医院；随着敏感性或单位时间等待成本的增加，则更倾向于私营医院所提供的高质量高价格服务，以增加货币成本来换取等待成本的降低；若私营医院也无法满足顾客更短时间等待的服务需求，顾客则会选择放弃或离开。

从表 1－7 中可以看出，根据不同服务提供者是否披露实时等待信息，双轨公共服务供给中存在 NRI、MI－1、MI－2 和 RI 四种信息披露政策。然而，本研究从供给侧视角出发，主要关注是否引入私人资本及差异化服务来改善公共服务供给效果，重在强调私人部门供给政策的制定与选择，以及政府对其行为的管制约束作用。因此，本章仅考虑公共部门提供平均等待时间信息，而私人部门可自主选择所披露的等待信息，即 NRI 和 MI－1 政策下的公共服务供给。现实中，由于公共部门中的顾客数极大，从而导致顾客行为更为复杂，加之有限的财政预算或缺乏服务改善动机等原因，一般地，公共部门仅披露一些宏观的统计数据，如平均等待时间等信息；而在私人部门供给中，由于排队人数不多，或出于对提高服务质量及顾客满意度的迫切需要，往往会以披露实时等待信息为手段来吸引更多的顾客，从而满足其市场化与收益最大化的要求。由此可见，对于 NRI 和 MI-1 政策的研究也同样符合实际情境，并描述现实问题。

第二节 混合信息政策下的双轨公共服务供给

本节首先考虑混合信息（MI-1）政策，即公共部门仅披露平均等待时间 $E(W_f)$，而私人部门则提供实时队长信息时的双轨公共服务供给问题。

一 MI-1 政策下的私人部门供给

在上述假设基础上，MI-1 政策下的私人部门供给仍采用 M/M/1 的排队模型进行分析。记私人部门所披露的实时队长为 L_c（包括正在接受服务与等待服务的顾客总数），那么私人部门中的顾客平均等待时间可表示为 $E(W_c) = (L_c+1)/\mu_c$。由表 5-1（2.2）可知，私人部门可通过披露实时队长信息来改变顾客期望等待时间，从而影响顾客选择；同时，提供实时队长信息有助于降低顾客在估计自身等待时间与成本时的不确定性[①]；当私人部门中的实际队长或等待空间受限（由顾客止步行为或私人部门相关政策可确定），即可确定私人部门最大队长［记为 $(L_c)_{\max}$］时，也可保证私人部门一定质量的服务水平。因此，披露实时队长信息是私人部门吸引顾客、保证服务供给的一种有效方式。在 MI-1 政策下，顾客根据选择不同服务供给或止步时的净效用大小来决定是否接受服务。

当 $\begin{cases} U_c \geq 0 \\ U_c \geq U_f \end{cases}$，即 $\begin{cases} R - \bar{\theta}(L_c+1)/\mu_c - p_c \geq 0 \\ R - \bar{\theta}(L_c+1)/\mu_c - p_c \geq R - \bar{\theta}E(W_f) - p_f \end{cases}$，或 $L_c \leq$

---

① 实时队长信息下的平均等待时间服从 Erlang 分布，非实时信息下的平均等待时间服从指数分布，前者（Erlang 分布）比后者（指数分布）具有更小的方差，因此可降低顾客对于实际等待时间估计的不确定性。

$$\min\left\{\mu_c E\left(W_f\right) - \frac{\mu_c(p_c - p_f)}{\bar{\theta}} - 1, \frac{\mu_c(R - p_c)}{\bar{\theta}} - 1\right\} \quad (5.2.1)$$

时，顾客选择进入私人部门。其中，$\bar{\theta}$ 为顾客敏感性参数的上界。因为私人部门所披露的实时队长或顾客数应为非负整数，则有，

$$(L_c)_{\max} = \left\lfloor \min\left\{\mu_c E\left(W_f\right) - \frac{\mu_c(p_c - p_f)}{\bar{\theta}} - 1, \frac{\mu_c(R - p_c)}{\bar{\theta}} - 1\right\} \right\rfloor.$$

其中，$\lfloor x \rfloor$ 为向下取整函数，表示不超过 x 的最大整数。

由于私人部门披露实时等待信息会引起顾客的动态选择，同时加之更多的现实假设条件，使得 MI-1 政策下的公共服务供给研究变得相当复杂，前面章节所采用的直接通过模型求解得出相应解析结果的方法在本章中不再适用。然而，根据式（5.2.1），可设计一定的计算算法，即迭代算法来求得不同信息披露下公共服务供给效果评价指标及其相关变量的定量表达。用"s. #"表示计算算法的每一步序号，其中，"s = 1 或 2"表示 MI-1 或 NRI（见第三节）政策；"#"表示不同信息披露政策下各计算算法的具体步骤序号。本节结合具体的计算步骤与分析对 MI-1 政策下的公共服务供给效果进行讨论。

步骤 1.0：初始化。给定参数 λ，μ_f，μ_c，$\underline{\theta}$，$\bar{\theta}$，p_f，p_c，R，并假设公共部门顾客等待时间的给定值为 $E\left(W_f^i\right)$，其中上标 $i = 0, 1, \cdots$ 表示该计算算法的具体迭代次数。根据式（5.2.1），则可计算出私人部门中的最大队长，即 $(L_c)_{\max}$。此外，由式（5.1.2）和（5.2.1）可得，公共部门中所披露的等待时间需满足条件：

$$E\left(W_f^i\right) \geqslant \max\left\{\frac{(L_c + 1)(R - p_f)}{\mu_c(R - p_c)}, \frac{L_c + 1}{\mu_c} + \frac{p_c - p_f}{\bar{\theta}}\right\}.$$

因此，令 $i = 0$，且当 $L_c = 0$ 时，可取公共部门最小顾客等待时间 $E\left(W_f^0\right) = \max\left\{(R - p_f)/[\mu_c(R - p_c)], 1/\mu_c + (p_c - p_f)/\bar{\theta}\right\}$ 为初始给定值（其实际值将在下一节中通过连续迭代的方法求得）。

步骤 1.1：私人部门供给分析。为简化符号变量，令 $K = (L_c)_{\max}$ 表示私人部门最大队长或顾客等待数，并定义私人部门中的实时队长信息为 $X_c(t) = n \in [0, K]$。由表 5-1 中进入私人部门顾客的分类条件，可得出私人部门不同实时等待信息下状态相依（取决于实时队长）的顾客敏感性阈值及顾客到达率。

（1）若 $n \in [0, K-1]$，选择私人部门服务的顾客敏感性参数满足：

$$\frac{p_c - p_f}{E(W_f^i) - (n+1)/\mu_c} \leq \theta \leq \frac{\mu_c(R - p_c)}{n+1};$$ 其顾客到达率也取决于所披露的实时队长信息,记为 λ_c^n,则有 $\lambda_c^n = \lambda\{H[\theta_c(n)] - H[\theta_0(n)]\}$,其中,

$\theta_c(n) = \min\{\max[\underline{\theta}, (R-p_c)/E(W_c)], \bar{\theta}\} = \min\{\max[\underline{\theta}, \mu_c(R-p_c)/(n+1)], \bar{\theta}\}$,

$\theta_0(n) = \min\{\max[\underline{\theta}, (p_c-p_f)/(E(W_f)-E(W_c))], \bar{\theta}\} = \min\{\max[\underline{\theta}, (p_c-p_f)/(E(W_f^i) - (n+1)/\mu_c)], \bar{\theta}\}$.

两者为顾客敏感性参数在 $[\underline{\theta}, \bar{\theta}]$ 上的可行阈值,简称可行敏感性阈值。

(2) 若 $n = K$,私人部门中的顾客数达到上限,故不再出现新的顾客到达,即 $\lambda_c^K = 0$。

由可行敏感性阈值 $[\theta_c(n)$ 和 $\theta_0(n)]$ 的定义与表达式可知,顾客选择不同供给部门或止步,即顾客分类取决于私人部门所披露的实时队长信息 n。为简化符号变量,本章省略 (n),分别用 θ_0、θ_f 和 θ_c 表示不同供给部门、公共部门与止步、私人部门与止步无差异时的可行敏感性阈值。因此,私人部门中的顾客到达率可表示为:

$$\lambda_c^n = \begin{cases} \lambda[H(\theta_c) - H(\theta_0)] & 0 \leq n \leq K-1 \\ 0 & n = K \end{cases}. \tag{5.2.2}$$

其中,

$\theta_c = \min\{\max[\underline{\theta}, \mu_c(R-p_c)/(n+1)], \bar{\theta}\}$,

$\theta_0 = \min\{\max[\underline{\theta}, (p_c-p_f)/(E(W_f^i) - (n+1)/\mu_c)], \bar{\theta}\}$,

$K = \lfloor \min\{\mu_c E(W_f^i) - \frac{\mu_c(p_c-p_f)}{\underline{\theta}} - 1, \frac{\mu_c(R-p_c)}{\underline{\theta}} - 1\} \rfloor$.

由此可见,MI-1 政策下私人部门中的顾客到达率不仅取决于私人部门所提供的实时队长信息 n,同时也取决于公共部门所披露的非实时平均等待时间 $E(W_f^i)$。

仍假设私人部门供给符合 M/M/1 排队模型,由式 (5.2.1) 可知,在顾客止步的假设条件下存在私人部门可容纳的最大顾客数,即最大队长,因此考虑顾客到达离开行为,私人部门供给中的顾客数变化可采用有限状态下的马尔科夫链 (Markov Chain) 进行表示,见图 5-2。

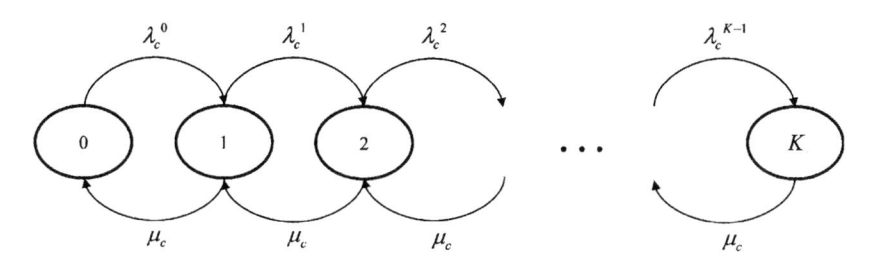

图 5-2 MI-1 政策下私人部门供给中的顾客数变化

其中，称 $n = 0, 1, \cdots, K$ 为该马尔科夫链的不同状态，即反映 MI-1 政策下私人部门所有可能披露的实时队长信息。记各状态的平稳概率分布为 $P = [P_0, P_1, \cdots, P_K]$，其中，$P_n = \lim_{t \to \infty} P[X_c(t) = n]$。通过表 5-2 中的平衡方程（反映平稳状态下顾客到达率、服务率以及各状态平稳概率之间的关系）及归一化条件 $\sum_{n=0}^{K} P_n = 1$，可求出私人部门不同实时队长信息的平稳概率分布，即：

$$P_0 = \left(1 + \sum_{n=1}^{K} \prod_{j=0}^{n-1} \lambda_c^j / \mu_c^n \right)^{-1}, \quad (5.2.3)$$

$$P_n = \frac{\lambda_c^0 \lambda_c^1 \cdots \lambda_c^{n-1}}{\mu_c^n} P_0 = \left(\prod_{j=0}^{n-1} \lambda_c^j / \mu_c^n\right) P_0, \ n = 1, 2, \cdots, K. \quad (5.2.4)$$

表 5-2　　MI-1 政策下私人部门供给中的平衡方程

状态（实时队长信息）	离开该状态的速率 = 进入该状态的速率
0	$\lambda_c^0 P_0 = \mu_c P_1$
$1 \leqslant n \leqslant K-1$	$(\lambda_c^n + \mu_c) P_n = \lambda_c^{n-1} P_{n-1} + \mu_c P_{n+1}$
K	$\mu_c P_K = \lambda_c^{K-1} P_{K-1}$

由于存在顾客止步，当等待时间过长时，顾客则不再选择该公共服务，因此直观上来看，整个服务供给应是稳定的，即不会因等待时间无穷大而导致服务系统"爆炸"。记 MI-1 政策下公共部门与私人部门中的顾客平均到达率分别为 λ_f^e 和 λ_c^e，理论上，该情境下服务供给的稳定性可由命题 5.2.1 予以保证。

命题 5.2.1：在一个具有顾客止步的双轨公共服务供给中，若公共部门与私人部门分别披露非实时的平均等待时间与实时队长信息（采用 MI-1 政策），私人部门与整个服务供给始终是稳定的，即存在 $\lambda_c^e < \mu_c$ 和 $\lambda_f^e + \lambda_c^e < \mu_f + \mu_c$。

用上标"M"和"N"来区分 MI-1 和 NRI 政策下公共服务供给中的相关变量与供给效果评价指标，则 MI-1 政策下私人部门供给中的平均队长以及顾客平均等待时间分别为：

$$E(L_c^M) = \sum_{n=0}^{K} nP_n, E(W_c^M) = E(L_c^M)/\lambda_c^e. \tag{5.2.5}$$

其中，$\lambda_c^e = \sum_{n=0}^{K-1} \lambda_c^n P_n$ 为该情境下私人部门的顾客平均到达率。

通过上述分析可知，若给定第 i 次迭代时公共部门的等待信息，私人部门供给及其效果评价指标则可依照步骤 1.1 求出。因此，如何确定公共部门等待信息，即判断初始给定值 $E(W_f^i)$ 是否为公共部门实际所披露的平均等待时间，还有待进一步探讨，详情可见步骤 1.2 和 1.3。

二 MI-1 政策下的公共部门供给

由图 5-1（TTSB 供给模型）可知，对于公共部门供给而言，其顾客到达与私人部门所披露的实时队长信息紧密相关，因此，前面章节所采用的 Poisson 到达及 M/M/1 供给假设不再适用。基于该特征，可采用更为一般化的 MMPP/M/1（Markov Modulated Poisson Process）排队模型进行分析。同时，由于该模型与分析方法的复杂性，本章将使用 MAM（矩阵分析方法）来分析并测量公共部门的供给效果。具体而言，假设在公共部门等待时间给定值 $E(W_f^i)$ 及私人部门实时队长信息下，通过 MAM 求得的公共部门平均等待时间为 $E_i(W_f)$（称为计算值），本节则需验证 $E(W_f^i)$ 是否为公共部门真实平均等待时间，即在一定误差范围内，$E(W_f^i)$ 与 $E_i(W_f)$ 是否渐进相等，由此确定公共部门所披露的顾客平均等待时间实际值。

步骤 1.2：公共部门供给分析。记 m 和 n 分别为公共部门与私人部门中的顾客数，则称 $[X_f(t) = m, X_c(t) = n]$ 为时刻 t 时 TTSB 供给的一个状态。由表 5-1 可得，当 $n \in [0, K-1]$ 时，进入公共部门顾客的敏感性参数满足 $\theta \leq \theta_0$，则公共部门顾客到达率 $\lambda_f^n = \lambda H(\theta_0)$；当 $n = K$ 时，私人部门中不再有新的顾客到达，此时，只要满足条件 $U_f \geq 0$ 或 $\theta \leq \theta_f$（其中，$\theta_f = \min\{\max[\underline{\theta}, (R-p_f)/E(W_f^i)], \bar{\theta}\}$ 为可行敏感性阈值），顾

客则选择进入公共部门，其到达率为 $\lambda_f^n = \lambda H(\theta_f)$。故，

$$\lambda_f^n = \begin{cases} \lambda H(\theta_0) & 0 \leq n \leq K-1 \\ \lambda H(\theta_f) & n = K \end{cases}. \quad (5.2.6)$$

联立式（5.2.2）和（5.2.6），MI-1 政策下公共服务供给中各状态（公共部门与私人部门中可能的顾客数）之间的相互转移情况可表示为图 5-3。其中，椭圆内的配对数表示公共部门与私人部门某一时点的顾客数组合；两椭圆之间用箭头链接，表示从一个状态转移至另一状态；箭头上方数则表示各状态之间的转移速率。

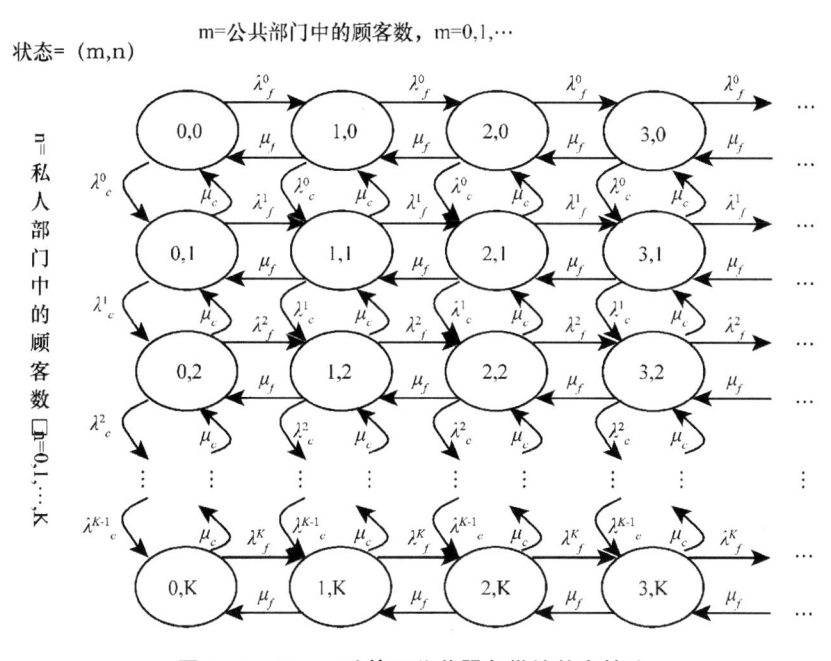

图 5-3 MI-1 政策下公共服务供给状态转移

结合图 5-3，定义该供给过程的转移矩阵为 Q，则，

$$Q = \begin{bmatrix} D_0 & D_1 & & & & \\ D_2 & A_0 & A_1 & & & \\ & A_2 & A_0 & A_1 & & \\ & & A_2 & A_0 & A_1 & \\ & & & & \ddots & \ddots \end{bmatrix}.$$

其中，

$$D_0 = \begin{bmatrix} -(\lambda_e^0+\lambda_f^0) & \lambda_e^0 & & & \\ \mu_c & -(\lambda_e^1+\lambda_f^1+\mu_c) & \lambda_e^1 & & \\ & \mu_c & -(\lambda_e^2+\lambda_f^2+\mu_c) & \lambda_e^2 & \\ & & & \ddots & \\ & & & \mu_c & -(\lambda_f^K+\mu_c) \end{bmatrix}$$

$$D_1 = A_1 = \begin{bmatrix} \lambda_f^0 & & & & \\ & \lambda_f^1 & & & \\ & & \lambda_f^2 & & \\ & & & \ddots & \\ & & & & \lambda_f^K \end{bmatrix}, \quad D_2 = A_2 = \begin{bmatrix} \mu_f & & & & \\ & \mu_f & & & \\ & & \mu_f & & \\ & & & \ddots & \\ & & & & \mu_f \end{bmatrix}$$

$$A_0 = \begin{bmatrix} -(\lambda_e^0+\lambda_f^0+\mu) & \lambda_e^0 & & & \\ \mu_c & -(\lambda_e^1+\lambda_f^1+\mu_f+\mu_c) & \lambda_e^1 & & \\ & \mu_c & -(\lambda_e^2+\lambda_f^2+\mu_f+\mu_c) & \lambda_e^2 & \\ & & & \ddots & \\ & & & \mu_c & -(\lambda_e^K+\mu_f+\mu_c) \end{bmatrix}$$

由定义可得，MI-1 政策下公共部门中的顾客平均到达率可表示为 $\lambda_f^e = PA_1\mathrm{e} = [P_0, P_1, \cdots, P_K]A_1\mathrm{e}$，其中 e 为 $(K+1)$ 维单位列向量。定义 $\pi_m = [\pi_{m0}, \pi_{m1}, \cdots, \pi_{mK}]$ $(m = 0, 1, \cdots)$，表示公共部门顾客数为 m 且服务供给达到平稳时双轨服务供给的状态概率分布，其中 $\pi_{mn} = \lim_{t\to\infty} P[X_f(t) = m, X_c(t) = n]$；令 $\pi = [\pi_0, \pi_1, \pi_2, \cdots]$，则存在率矩阵（Rate Matrix）R 使得 $\pi_k = \pi_{k-1}R$ $(k\geq 2)$。进而，运用 MAM 可求得该混合信息政策下公共部门供给中的平均队长（见附录 3.3），即为：

$$E(L_f^M) = \sum_{n=0}^{K}\sum_{m=0}^{\infty} m\pi_{mn} = \sum_{n=0}^{K}\sum_{m=1}^{\infty} m\pi_1 R_{n+1}^{m-1}. \quad (5.2.7)$$

其中，R_{n+1}^{m-1} 表示矩阵 R^{m-1} 的第 $(n+1)$ 列列向量。

因此，公共部门顾客平均等待时间的计算值为：

$$E_i(W_f) = E(L_f^M)/\lambda_f^e. \quad (5.2.8)$$

步骤 1.3：若 $|E(W_f^i) - E_i(W_f)| < \delta$，其中 δ 为满足精确度要求的较小实数，则求得给定值 $E(W_f^i)$ 下私人部门与公共部门供给中的相关变量，公共部门中的顾客平均等待时间实际值 $E(W_f^M) = E_i(W_f)$，该迭代算

法完成；否则，令 $E(W_f^{i+1}) = E(W_f^i) + \sigma$（$0 < \sigma < \delta$），即增加给定值，并返回步骤 1.1 进行新一轮的迭代计算，直至求得满足条件 $|E(W_f^i) - E_i(W_f)| < \delta$ 的公共部门顾客平均等待时间实际值。

上述计算算法得以实现的基础在于公共部门平均等待时间给定值与计算值之间的收敛性，具体证明可参照 Zhang 和 Yin[1]。由步骤 1.0—1.3 可求得 MI-1 政策下公共部门与私人部门供给状态及顾客视角下关于等待时间的供给效果。同时，由于该算法是在给定服务提供者不同信息政策下，基于顾客选择行为，并利用给定值与计算值的迭代完成的，因此可称为"基于顾客行为的计算算法"。此外，该算法也适用于对 NRI 政策下的公共服务供给进行分析。

三 MI-1 政策下双轨服务供给效果

依据"基于顾客行为的计算算法"，前面两小节可分别对顾客所关心的等待时间进行定量表达，本小节则关注服务提供者与政府视角下双轨公共服务供给的收益与成本等问题。给定 MI-1 政策，TTSB 供给中的私人部门收益可表示为：

$$R_c^M = p_c \lambda_c^e = p_c \sum_{n=0}^{K-1} \lambda_c^n P_n. \quad (5.2.9)$$

记此时 TTSB 供给中的运营总成本、顾客总成本（公共部门与私人部门中的等待成本与货币成本之和）和社会总成本分别为 TOC_s^M、TCC_s^M 和 TSC_s^M，且进入公共部门与私人部门中的顾客平均敏感性参数分别为 θ_f^{M*} 和 θ_c^{M*}，则：

$$TOC_s^M = \lambda h E(W_s^M) + s_f \mu_f + s_c \mu_c \quad (5.2.10)$$
$$= h[\lambda_f^e E(W_f^M) + \lambda_c^e E(W_c^M)] + s_f \mu_f + s_c \mu_c;$$

$$TCC_s^M = \theta_f^{M*} \lambda_f^e E(W_f^M) + \theta_c^{M*} \lambda_c^e E(W_c^M) + p_f \lambda_f^e + p_c \lambda_c^e. \quad (5.2.11)$$

其中，

$$\theta_f^{M*} = E[\theta|\theta < \theta_0](1 - P_K) + E[\theta|\theta < \theta_f]P_K$$
$$= (1 - P_K)\int_{\underline{\theta}}^{\theta_0} \theta[H(\theta)/H(\theta_0)]' d\theta + P_K \int_{\underline{\theta}}^{\theta_f} \theta[H(\theta)/H(\theta_f)]' d\theta,$$

---

[1] Zhang, Z. G., Yin, X., "Information and pricing effects in two-tier public service systems", *International Journal of Production Economics*, Vol. 231, 2021, p. 107897.

$$\theta_c^{M*} = E[\theta|\theta_0 < \theta < \theta_c] = \int_{\theta_0}^{\theta_c} \theta\{H(\theta)/[H(\theta_c)-H(\theta_0)]\}'d\theta.$$

若顾客敏感性参数 θ 为 $[\underline{\theta}, \bar{\theta}]$ 上的均匀分布，则公共部门与私人部门中的顾客平均敏感性参数具体可表示为：

$$\theta_f^{M*} = (1-P_K)\int_{\underline{\theta}}^{\theta_0} \theta \frac{1}{\theta_0-\underline{\theta}}d\theta + P_K\int_{\underline{\theta}}^{\theta_f} \theta \frac{1}{\theta_f-\underline{\theta}}d\theta = \frac{\theta_0+\underline{\theta}}{2} + \frac{\theta_f-\theta_0}{2}P_K,$$

$$\theta_c^{M*} = \frac{\theta_0+\theta_c}{2}.$$

进而，

$$TSC_s^M = TCC_s^M + TOC_s^M. \tag{5.2.12}$$

第三节 无实时信息政策下的双轨公共服务供给

本节考虑公共部门与私人部门都只披露非实时等待信息，即顾客平均等待时间下的双轨公共服务供给问题。该情形在现实中极为常见，如医疗服务中的手术预约等，由于顾客并非在某一实际队列中直接等待，因此无法观察到具体或实时的排队人数；又如交通系统中，顾客在选择某一通行道路或者出行方式前，并不能获得实际到达时的准确排队信息。这些服务供给过程中顾客无法通过自身努力获取实时等待信息的情形则可采用无实时信息（NRI）政策进行分析。

一 NRI 政策下的私人部门与公共部门供给

TTSB 供给中，由于存在差异化定价与顾客止步，因此可假设私人部门中的顾客数在给定最大止步率，即顾客流失率 r 时存在一个上界，记为 K。由式 $\hat{\theta}_c = (R-p_c)/E(W_c)$ 及敏感性参数 θ 的分布函数 $H(\theta)$ 可求出 K 的具体取值。如：若 θ 为 $[\underline{\theta}, \bar{\theta}]$ 上的均匀分布，则 $K = \mu_c(R-p)/[\bar{\theta}-r(\bar{\theta}-\underline{\theta})]$。当私人部门中的顾客数达到 K 时，私人部门不再接受新的顾客到达，即使有顾客选择进入私人部门，也会因等待空间有限而被迫选择离开。设定私人部门最大顾客数既可控制公共服务供给中的顾客流失率，即保证服务供给的公平性和可及性，又可保证私人部门的服务水平。此时,该服务供给中存在两种顾客到达行为:基于顾客自身净效用考虑的初始到达,以及受私人部门最大顾客数限制后的实际到达,即存在顾客的二次选择或转移。分别用初始到达率和实际到达率表示顾客的到达行为。其中,记 λ_f 和 λ_c 分别为公共部门与私人部门的初始顾客到达率;λ_f^a 和 λ_c^a 分别为公共部门与私人部门的实际顾客到达率。

在 NRI 政策下,公共部门与私人部门均披露各自的平均等待时间信息,即给定 $E(W_f)$ 和 $E(W_c)$。由表 5-1 中的顾客分类可知,当不考虑私人部门最大顾客数限制时,公共部门与私人部门初始顾客到达率分别为:

$$\lambda_f = \lambda H(\theta_0), \quad (5.3.1)$$

$$\lambda_c = \lambda [H(\theta_c) - H(\theta_0)]. \quad (5.3.2)$$

其中,

$$\theta_0 = \min\{\max[\underline{\theta}, (p_c - p_f)/(E(W_f) - E(W_c))], \bar{\theta}\}, \theta_c$$
$$= \min\{\max[\underline{\theta}, (R - p_c)/E(W_c)], \bar{\theta}\}.$$

记因私人部门达到最大顾客数而被迫离开的顾客比例为 P_K [可由式(5.3.6) 确定],则私人部门实际顾客到达率可表示为:

$$\lambda_c^a = (1 - P_K)\lambda_c. \quad (5.3.3)$$

当 $U_f > 0 = U_b$ (或 $\theta < \hat{\theta}_f$) 时,被迫离开私人部门的顾客会再次选择进入公共部门,反之则不再接受服务而径直离开。首次选择私人部门而后因其空间受限重新选择进入公共部门的顾客比例即为:

$[H(\theta_f) - H(\theta_0)]/[H(\theta_c) - H(\theta_0)]$,其中,$\theta_f = \min\{\max[\underline{\theta}, (R - p_f)/E(W_f)], \bar{\theta}\}$.

因此,公共部门实际顾客到达率为:

$$\lambda_f^a = \lambda_f + \frac{H(\theta_f) - H(\theta_0)}{H(\theta_c) - H(\theta_0)} P_K \lambda_c. \quad (5.3.4)$$

至此,所有可行敏感性阈值(θ_0、θ_f 和 θ_c)、顾客到达率和等待时间都可用 $E(W_f)$ 和 $E(W_c)$ 进行表示。若给定不同供给部门中的平均等待时间(NRI 政策),上述变量均可确定,进而可求得给定值下公共部门与私人部门平均等待时间的计算值。当给定值与计算值在一定误差范围内渐进相等时,则确定了不同供给部门所披露的平均等待时间的实际值及其他变量值。该表述即为 NRI 政策下双轨公共服务供给效果评价指标计算的基本思路。接下来，本节则详细探讨如何通过初始给定值与计算值来分析并求得平稳状态下公共部门与私人部门的供给效果及评价指标。

首先，考虑私人部门最大顾客数，可采用 M/M/1/K 排队模型对私人部门供给进行分析。若已知私人部门中的初始顾客到达率 λ_c，由式（5.3.5）和（5.3.6）① 便可求得私人部门供给中的顾客平均等待时间和队长分布。

$$E(W_c) = \begin{cases} \dfrac{1}{\lambda_c^a}\left\{\dfrac{1}{1-\rho_c} - \dfrac{1+K\rho_c^{K+1}}{1-\rho_c^{K+1}}\right\} & \text{if } \rho_c \neq 1 \\ \dfrac{K}{2} & \rho_c = 1 \end{cases}, \quad (5.3.5)$$

$$P_n = \begin{cases} \dfrac{(1-\rho_c)\rho_c^n}{1-\rho_c^{K+1}} & \text{if } \rho_c \neq 1 \\ \dfrac{1}{K+1} & \rho_c = 1 \end{cases} \quad n = 0, 1, \cdots, K. \quad (5.3.6)$$

其中，称 $\rho_c = \lambda_c/\mu_c$ 为私人部门中的服务强度，可反映该服务供给的拥堵程度。

对于公共部门供给而言，其顾客到达受顾客本身基于净效用的初始选择，以及因私人部门空间受限而产生的顾客再次转移的共同影响，因此适合采用 MMPP/M/1 排队模型进行分析。可见，本章关于 NRI 政策下的双轨公共服务供给研究是对前面章节中公共部门与私人部门供给以及顾客行为的进一步现实化拓展。其中，私人部门增加了可容纳的最大顾客数，从而有效保证了私人部门的服务水平及顾客流失率；公共部门中的顾客到达则受私人部门供给和信息披露政策的共同影响；并存在顾客止步。由于该模型的复杂性，类似于第二节，本节也使用 MAM（见附录 3.4）来分析并测量公共部门的供给效果。可得，NRI 政策下公共部门的平均队长与平均等待时间分别为：

---

① Gross, D., Shortle, J. F., Thompson, J. M., Harris, C. M., *Fundamentals of queueing theory* (4th Edition), New York: John Wiley & Sons, 2008, p.79.

$$E(L_f) = \sum_{n=0}^{K}\sum_{m=0}^{\infty} m\pi_{mn} = \sum_{n=0}^{K}\sum_{m=1}^{\infty} m\pi_1 R_{n+1}^{m-1}; \tag{5.3.7}$$

$$E(W_f) = E(L_f)/\lambda_f^a = \sum_{n=0}^{K}\sum_{m=1}^{\infty} m\pi_1 R_{n+1}^{m-1}/\left[\lambda_f + \frac{H(\theta_f) - H(\theta_0)}{H(\theta_c) - H(\theta_0)}P_K\lambda_c\right].$$
$$\tag{5.3.8}$$

令 $K \to \infty$，即可求出私人部门不存在等待空间限制时的顾客到达、服务供给与等待时间。

由上述分析及表达式可知，NRI 政策下也无法获得公共部门与私人部门相关变量与指标的解析结果，因此，本节仍通过具有一定迭代步骤的计算算法来求解并分析公共服务供给效果。基于上述基本思路与式（5.3.5）和（5.3.8），NRI 政策下双轨公共服务供给分析的计算算法可表述如下。

步骤 2.0：给定参数 λ，μ_f，μ_c，$\underline{\theta}$，$\bar{\theta}$，p_f，p_c，R，私人部门可容纳的最大顾客数 K，公共部门与私人部门顾客平均等待时间给定值 $E(W_f^i)$ 和 $E(W_c^i)$，其中，$i = 0, 1, \cdots$ 表示该计算算法的具体迭代次数。显然，平均等待时间给定值需满足条件 $E(W_f^i) \geq max\{E(W_c^i)(R-p_f)/(R-p_c), E(W_c^i) + (p_c-p_f)/\bar{\theta}\}$；$E(W_c^i) \leq K/\mu_c$。令 $i = 0$，故可取 $E(W_c^0) = K/\mu_c$（若 θ 为 $[\underline{\theta}, \bar{\theta}]$ 上的均匀分布，则 $K = \mu_c(R-p)/[\bar{\theta}-r(\bar{\theta}-\underline{\theta})]$，$E(W_f^0) = max\{E(W_c^0)(R-p_f)/(R-p_c), E(W_c^0) + (p_c-p_f)/\bar{\theta}\}$ 为初始给定值；

步骤 2.1：联合给定值 $E(W_f^i)$ 和 $E(W_c^i)$，以及式（5.3.1）和（5.3.2），求得公共部门与私人部门初始顾客到达率 λ_f 和 λ_c。将 λ_c 代入式（5.3.6）求出 P_K，进而由式（5.3.3）和（5.3.4）求得实际顾客到达率 λ_f^a 和 λ_c^a；

步骤 2.2：通过式（5.3.5）求得私人部门顾客平均等待时间的计算值，记为 $E_i(W_c)$。此外，利用 MAM 求出公共部门顾客平均等待时间的计算值，记为 $E_i(W_f)$；

步骤 2.3：比较私人部门平均等待时间的给定值 $E(W_c^i)$ 与计算值 $E_i(W_c)$。若 $|E_i(W_c) - E(W_c^i)| < \delta$（$\delta$ 为满足精确度要求的较小实数），则可在第 i 次迭代时求得公共部门与私人部门关于顾客等待的供给效果

评价指标，即 $E(W_f^N) = E_i(W_f)$，$E(W_c^N) = E_i(W_c)$；否则，令 $i = i+1$，分别取公共部门与私人部门平均等待时间给定值 $E(W_c^{i+1}) = E(W_c^i) - \sigma$，及 $E(W_f^{i+1}) = \max\{E(W_c^{i+1})(R-p_f)/(R-p_c), E(W_c^{i+1}) + (p_c - p_f)/\bar{\theta}\}$，代入步骤 2.1 开始下一轮的迭代计算，直至求出满足精确度要求的均衡解。

上述计算算法得以实现的基础在于给定值与计算值之间的收敛性。当私人部门（或公共部门）顾客平均等待时间给定值减小（或增大）时，由于顾客基于自身净效用的选择行为，会有更多（或更少）的顾客选择进入该服务供给部门，从而导致计算值的增加（或减少），使得给定值与计算值随着迭代次数的增加存在某一确定交点，即为均衡状态下不同供给部门所披露的平均等待时间信息。这也说明信息披露政策直接影响了顾客对于不同供给部门的选择，因此可作为公共服务供给实践中引导顾客行为的重要手段。

二　NRI 政策下双轨服务供给效果

类似于 MI-1 政策下 TTSB 供给效果评价指标的定量表达，在 NRI 政策下，私人部门收益可表示为：

$$R_c^N = p_c \lambda_c^a = p_c \lambda_c (1 - P_K). \tag{5.3.9}$$

记此时 TTSB 供给中的运营总成本、顾客总成本和社会总成本分别为 TOC_s^N、TCC_s^N 和 TSC_s^N，且进入公共部门与私人部门中的顾客平均敏感性参数分别为 θ_f^{N*} 和 θ_c^{N*}，则有：

$$\begin{aligned} TOC_s^N &= \lambda h E(W_s^N) + s_f \mu_f + s_c \mu_c \\ &= h[\lambda_f^a E(W_f^N) + \lambda_c^a E(W_c^N)] + s_f \mu_f + s_c \mu_c; \end{aligned} \tag{5.3.10}$$

$$TCC_s^N = \theta_f^{N*} \lambda_f^a E(W_f^N) + \theta_c^{N*} \lambda_c^a E(W_c^N) + p_f \lambda_f^a + p_c \lambda_c^a. \tag{5.3.11}$$

其中，

$$\begin{aligned} \theta_f^{N*} &= E[\theta|\theta<\theta_0](1-P_K) + E[\theta|\theta_0<\theta<\theta_f]P_K \\ &= (1-P_K)\int_{\underline{\theta}}^{\theta_0} \theta[H(\theta)/H(\theta_0)]'d\theta + P_K \int_{\theta_0}^{\theta_f} \theta\{H(\theta)/[H(\theta_f)-H(\theta_0)]\}'d\theta, \end{aligned}$$

$$\theta_c^{N*} = E[\theta|\theta_0<\theta<\theta_c] = \int_{\theta_0}^{\theta_c} \theta\{H(\theta)/[H(\theta_c)-H(\theta_0)]\}'d\theta.$$

若顾客敏感性参数 θ 为 $[\underline{\theta}, \bar{\theta}]$ 上的均匀分布，则：

$$\theta_f^{N*} = \frac{\theta_0 + \underline{\theta}}{2} + \frac{\theta_f - \underline{\theta}}{2} P_K, \quad \theta_c^{N*} = \frac{\theta_0 + \theta_c}{2}.$$

故，

$$TSC_s^N = TCC_s^N + TOC_s^N. \tag{5.3.12}$$

第四节 不同信息政策下双轨公共服务供给对比分析

由于 MI–1 与 NRI 政策下公共服务供给效果评价指标的计算都是基于较为繁琐的迭代算法，因此其表达也相当复杂，无法通过解析方法来比较不同信息披露政策对于 TTSB 供给效果的具体作用。运用前面两节所开发出的基于顾客行为的计算算法，本节采用数值方法对上述结果进行直观展示，并基于不同主体目标，对不同信息政策下的公共服务供给效果进行对比分析。给定参数取值 $\lambda = 6$，$\mu_f = 3$，$\mu_c = 5$，$\underline{\theta} = 0$，$\bar{\theta} = 1$，$p_f = 0$，$R = 1.5$，即在前面章节的基础上考虑更为拥堵或公共部门预算不足，亟须开发新的服务资源来提高服务供给能力的情形。在更为现实的假设条件下（考虑顾客止步及其在所有供给部门中的等待成本），本节重点展示不同定价与信息披露政策对于双轨公共服务供给效果的影响，具体包括顾客到达与止步、等待时间、私人部门收益以及社会总成本。

一　不同信息政策下的顾客选择

不同供给部门中的顾客到达率与止步率是服务提供者供给行为与顾客选择行为相互作用的最终结果，既可直接反映出不同供给部门的市场占有率，又可表示公共服务需求与供给关系，是双轨公共服务供给中值得关注的一项重要指标。图 5–4（a）–（c）分别展示了不同信息披露政策下私人部门定价对于私人部门、公共部门中的顾客到达以及顾客止步的具体作用。

首先，显然，私人部门定价越高，顾客选择私人部门所获得的净效用越低，因此，顾客对于私人部门服务的需求降低［见图 5–4（a）］，转而更多地进入公共部门［见图 5–4（b）］或不再接受服务［见图 5–

4（c）]。该结果反映了本章关于不同信息政策的计算算法的正确性与合理性。

其次，当私人部门定价较低时，私人部门与公共部门中的顾客需求对于价格的敏感性较高；当私人部门定价较高时，NRI 政策下不同供给部门中的顾客需求变化放缓，然而，私人部门提供实时队长信息则可较大程度地影响顾客需求对于价格的敏感性。原因在于，当 p_c 较低时，顾客选择不同供给部门中的服务均可获得正的净效用，不存在顾客止步行为［如图 5-4（c）所示］。同时，由于当前公共服务资源分配不均，私人部门中的供需关系严重失衡，因此能更好地发挥价格政策的作用，有效降低（或增加）私人部门（或公共部门）中的顾客到达。然而，随着定价的不断提高，价格政策的作用减小，私人部门信息披露政策的作用增加。顾客止步假设（顾客特征）与供给政策（价格与信息披露政策）的联合作用共同决定了公共服务供给的市场结构。由此可见，若政府能对公共服务价格进行管制，即定价较低时，则应重点考虑价格政策对于顾客选择的影响，从而依据顾客到达率来更好地匹配需求与供给。而当私人部门定价较高时，政府则可利用信息披露政策来更好地引导顾客的公共需求。

公共服务供给的主要目标之一是最大限度地满足顾客需求，即有效降低顾客止步率。由图 5-4（c）可以看出，仅当公共服务价格较低时，顾客止步率最低，这也是政府需要对公共服务价格进行管制，特别是防止私人部门基于自身收益最大化而采取过高定价的主要原因。此外，不同时期政府对于公共服务供给主体的选择也是不同的。当公共预算或财政资金不足，需要引入私人资本时，较低的服务价格是增加私人部门顾客到达的有效方法；反之，若想提高双轨服务供给中公共部门的市场占有率，即发挥公共部门关于公共服务供给的主导作用，政府则应鼓励价格较高的私人部门服务，并防止其采用低价对公共部门供给进行恶性竞争。

最后，私人部门是否披露实时队长信息（不同信息政策）对于顾客到达与止步的影响也是显著的。当 p_c 较低时，提供实时队长信息（MI-1 政策）有助于增加私人部门中的顾客到达率，即市场占有率。该结果与"更多信息有利于降低顾客等待不确定性，从而可吸引更多顾客"的一般性结论相吻合；然而，当 p_c 较高时，MI-1 政策会导致更多的顾客离开 [见图 5-4 (c)]，从而使得选择进入私人部门的顾客数也大幅度减少。此时，私人部门仅提供平均等待时间信息（NRI 政策）有利于引导更多顾客到达。因此，私人部门或政府在考虑私人部门中的顾客到达率或市场占有率时，也应结合私人部门定价与信息披露政策的联合作用进行决策。此外，以公共部门目标为考量对象，不提供实时队长信息（NRI 政策）既可增加公共部门中的顾客到达，也可有效降低顾客流失率。

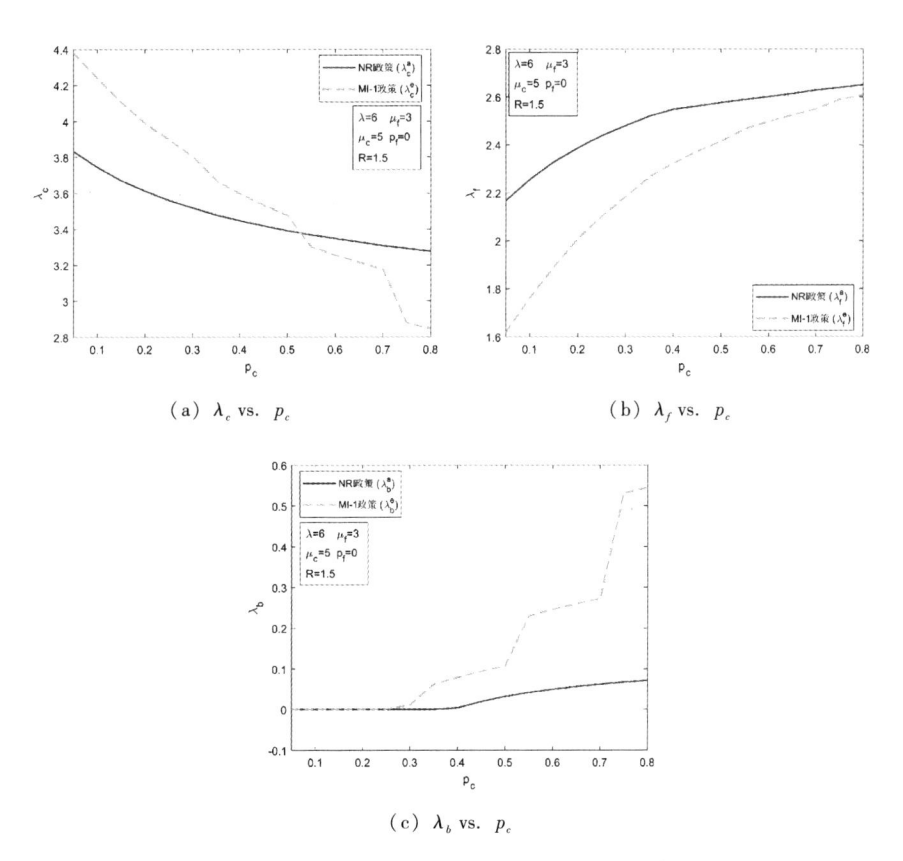

(a) λ_c vs. p_c

(b) λ_f vs. p_c

(c) λ_b vs. p_c

图 5-4　不同信息政策下的顾客到达率与止步率

二　不同信息政策下的顾客等待

首先，同私人部门与公共部门中的顾客到达率相一致，图 5-5 (a)

和 5 – 5（b）分别展示了私人部门定价对于不同供给部门（私人部门与公共部门）等待时间的影响，即提高 p_c，在私人部门（或公共部门）中的顾客到达率减小（或增大）的同时，其平均等待时间也相应减少（或增加）。因此，政府可通过对私人部门服务价格的调控来满足不同服务供给中具体的等待时间要求。

其次，当私人部门定价较低时，更少的信息（NRI 政策）能减少私人部门中的顾客等待时间；而当私人部门定价较高时，提供实时等待信息（MI – 1 政策）能有效减少私人部门中的等待时间。对于公共部门而言，若以减少其顾客等待时间为目的，在合理的服务价格区间内，则应要求私人部门也披露平均等待时间信息，即选择 NRI 政策。该结果表明，私人部门（或公共部门）倾向于披露更多（或更少）的等待时间信息来减少顾客等待，这恰好符合本章所提出的混合信息政策的假设情境。私人部门与公共部门对于信息披露政策选择的差异主要取决于其服务率的不同。对于私人部门而言，受其逐利行为的内在动机以及公共部门主导供给的外在背景的共同影响，往往以提高服务能力和服务质量的方式来吸引更多的顾客进入，故存在 $\mu_c > \mu_f$。此时，私人部门中的顾客等待时间因其服务率的提高而大幅缩短，披露实时信息则对私人部门有着更为积极的作用。不同政策对于 TTSB 供给中顾客选择所产生的作用是动态稳定的，在政策制定时既需要考虑定价对于顾客成本与选择的直接影响，如较高定价会抑制顾客到达，又需要分析信息披露对于潜在顾客选择的间接作用，如等待时间降低会吸引新的顾客到达。

以整个双轨服务供给系统作为考量主体，图 5 – 5（c）对比了不同服务供给与信息披露政策下的系统平均等待时间。可以看出，当私人部门定价较低时，私人部门与公共部门均不披露实时信息（NRI 政策）更有利于减少顾客等待时间；当私人部门定价适中时，混合信息政策能有效减少顾客等待；而当私人部门定价过高时，相比于 TTSB 供给模式，TQS 供给中的顾客等待时间达到最短。该结果表明，基于顾客视角，若以降低公共服务供给中的系统平均等待时间为目标，私人部门是否披露实时信息取决于其定价的高低。若私人部门采取薄利多销（低价格），或提供与公共部门类似服务的竞争策略时，其信息政策也应同公共部门一致，即不披露实时队长信息。该政策既可降低信息成本，又可减少顾客等待并提高顾客满意度。反之，若私人部门以差异化（高价格高质量）服务与公共部门进行竞争时，其信息政策的差异化也是必要的，即通过提供实时队长信息来吸引更多的顾客到达，从而利用规模经济效应来有效减少顾客等待时间。通过上述分析可得，公共服务提供者在制定信息披露政策时应综合考虑价格政策的交互作用。

此外，当私人部门定价过高时，TQS 供给模式对于缓解系统拥堵的作用同不考虑顾客止步（第三章）或考虑补贴政策（第四章）时的双轨服务供给中的结果保持一致。该结果表明，若私人部门供给处于相对竞争优势，能够自主定价或缺乏政府管控，差异化定价或双轨服务供给模式并不利于整个服务供给中顾客等待时间的减少。此时，政府应更多考虑以自身财政资金或同质服务来补充原有服务供给的不足，从而改善公共服务供给效果。

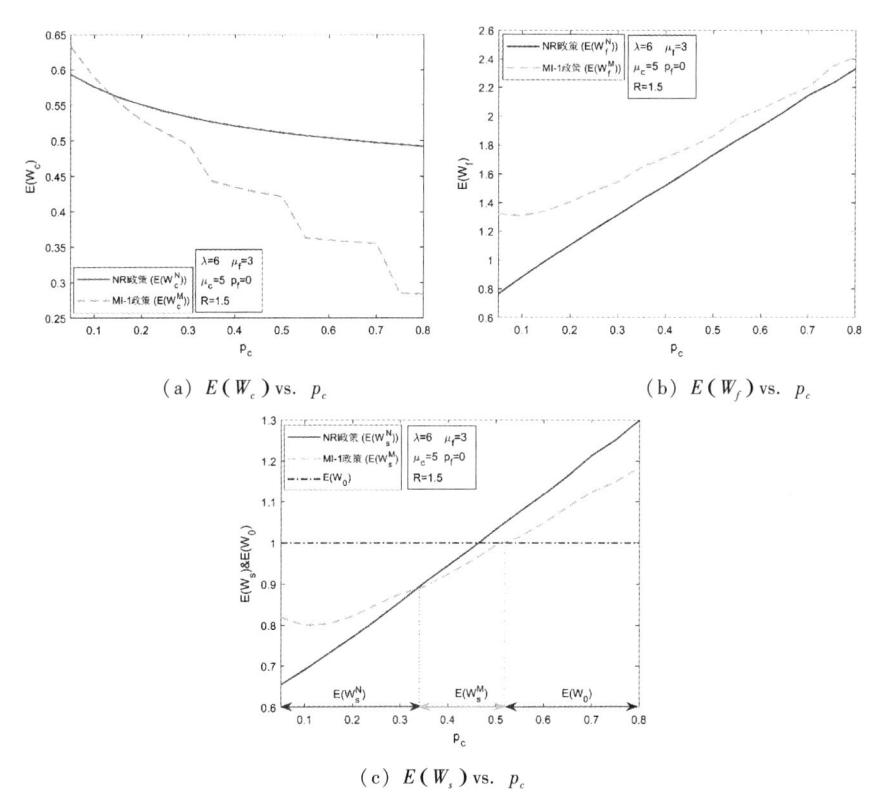

(a) $E(W_c)$ vs. p_c

(b) $E(W_f)$ vs. p_c

(c) $E(W_s)$ vs. p_c

图 5-5　不同信息政策下的平均等待时间

三 不同信息政策下的收益与成本分析

从服务提供者视角出发，图5-6考虑了不同信息披露政策下私人部门的收益问题。首先可以看出，NRI和MI-1政策下私人部门收益均随着其定价的提高而增加，私人部门存在不断提高其服务价格的动机。因此，政府对于私人部门的价格约束是有必要的，这也是保证公共服务供给合理性以及顾客利益的重要手段。其次，考虑价格和信息的联合作用，当p_c较低时，私人部门披露实时队长信息可获得更多收益；反之，当p_c较高时，不提供实时信息则是私人部门基于自身收益最大化的第一选择。然而，该信息政策与顾客或政府视角下用以降低等待时间[见图5-5（c）]或社会总成本（见图5-7）的政策选择恰好相反，这主要是由于私人部门的目标往往有悖于顾客或政府目标。政府在对私人部门定价进行管制的同时，也应出台相应的信息政策，来限制或鼓励私人部门对于实时等待信息的披露。

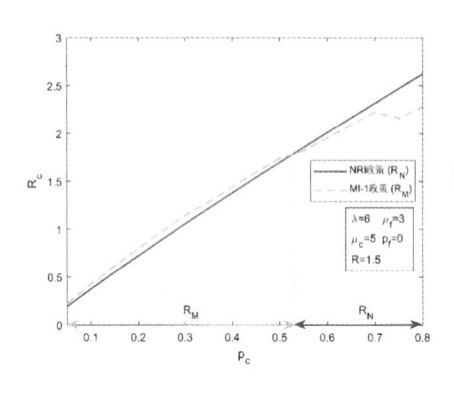

图5-6 不同信息政策下的私人部门收益

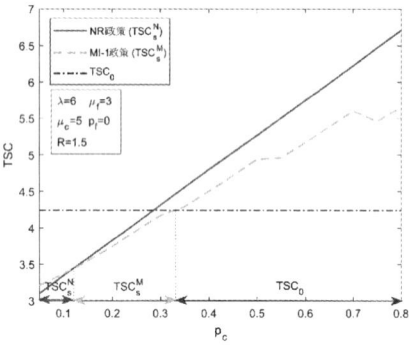

图5-7 不同信息政策下的社会总成本

综合考虑不同供给模式与信息披露政策下服务提供者（公共部门与私人部门）和顾客的总成本，即社会总成本或社会总福利，从图5-7可以看出，提高私人部门定价，TTSB供给模式（NRI和MI-1政策）下的社会总成本均增加，反映了价格增加对于顾客剩余及社会福利的负面作用。此时，差异化供给或TQS供给都不利于降低社会总成本，私人部门提供与公共部门相同的价格及信息披露政策（可视为带顾客止步的 TQS 供给）是满足社会总成本最小时的最优决策。此外，图 5-7 也展示出和等待时间最小化目标 [见图 5-5 (c)] 一致的价格与信息联合政策，即，以社会总成本最小化或社会福利最大化为目标，当私人部门定价较低、适中或较高时，政府应分别制定 TTSB 供给模式下的 NRI 政策、MI-1 政策或选择 TQS 供给模式来提供更为有效的公共服务。不同服务供给模式、定价与信息政策的交互作用也同样应被全面综合地纳入公共决策考量之中。

第五节 本章小结

本章在公共服务供给模式与价格政策的基础上，讨论了不同信息披露政策对于公共服务供给效果的影响。即在公共部门仅提供长期平均等待时间，或顾客无法获得实时等待信息的现实背景下，考虑是否可通过引入私人资本来提供差异化服务，且私人部门可进一步选择是否披露实时队长信息（披露实时队长信息称为 MI-1 政策；仅披露平均等待时间则称为 NRI 政策），来研究不同服务供给模式、私人部门定价与信息政策的交互作用以及顾客选择问题。

具体而言，本章在更为现实的假设条件下，首先拓展了 TTS 供给模式中不存在顾客止步，且不考虑顾客于私人部门中的等待成本等相关假设，基于顾客选择不同供给部门或不接受服务而径直离开时的净效用，以及服务提供者的定价与信息披露政策，对顾客进行动态分类，进而用于分析一般化异质顾客的选择行为。顾客止步假设源于实际中的顾客退出行为，如医疗服务中病人因自愈或死亡、选择其他国家或地区的医疗服务，交通中行人改变出行方式等，故称该情形下的双轨公共服务供给为 TTSB 供给，从而构建 TTSB 供给模型。然而，由于现实问题与多政策下模型的复杂性，通过传统的建模求解无法得出确定的解析结果，因此本章首次利用矩阵分析方法（MAM）及"基于顾客行为的计算算法"来有效表示不同信息披露政策（NRI 和 MI-1 政策）下双轨公共服务供给效果评价指标。虽然该方法具有一定的技术性，但相比于传统的仅基于马氏过程的排队分析而言，可有效用于不同供给部门存在相互影响，即联合供给，以及考虑实时等待信息的双轨服务供给分析，为更为现实且复杂的公共服务供给定量决策问题提供了新的解决思路。结合上述方法以及数值计算，本章还进一步探讨了不同主体（顾客、服务提供者与政府）及其不同目标（等待时间最小、收益最大与社会总成本最小）下更为合理的公共服务供给模式、价格政策与信息政策的具体选择问题，其结果如表5-3所示。

表5-3　不同私人部门定价时TTSB供给中的信息政策选择

决策变量 p_c	不同服务部门供给效果					整个服务供给效果		
	$\lambda_f\uparrow$	$\lambda_c\uparrow$	$\lambda_b\downarrow$	$E(W_f)\downarrow$	$E(W_c)\downarrow$	$E(W_s)\downarrow$	$R_c\uparrow$	$TSC\downarrow$
较低	NRI	MI-1	NRI	NRI	NRI	NRI	MI-1	NRI
适中	NRI	—	NRI	NRI	—	MI-1	—	MI-1
较高	NRI	NRI	NRI	NRI	MI-1	TQS	NRI	TQS

注：↑和↓分别表示有利于公共服务供给的各评价指标所对应的变化，即更高或更低。

（1）当只考虑公共部门服务供给时，若以提高公共部门市场占有率（或顾客需求）、降低顾客流失率，或减少顾客在公共部门中的等待时间为目标，政府应选择NRI政策，即限制私人部门关于实时队长信息的披露。

（2）当只考虑私人部门服务供给时，提高其市场占有率或减少顾客等待时间的具体信息政策的选择取决于私人部门服务价格。当私人部门定价较低（或较高）时，私人部门披露实时队长信息（MI-1政策）有利于提高私人部门市场占有率（或减少私人部门中的顾客等待）。用于提高私人部门市场占有率与减少其顾客等待的信息政策截然相反，此时政府应全面考虑不同时期的首要目标，进而对私人部门的信息披露行为加以管制。

（3）以整个服务系统的供给效果为考量目标，当私人部门定价较低、适中或较高时，基于顾客与政府视角的等待时间及社会总成本最小化的信息披露政策或服务供给模式选择分别为NRI政策、MI-1政策或TQS供给。与之相反地，当私人部门定价较低时，私人部门更愿意披露实时等待信息（MI-1政策）来获取更多的收益；而当私人部门定价较高时，私人部门则倾向于不提供实时队长信息（NRI政策）。

上述结果表明，信息披露政策可作为双轨公共服务供给中引导异质顾客合理选择以及改善公共服务供给效果的有效手段。现实中，顾客更希望获得关于服务供给的更多信息，从而降低他们对于等待时间或等待成本判断的不确定性。一般而言，人们往往认为服务提供者披露更多的信息对于不同主体及供给都是有利的。已有研究发现，信息对于服务供给效果的作用具有不确定性（见表2-1）。然而，不同于现有研究中关于系统具体参数作用的分析，本章重点讨论了顾客止步以及不同供给模式与供给政策（包括价格政策与信息披露政策）的联合作用对于私人部门信息政策选择与公共服务供给效果的动态影响，从而为政府决策提供了新的定量分析方法及评价指标。研究得出，顾客（等待时间最小）与政府（社会总成本最小）目标下的供给模式及供给政策选择具有一致性，但往往有悖于私人部门提高市场占有率或增加收益的目标与决策。因此，基于供给侧视角，政府在公共服务供给过程中应加强对于私人部门供给行为与政策选择的管制，且在特定目标与要求下，综合运用不同供给模式、价格及信息政策来制定最为合理可行的政策组合方案，从而实现公共服务可持续性供给。

第六章

公共服务供给政策选择

本研究从供给侧视角出发，对公共服务供给理论与实践中普遍存在的拥堵、服务效率低下、供给不均衡等问题进行深入分析，重点探讨如何通过供给模式构建和供给政策选择来解决上述问题，实现对基本公共服务的有效且可持续性供给。考虑到双轨公共服务供给的潜在优势，第三、四、五章讨论了该供给模式的构建过程，在不同的现实背景与主体目标下，分别对公共服务供给效果的主要影响因素以及评价指标进行分析测量，并构建了反映不同政策作用的相关决策变量，从私人部门定价、供给补贴及信息披露三方面来阐述服务提供者与政府在改善公共服务供给中的具体作用，从而为相关供给政策的制定与选择提供定量的科学理论依据。在此基础上，本章以我国医疗服务供给为例，分析了现有供给中存在的主要问题，并结合本研究有关改善公共服务供给的具体思路、方法和结果，对不同主体目标下的双轨医疗服务供给模式的构建过程进行了详细论述与分析，并着重讨论政府应如何选择相关供给政策，即各政策所适用的具体条件来规范引导服务提供者供给和顾客选择行为，从而为补充完善我国现行医疗服务供给政策、进行可持续性的医疗服务供给提供借鉴与参考。

第一节 价格政策的制定与选择

本章有关公共服务价格政策的讨论主要集中于以下两个方面：首

先，在现有医疗服务供给不足、服务效率低下、供给出现拥堵的情形下，政府是否需要引入私人资本（民营医院）及其差异化服务来有效引导顾客需求，改善服务供给。即判断现有医疗服务是否进行差异化定价或是否选择双轨公共服务供给模式。其次，在实施双轨医疗服务供给时，政府应如何规范民营医院的定价行为，从而保障医疗服务可持续性供给。

一　公共服务供给模式选择

如背景所言，为增加财政资金、满足市场化需要及顾客多样化需求，我国医疗服务供给已从传统计划经济体制下的单一（政府）供给模式转向由公立医院和民营医院[1]组成的联合供给。其中，公立医院为我国医疗服务供给主体，往往基于政府预算或财政资金，以较低价格（或较高医疗报销比例）向顾客提供一般性（基本）医疗服务，从而保障顾客的基本医疗服务需求与权利；民营医院则是通过引入社会资本和市场竞争，以提高医疗服务质量及供给效率为目标，所成立的以营利性机构为主的医疗卫生服务机构。由此可见，公立医院和民营医院联合供给下的医疗服务体系具有兼顾公平和效率、满足需求变化的适应性和灵活性等潜在优势。然而，由于历史与现实原因，如传统行政体制与管理模式的影响[2]、民营医院自身局限性[3]等，现有医疗服务依旧表现出公立医院供给不足、拥堵严重、民营医院资源浪费（见表1-3）等弊端，使得行政化向市场化转变的医疗卫生体制改革总体上讲并未取得成功[4]。具体而言，现阶段我国医疗服务供给存在以下问题。

（1）民营医院发展受限，公立医院仍处于绝对性垄断地位

近年来，虽然民营医院数量逐年上升，甚至超过了公立医院总数，

---

[1] 国家卫生和计划生育委员会：《2017中国卫生和计划生育统计年鉴》，中国协和医科大学出版社2017年版，第1—2页。

[2] 薛大东：《医疗体制行政化管理的缺陷及其改进——基于医疗资源配置效率与公平的视角》，《中国医院管理》2013年第8期。

[3] 魏敏、肖锦铖：《患者就医选择的影响因素及对策分析》，《中国卫生事业管理》2014年第4期。

[4] 葛延风等：《对中国医疗卫生体制改革的评价与建议（概要与重点）》，《卫生政策》2005年第9期。

但是其床位数、诊疗人数、技术人员占比,以及医院总资产等都远不足公立医院[①]。同时,由于自身营利属性,民营医院在进入与提供医疗服务过程中受到政府过多的干预与限制,往往存在较高的进入壁垒和税收比例,市场化程度较低,发展较缓。在现有医疗服务供给中,公立医院依旧处于绝对垄断地位,民营医院对于补充现有医疗服务、满足顾客多样化需求;分流公立医院就诊人数、改善医疗服务供给的作用十分有限[②]。此外,政府对于公立医院和民营医院具有绝对的价格控制权,民营医院在发展不足的现实背景下也很难通过价格和服务质量差异化来进行有效供给与竞争。

(2) 医疗卫生资源分配不均,医疗服务均等化程度较低

通过公立医院和民营医院的供给现状及本质关系可以看出,行政机制在我国医疗服务供给中发挥着决定性作用,由此也使得医疗资源在分配上更加倾斜于行政级别较高的公立医院[③],而对民营医院的补贴较少,资源分配不均衡现象突出。在上述原因的综合作用下,民营医院发展动力不足,更多顾客倾向于选择公立医院,从而造成其过度拥堵。此外,由于城乡或区域差异,我国医疗服务供给均等化程度也相对较低[④],偏远农村、边疆及少数民族地区的医疗机构数量和医疗服务质量都远不及发达城市和地区。因此,为合理匹配医疗服务供需关系,保障医疗服务供给公平性,进而实现均等化供给的愿望与呼声也越来越高[⑤]。

(3) 医疗服务供给制度不够完善

合理完善的制度是保障医疗服务供给公平与效率的前提,也是发挥政府主导作用的关键。目前,我国医疗服务供给制度还不够完善,主要表现在以下方面:首先,类似于其他一般性公共服务,医疗服务供给制

---

① 国家卫生和计划生育委员会:《2017 中国卫生和计划生育统计年鉴》,中国协和医科大学出版社 2017 年版,第 82 页。

② 丁姿:《我国医疗服务供给方式的变迁与改革路径》,《宏观经济管理》2016 年第 3 期。

③ 顾昕:《论公立医院去行政化:治理模式创新与中国医疗供给侧改革》,《武汉科技大学学报》(社会科学版) 2017 年第 5 期。

④ 管仲军、陈昕、叶小琴:《我国医疗服务供给制度变迁与内在逻辑探析》,《中国行政管理》2017 年第 7 期。

⑤ 国务院:《国务院关于印发"十三五"推进基本公共服务均等化规划的通知》,2017 年 3 月 1 日,http://www.gov.cn/zhengce/content/2017 - 03/01/content_5172013.htm。

度缺乏顶层设计与总体规划①。新医改以来，虽然国家也试图对供给制度的顶层设计有所创新②，并颁发了一系列鼓励政策，用以放宽民营医院准入条件③，给予民营医院一定的价格自主权④。然而，这些政策制度依旧缺乏有关医疗服务有效供给的总体规划，在具体落实与实施上也不尽人意，无法从根本上解决公立医院和民营医院的不对等关系。其次，医疗服务供给过程缺乏有效监管。受传统政府行政职能影响，医疗服务供给政策的制定与执行多采用"自上而下"的模式进行，缺乏有效的监督管理机制。现有监管机制存在公众参与度不高、公信度较低、社会满意度不高⑤等问题。最后，医疗服务供给效果缺乏有效的评估机制。目前虽然已存在有关医院及整个医疗服务供给的绩效评价指标⑥，但就其设计过程与评价方法而言，具有一定的结果导向性，不能有效反映不同主体目标下影响服务供给效果的具体因素。

从上述分析中可以看出，现阶段我国医疗服务差异化供给并不明显，虽然引入了私人资本（民营医院），但对多数基本医疗服务项目而言，其服务价格和服务质量与公立医院大致相当，故可采用TQS供给模型（见图3-1）来描述我国现有医疗服务供给。此外还可看出，公立医院拥堵、服务效率低下、医疗资源分配不均、供给不均衡是目前我国医疗服务供给的基本现状，也是本研究所关注的公共服务供给的具体实践问题。因此，类似本研究，我国医疗服务供给在一定条件下也可通过双轨供给模式构建与供给政策选择来解决上述问题，从而改善供给。

结合本研究的研究结果（见表6-1），我国医疗服务供给模式选择

---

① 句华：《"十三五"时期公共服务供给方式创新探讨》，《理论探索》2017年第2期。
② 李梦华等：《医疗费用增长视角下我国医疗服务供给机制研究》，《医学与社会》2015年第5期。
③ 国务院：《国务院关于促进健康服务业发展的若干意见》，2013年10月18日，http://www.gov.cn/zhengce/content/2013-10/18/content_6067.htm。
④ 《国家发展改革委、国家卫生计生委、人力资源社会保障部关于非公立医疗机构医疗服务实行市场调节价有关问题的通知》，2014年3月25日，https://www.gov.cn/xinwen/2014-04/09/content_2655189.htm。
⑤ 唐忠义、顾杰、张英：《我国公共服务监督机制问题的调查与分析》，《中国行政管理》2013年第1期。
⑥ 邓剑伟等：《国内医疗服务供给侧质量评价体系研究的起源、发展与创新方向》，《中国软科学》2017年第S1期。

及其适用条件（具体情境）如下。

表6-1　　等待时间/社会总成本最小时的供给模式选择

社会资本 \ 供给模式 \ 民营医院价格	情境Ⅰ：无补贴			情境Ⅱ：带有供给补贴		
	较低	适中	较高	较低	适中	较高
较少	TQS	TQS	TQS	TQS	TTST	TQS
较多	TQS	TTS	TQS	TQS	TTST/TTSF	TQS

（1）当公立医院和民营医院独立运营，不存在供给补贴时（情境Ⅰ）。

（ⅰ）若社会资本投入量较少，民营医院服务能力不足，选择 TQS 供给模式可有效减少顾客等待时间，并降低社会总成本。此时，民营医院因资金不足等原因发展受限，不具备与公立医院竞争的能力，因此提供同质服务是其最优选择。

（ⅱ）若可引入的社会资本较多，民营医院服务能力增强，此时供给模式的选择取决于民营医院的医疗价格或定价能力。当其定价过低或过高，即民营医院为追求更多收益而采用低价竞争或不断加价时，提供差异化服务则有损医疗资源的均衡分配以及顾客剩余，此时 TQS 供给模式为最优选择。而当其价格适中，市场存在良好的竞争关系（政府可放宽准入条件）和价格监管机制时，差异化供给，即 TTS 供给模式不仅可满足顾客多样化需求，还可有效降低顾客等待和社会总成本，从而实现供给可持续性。

上述结果显示，社会资本投入量决定民营医院的服务能力或竞争力，当其竞争力较弱，如在民营医院发展初期，则应跟随公立医院的服务价格，提供无差异化服务；当竞争力较强，即民营医院发展到一定规模时，民营医院的定价自主性和影响力也会相应提升，此时只有在合理的价格区间内，才能有效发挥差异化定价优势，提高顾客及社会福利。可见，良好的市场竞争环境和价格监管制度是决定医疗服务有效供给的重要条件。

（2）当医疗服务供给中存在补贴或再分配政策时（情境Ⅱ）。

供给模式的选择对于社会资本投入量的依赖性降低，民营医院定价能力或政府价格管制决定了供给模式的选择。若民营医院定价较低或较高，即定价能力或自主性较高，缺乏政府价格管制时，TQS 供给模式最优；若其定价适中，即存在合理的价格监管时，带有收益补贴政策的差异化供给（TTSF 或 TTST 供给）能有效减少顾客等待，降低社会总成本。实践中，随着医疗服务供给市场的发展与完善，民营医院可逐渐实现自由进入或退出（不考虑社会资本投入量），此时，若政府对公立医院和民营医院监管得当，医疗服务价格较为合理，能充分反映服务价值并实现医疗资源有效分配时，政府应在一定的补贴政策下鼓励民营医院提供差异化服务，满足顾客多样化需求，进而全面实现医疗服务可持续性供给目标。

综上可知，在选择双轨医疗或公共服务供给模式时，应充分发挥政府对于市场和服务供给的主导作用，在公平与效率的共同目标[1]下，建立健全供给市场和制度环境（考虑准入与分配制度，价格监管与补贴政策），引导各医疗机构进行有序竞争和良好合作，切实保障顾客基本权利，从而建立起"政府主导、社会参与、公办民办并举"的公共服务供给模式[2]。

二 双轨公共服务供给中的价格政策

有关医疗服务供给模式选择的讨论（上一小节）回答了构建双轨医疗服务供给模式应具备的基本条件，即一定的供给市场和制度要求。虽然目前我国医疗服务供给呈现出民营医院发展缓慢、公立医院绝对主导、政府控制定价[3]等特点，但随着相关政策，如放宽社会资本或民营医院进入医疗服务供给市场的准入条件[4]、给予民营医院一定的价格自主权[5]等的进一步落实，可逐渐满足建立双轨供给模式的基本条件。基

---

[1] 赵子建：《公共服务供给方式研究述评》，《中共天津市委党校学报》2009 年第 1 期。
[2] 国务院：《国务院关于印发国家基本公共服务体系"十二五"规划的通知》，2012 年 7 月 11 日，http://www.gov.cn/zwgk/2012-07/20/content_2187242.htm。
[3] 顾昕：《行政型市场化与中国公立医院的改革》，《公共行政评论》2011 年第 3 期。
[4] 国务院：《国务院关于促进健康服务业发展的若干意见》，2013 年 10 月 18 日，http://www.gov.cn/zhengce/content/2013-10/18/content_6067.htm。
[5] 《国家发展改革委、国家卫生计生委、人力资源社会保障部关于非公立医疗机构医疗服务实行市场调节价有关问题的通知》，2014 年 3 月 25 日，https://www.gov.cn/xinwen/2014-04/09/content_2655189.htm。

于此背景，进而探讨如何构建双轨医疗服务供给模式势在必行。由 TTS 供给模式的本质特征，即差异化供给可知，在具体构建该模式时应重点关注私人部门，即民营医院定价以及政府相关价格政策的制定等问题。

本研究有关私人部门定价的相关研究及结果可用于指导双轨医疗服务供给模式构建时民营医院的具体定价，详情如表 6-2 所示。在公立医院服务价格较低、供给不足及供不应求的现实情境下，应注意以下几点。

表 6-2　　　　　　　TTS 供给模式下的私人部门定价

定价基础	定价理论结果	医疗服务定价解释
有效性条件	$p_c < \begin{cases} p_f + U/(\mu_f - \lambda), & \lambda < \mu_f \\ \infty, & \lambda \geq \mu_f \end{cases}$	公立医院供不应求时，民营医院任意定价均可保证双轨医疗供给的有效性
稳定性条件	$p_c > p_f + \dfrac{U(\lambda - \mu_c)}{\lambda(\mu_f + \mu_c - \lambda)}$	民营医院存在价格下限，以防过多顾客进入
可靠性条件	$p_c > p_f + \dfrac{U(\lambda - \tau)}{\lambda(\tau - \lambda + \mu_f)}$, $\tau - \lambda + \mu_f > 0$	民营医院存在价格下限，以保证其服务水平
现实条件 $T_{max} < E(W_f)$	$p_c > \begin{cases} p_f + \dfrac{U(\lambda - \tau)}{\lambda(\tau - \lambda + \mu_f)}, & T_{max} < \dfrac{1}{\tau - \lambda + \mu_f} \\ p_f + \dfrac{U(\mu_f T_{max} - 1)}{\lambda}, & T_{max} > \dfrac{1}{\tau - \lambda + \mu_f} \end{cases}$	民营医院存在价格下限，以保证更高的服务水平
收益最大化定价	若 $U > \lambda p_f$ 且 $\lambda > \mu_f$，$p_c =$ 价格区间上界	公立医院价格低且供不应求时，民营医院有不断提高价格获得高收益的动机
等待时间最小化定价	$p_c = p_f + \dfrac{U(\lambda - \mu_c + \sqrt{\mu_f \mu_c})}{\lambda(\mu_f + \mu_c - \lambda)}$	民营医院存在最优定价，可最大程度较少顾客等待

（1）民营医院的任一定价均可保证引入社会资本或民营医院后，医疗服务系统的有效性，即异质顾客基于自身成本最小化考虑，会选择进入不同医疗服务机构，不存在医疗资源闲置的情形。该结果也同样说明

了引入并发展双轨医疗服务供给模式的必要性与可行性。

（2）构建双轨医疗服务供给模式时，还应防止民营医院因价格过低而吸引大量顾客进入，致使有限的服务能力及供给无法满足顾客需求；或导致顾客长时间等待而无法保证所承诺的服务水平。因此，民营医院应制定相应的价格下限，来保证其供给的稳定性、可靠性及一定的现实条件。

（3）为鼓励更多的社会资本或民营医院进入医疗服务市场，或增加更多的财政税收收入，则应考虑民营医院收益问题。研究结果表明，当公立医院为保证医疗服务供给公平性与可及性而提供较低价格的医疗服务，但其服务能力较低、不足以满足所有顾客需求时（该条件也为我国医疗服务供给现状），民营医院有不断提高其服务价格来获得更高收益的动机，因此往往会选择能被允许的最大定价。可见，政府应加强对于民营医院的价格管制，防止其过高定价。

（4）民营医院可制定唯一的最优服务价格（称为等待时间最小化定价），来实现医疗服务供给系统中顾客等待时间最短，即最大限度地缓解医疗服务供给中的拥堵情况。该等待时间最小化定价取决于公立医院服务价格以及各医疗机构的服务能力，而民营医院最终可行价格的制定还应综合考虑现实目标和上述条件。

自 2000 年以来，我国价格体制已步入深化改革与完善市场价格体制阶段[1]，然而，在医疗服务领域却依旧存在着严格的价格管制或政府过多干预，使得现有的价格机制无法反映市场化需求与价格的市场化属性[2]。虽然已有研究认为，放开医疗服务价格可在降低医疗服务费用的同时，提高消费者福利[3]，但本研究表明，在构建双轨医疗服务供给模式时，应去除严格的价格管制，但仍需政府适当干预。本研究结果可为政府干预或指导民营医院定价提供定量标准，可确定民营医院服务价格的浮动区间。具体而言，政府制定价格政策时应考虑双轨医疗服务供给模式的基本条件，包括有效性、稳定性、可靠性及一定的现实条件，从

---

[1] 王学庆：《中国"价格改革"轨迹及其下一步》，《改革》2013 年第 12 期。
[2] 张子介：《医疗行业定价的异化及纠正——基于法经济学视角》，《东南大学学报》（哲学社会科学版）2017 年第 S1 期。
[3] 杜创：《价格管制与过度医疗》，《世界经济》2013 年第 1 期。

而获得价格区间的下限,即最小定价;此外,考虑特定时期不同主体目标,如收益最大化或等待时间最小化等,进而确定价格区间的上限或某一最优参考价格。此外,若政府大力鼓励社会资本或民营医院进入,发挥市场定价机制时,还应考虑通过其他政策,如补贴或信息披露等来引导民营医院合理定价。

第二节 补贴政策的选择及条件

新医改以来,我国医疗服务补贴政策逐渐落实,政府对于医院的补贴额度也逐年增加,医疗服务供给能力和服务水平均有显著提高。然而,由于公共预算及财政资金有限,无法满足顾客日益增长的医疗服务需求;加之医院补偿机制不够合理、缺乏明确规范的定量标准[1],使得"看病贵、看病难"等现实问题依旧十分突出。2012年,国务院颁发了《国务院关于印发"十二五"期间深化医药卫生体制改革规划暨实施方案的通知》[2],其中明确规定,公立医院补偿需"由服务收费、药品加成收入和财政补助三个渠道改为服务收费和财政补助两个渠道",以防止公立医院"以药养医"及逐利行为。由此可见,本研究所讨论的收益补贴(资金来源于服务收费)与外部补贴(资金来源于财政补助)恰好是我国医疗服务供给中可采用的主要补贴方式,可作为增加医院财政投入或补偿、提升医疗卫生服务能力的基本途径。出于对双轨医疗服务供给模式和供给政策的考量,本研究重点关注如何引入社会资本、利用民营医院(定价、收益补贴及信息披露政策)来改善现有医疗服务供给,因此主要考虑民营医院服务收费下的收益补贴。

具体地,本研究分别讨论了公共部门收益补贴(TTSF)、私人部门收益补贴(TTST),以及收益补贴与公共部门外部补贴、私人部门外部补贴相结合的补贴方式。考虑医疗服务供给背景,上述补贴方式可分别对应服务收费补贴公立医院、服务收费补贴民营医院、财政资金补贴公

---

[1] 李丽勤等:《我国公立医院财政补偿机制研究综述》,《现代医院管理》2012年第3期。
[2] 国务院:《国务院关于印发"十二五"期间深化医药卫生体制改革规划暨实施方案的通知》,2012年3月14日,http://www.gov.cn/zwgk/2012-03/21/content_2096671.htm。

立医院,以及财政资金补贴民营医院四种可选择的补贴方式。在不同主体目标下,具体包括顾客等待时间最短、收益最大和社会总成本最小,结合本研究关于收益补贴和外部补贴方式的定量研究及结果(见表6-3和表6-4),可以得出以下几点。

(1)考虑顾客等待时间最短目标。当社会资本投入量较少、民营医院服务能力较低,即民营医院发展初期时,首先需要通过合理的价格政策来控制民营医院过低或过高的服务价格,才能有效发挥补贴政策对于缓解服务供给拥堵的作用。此时,相比于其他补贴政策,选择民营医院收益补贴,即通过将民营医院服务收费以一定比例(如税收减免等方式)用于其自身运营,可更好地减少顾客等待。相同价格政策下,若增加社会资本投入量,即民营医院发展至一定阶段时,公立医院收益补贴政策也可作为顾客等待时间最短目标下的政策选择。然而,当民营医院定价能力较强,采用过低或过高服务价格,即缺乏价格监管时,对于不同医疗机构的收益补贴则可能失效,无法起到缓解拥堵、降低顾客等待的作用。由此可见,收益补贴政策的选择与民营医院的服务价格和服务能力息息相关,政府在规范引导民营医院供给时,应在合理的价格政策下选择最优的收益补贴政策。

表6-3　等待时间最短或收益最大目标下收益补贴政策的选择

收益补贴＼民营医院价格＼社会资本	目标Ⅰ:等待时间最短			目标Ⅱ:收益最大		
	较低	适中	较高	较低	适中	较高
较少	无补贴	民营医院	无补贴	—	民营医院	民营医院
较多	无补贴	民营/公立医院	无补贴	民营医院	民营医院	民营医院/无补贴

表6-4　目标Ⅲ:社会总成本最小时供给补贴政策的选择

收益补贴		公立医院外部补贴			民营医院外部补贴		
较少	较多	较少	适中	较多	较少	适中	较多
民营医院	公立医院	民营医院	公立医院	无补贴	民营医院	公立医院	无补贴

(2) 考虑收益最大化目标。由于收益补贴的资金来源于民营医院的服务收费，因此考虑民营医院收益最大化问题既可作为增加补贴资金或税收收入、提高医疗机构服务能力的有效途径，又可作为研究并规范民营医院（追求自身利益最大化）供给行为的出发点与落脚点。表6-3显示，相比于公立医院收益补贴政策，选择民营医院收益补贴几乎总能带来更多收益。

(3) 考虑社会总成本最小化目标。在医疗服务供给中，民营医院往往为追求自身利益最大化而制定有损顾客和社会福利的服务价格，使得单独以顾客等待时间最小化或民营医院收益最大化为目标所选择的补贴政策发生矛盾，因此，综合考虑所有医疗服务机构和顾客利益，以社会总成本最小为政策制定目标可实现医疗服务供给中的总体福利最大化。给定合理的价格政策，即当民营医院服务价格适中时，表6-4展示了不同供给补贴（包括收益补贴和外部补贴）及资金投入量下收益补贴政策的最优选择。

(i) 当可用于补贴的民营医院服务收益较少时，应选择对民营医院进行补贴，提高其服务能力，以便积累更多的财政资金或税收收入。反之，当可用于补贴的服务收益较多时，补贴公立医院才能更有利于改善整个医疗服务供给。

(ii) 与收益补贴政策一致，当可用于补贴的财政资金或外部投入较少时，政府应考虑将服务收益用于提高民营医院服务能力；而当外部补贴资金量适中时，方可对公立医院进行收益补贴；此外，当外部补贴资金较多，各医院服务能力足够强时，则无须进行收益补贴，原因在于，此时收益补贴只会产生更多的服务成本。

现有政策下，由于民营医院具有营利性，其资金来源仅为社会资本投入，缺乏政府财政资金补贴或相关政策优惠。然而上述结果表明，一定条件下（补贴资金较少、民营医院价格适中），发挥民营医院市场属性以及提高服务效率的能动性，对民营医院进行适当补贴（民营医院收益补贴或外部补贴）可实现改善医疗服务供给（减少顾客等待、增加收益、降低社会总成本）的目标。因此，为保障医疗服务供给的公平性、效率性和可及性，政府应改变现有仅对公立医院进行补贴的传统补偿机制，结合现实条件与不同目标，综合考虑并制定公立医院及民营医院最优供给补贴政策。此外，本研究还得出，存在最优的民营医院收益补贴率和公立医院收益补贴率，可分别在收益补贴资金较少及较多的条件下实现社会总成本最小。因此，实践中政府应对公立医院（或民营医院）进行更多（或更少）收益补贴，或在补贴资金较多（或较少）的现实背景下选择对公立医院（或民营医院）进行补贴。该结果同样适用于大多数情形下外部补贴政策的制定与选择。上述关于医疗服务供给补贴政策的定量分析与结果也可为完善现有医院补偿机制及其补偿标准提供决策参考。

第三节 信息披露政策的选择及条件

医疗服务供给中的等待时间是决定顾客等待成本、进而影响顾客选择的主要因素，也是反映医疗机构服务水平和服务质量的重要指标[①]。随着医疗服务信息公开化、透明化等要求的不断提高，政府或医疗机构在服务供给过程中也常常披露一定的等待信息，例如医院或卫生服务网页上定期统计公布的平均等待时间、挂号单上显示的实时排队等待人数（本研究称为实时队长）等，以便满足顾客决策需要，提高其满意度。依旧重点关注民营医院在医疗服务供给中的作用，在给定公立医院仅披露平均等待时间信息的现实情境下，利用本研究及结果（见表6-5）可讨论民营医院选择披露不同等待信息对最终服务供给的影响如何。此外，考虑顾客接受医疗服务所能获得的收益有限，即存在顾客不选择当前医疗机构，例如顾客自愈或选择了其他地区医疗服务等情形。此时，基于顾客对公立医院、民营医院及止步的三种选择，便可采用带止步的双轨医疗服务供给模型（TTSB）来分析不同信息情境下的医疗服务供给效果。

由现有研究可知，顾客对于高质量医疗服务信息的需求也日益增加，更为全面准确的等待信息（实时队长比平均等待时间更为准确）有

[①] 邓国营、窦晨彬、龚勤林：《医疗机构性质、医疗费用与服务质量》，《经济评论》2013年第1期。

利于降低顾客对实际等待时间或成本判断的不确定性。然而，表 6-5 显示，对政府（降低社会总成本）、医疗机构（增加收益），或是顾客（减少等待）而言，不同信息披露政策所产生的作用不尽相同，且具有不确定性，主要取决于民营医院服务价格。具体结果如下。

表 6-5　　　　　　不同目标下信息披露政策的选择

供给目标＼信息政策＼民营医院价格	较低	适中	较高
目标Ⅰ：等待时间最短	无实时信息政策	混合信息政策	无实时信息政策
目标Ⅱ：收益最大	混合信息政策	—	无实时信息政策
目标Ⅲ：社会总成本最小	无实时信息政策	混合信息政策	无实时信息政策

（1）顾客（等待时间最小化目标）与政府（社会总成本最小化目标）视角下，民营医院的信息披露作用具有一致性，当其服务价格较低或较高时，公立医院和民营医院均不披露实时队长信息，即都只公布平均等待时间将有利于减少顾客等待时间、降低社会总成本；而当民营医院服务价格适中时，披露更多的等待信息，即采用混合信息政策能带来更多的顾客与社会福利。

（2）在民营医院收益最大化的目标下，民营医院的信息披露政策具有与上述目标相反的作用。当民营医院定价较低（或较高）时，披露实时队长（或平均等待时间）信息能获得更多服务收益。

因此，政府在引入社会资本或民营医院时，应基于不同时期的特定目标，使用价格与信息的联合政策手段，来规范民营医院的定价及信息披露行为。在确定的价格或信息政策下，也可通过选择最优的信息或价格政策，即最优政策组合来改善现有医疗服务供给。然而目前，我国医疗服务供给中还未明确规定医疗机构关于等待信息的披露要求，因此，政府应建立医疗服务强制性信息披露制度[1]，按照等待信息的特点定期

---

[1] 付明卫、朱恒鹏、夏雨青：《英国国家卫生保健体系改革及其对中国的启示》，《国际经济评论》2016 年第 1 期。

（针对平均等待时间）或及时（针对实时队长信息）地公布相关等待时间或排队人数信息，从而补充现有信息制度或供给政策。此外，政府还应加强顾客获取信息资源的平台及通道建设，如规范医院或卫生服务网站上所发布的相关内容与信息，或进一步完善网络预约挂号系统，通过历史及现有数据为顾客提供更为丰富且直观的决策信息。

第七章

结束语

第一节　主要结论

考虑政府公共服务职能以及供给侧改革的基本要求，本研究基于公共服务供给理论与实践中出现的过度拥堵、资源分配不均、服务效率低下等问题，运用排队论等随机建模、矩阵分析与数值计算相结合的定量研究方法，分别对不同主体目标（等待时间最小、收益最大及社会总成本最小）下的公共服务供给模式和供给政策进行了对比分析与研究，以期获得改善公共服务供给效果的具体方法。

首先，本研究在不考虑顾客止步、补贴与实时等待信息的情境下，对传统单一供给或现有双轨供给中出现的顾客长时间等待问题进行了深入分析。运用排队论等定量建模方法研究了公共服务供给过程中的顾客选择、服务提供者定价及其服务能力之间的关系，进而基于不同主体目标或不同供给效果评价指标，系统地讨论了是否引入私人资本进行差异化定价，即 TQS 与 TTS 供给模式如何选择；以及采用 TTS 供给模式时，不同条件下私人部门如何定价等问题。研究结果如下。

（1）（拥堵原因）公共服务供给中的拥堵问题主要源于政府和服务提供者不同政策（资源分配与服务定价）下，异质顾客在基于自身成本最小化进行选择时所产生的负外部效应。因此，如何通过差异化定价和公共资源的合理分配来尽量减小顾客负外部效应，是解决服务供给拥堵的首要问题。

(2)（供给模式选择）服务提供者决策（定价与服务能力）与异质顾客特征（对于时间或等待成本的敏感性）是影响公共服务供给模式选择的主要因素。TQS 与 TTS 供给模式在不同条件下均可作为政府缓解拥堵、提高社会总体福利的有效手段，其选择取决于在投入或引入私人资本后，不同供给模式所能产生的有效服务率大小。当政府可以投入或引入足够多的资本，并对私人部门定价有着较强的管控能力时，TTS 供给模式可有效减少顾客等待、降低社会总成本。

(3)（公共服务定价）在构建或选择 TTS 供给模式来提供差异化服务时，政府具体价格政策的制定须充分考虑私人部门供给的有效性、稳定性及可靠性条件，并同时参考收益最大化定价与等待时间最小化定价。

其次，当资本投入量较低、服务供给能力不足时，考虑 TTS 供给中对于私人部门收益及财政资金的有效利用，在价格政策的基础上，本研究进一步探索了公共部门收益补贴、私人部门收益补贴和外部补贴政策对双轨公共服务供给效果的影响，并探讨了价格与补贴政策的交互作用，进而分析并得出了不同主体目标下的最优供给模式和补贴政策的适用条件。研究结果如下。

(4)（补贴政策选择）双轨公共服务供给中，不同主体目标下补贴政策的具体选择取决于私人部门定价（政府价格政策）和可用于补贴的资本投入量。当价格政策合理或私人部门服务价格适中，且可用于补贴的资金较少时，对私人部门进行补贴可有效减少顾客等待时间、增加收益、降低社会总成本。反之，当可用于补贴的资本投入量较大时，补贴公共部门才能更有效地改善服务供给。此外，存在某一适中的收益补贴率以及外部补贴率使得社会总成本最小，因此该补贴率可作为政府制定具体补贴政策时的重要参考。

再次，考虑顾客的止步行为及其在不同供给部门中的收益与成本，本研究运用矩阵分析方法讨论了在引入私人资本时，私人部门不同信息披露政策的选择对公共服务供给效果的影响。研究结果如下。

(5)（信息披露政策选择）在双轨公共服务供给模式下，无实时信息政策有利于提高公共部门的市场占有率，并降低顾客流失率。但对于私人部门及整个服务供给效果而言，私人部门是否披露实时等待信息则取决于不同主体目标和私人部门定价（政府价格政策）。当私人部门服务价格较低或较高时，公共部门和私人部门都只披露平均等待时间（NRI政策）将有利于减少顾客等待时间、降低社会总成本；而当私人部门服务价格适中时，披露更多的等待信息，即采用混合信息政策能带来更多的顾客与社会福利。

具体地，本研究关于公共服务供给模式与政策选择的主要结果可归纳于表7-1。

表7-1　不同私人部门定价时供给模式与供给政策选择

决策变量	供给模式选择		补贴政策选择			信息政策选择		
p_c	$E(W_s)$	TSC	$E(W_s)$	R_c	TSC	$E(W_s)$	R_c	TSC
较低	TQS	TQS	TQS	TTST	TQS	NRI	MI-1	NRI
适中	TTS	TTS	TTST/TTSF	TTST	TTST/TTSF/TTS	MI-1	—	MI-1
较高	TQS	TQS	TQS	TTST	TQS	NRI	NRI	NRI

最后，以我国医疗服务供给为例，分析了现有供给中存在的主要问题，并结合本研究有关改善公共服务供给的具体思路、方法和结果，对不同主体目标下的双轨医疗服务供给模式的构建过程进行了详细论述与分析，并着重讨论政府应如何选择相关供给政策，即各政策所适用的具体条件来规范引导服务提供者供给和顾客选择行为，从而为补充完善我国医疗服务供给政策提供更多借鉴与参考。通过本研究可得，政府在特定时期不同主体目标下，应综合考虑定价、服务能力与不同供给政策之间的交互作用，通过更为全面具体的定量分析来获得顾客和服务提供者的行为规律，从而制定配套的公共服务供给模式与政策，来实现公共服务的可持续性供给。

第二节　主要创新点

第一，内容上，对公共服务供给模式构建与供给政策选择进行了系统的研究。

现有研究大多只关注了公共服务供给中的单个供给模式或供给政策，然而，结合公共服务供给理论与实践，本研究分别构建了 TQS、TTS、TTSF、TTST 以及 TTSB 供给模型，用于描述多种公共服务供给模式。以改善公共服务供给效果为目标，进一步考虑了可用于规范引导服务提供者和顾客行为的多种供给政策（价格、补贴和信息披露政策）及其交互作用。通过对不同供给模式与供给政策的对比分析，得出了不同主体目标（顾客等待时间最小、服务收益最大、社会总成本最小）下的最优政策组合方案。因此，本研究是关于公共服务供给模式构建与供给政策选择的系统性研究。

第二，方法上，综合运用随机建模、矩阵分析方法与数值计算等定量方法研究了公共服务供给问题。

现有研究大多采用定性或实证研究等方法来分析公共服务供给（供给模式或供给政策）问题，缺乏对于影响或可用于改善供给效果的主要因素的定量分析。本研究从微观视角出发，具体分析了公共服务供给中服务提供者的供给行为和顾客选择行为，综合运用随机建模、矩阵分析方法以及数值计算等定量研究方法，对公共服务供给中存在的拥堵和效率问题进行刻画，通过对比分析得出了不同供给模式与供给政策对于公共服务供给效果的具体作用及影响，从而为政府相关决策提供更为科学有效的政策建议。虽然本研究给出了多种变量及其分布假设，看似具有一定的局限性，但所得结果均可通过仿真（如 Arena）进行验证，可将特殊分布与简单模型推广到更为一般的供给情境中。因此，本研究所采用的定量方法同样具有较高的适用性和外部效度。

第三，结论上，本研究得出，收益最大化定价并不总是高于等待时间最小化定价，因此可通过合理的价格政策来缓解私人部门和顾客之间的利益矛盾；当价格政策合理且补贴资金较少时，对私人部门进行补贴更有利于改善公共服务供给，从而对现有财政资金仅补贴公共部门的举措提出异议；若私人部门定价较低或较高，披露更多的等待信息不利于缓解拥堵、提高社会总体福利，故一味强调实时信息的正面作用在现实中也并不可取。对于公共服务供给政策的具体制定与选择，应综合考虑不同目标、条件，以及各政策之间的交互作用。

第三节 研究展望

本研究运用建模方法对公共服务不同供给模式和供给政策进行了对比研究，基于不同主体（顾客、服务提供者和政府）及其不同目标（等待时间最小、收益最大及社会总成本最小），构建出用以评价公共服务供给效果的多维定量指标，进而探索改善公共服务供给效果、满足可持续性供给的具体条件及方法。本研究之所以能够采用基于排队论等随机过程的定量建模方法，原因如下。

（1）基于不同的现实情境与所需解决的实际问题，可采用双轨供给模型清楚地描述公共服务供给模式。

首先，就现阶段以如何引入或使用私人资本来解决传统公共部门单一供给中所出现的过度拥堵等有关服务供给效率的问题，可考虑使用公私联合供给下的供给模式进行分析，通过 TTS 模型来描述公共部门与私人部门不同定价与服务质量下的供给情况。同时，拥堵即为顾客长时间等待问题，可基于顾客到达过程与服务过程，采用排队论中的队长与等待时间进行刻画。其次，分别考虑对于公共部门或私人部门的补贴政策，以及存在顾客止步行为的服务供给，可进一步将 TTS 模型拓展为 TTSF、TTST 及 TTSB 模型，通过资金转移或构建新的队列来反映不同主体行为。

（2）本研究所考虑的政策因素或评价指标都可以随机变量的形式附于模型之中，即满足可量化条件。

除了使用不同供给模型来表示公共服务供给模式外，本研究还讨论了价格、补贴和信息披露政策的选择问题。这三类政策既是供给侧视角下政府用以规范服务提供者供给行为的重要手段，又可直接通过价格、服务率与补贴率以及等待时间等随机变量进行表示，进而附于模型之中，通过分析其不确定性取值来研究不同政策实施所产生的效果。此外，本研究还基于不同主体目标构建了服务效果定量评价指标，清楚地反映了决策变量与决策目标之间能够准确表示并测量的主要关系。

由此可见，只有当研究问题可准确抽象为某一定量模型，且决策变量与决策目标可通过模型中的定量变量或指标进行表示时，基于模型的定量研究方法才具有可行性。本研究仅关注了可以被量化的公共政策和公共决策问题，并未考虑那些需要进行定性判断的其他问题，如组织架构、体制机制建设等。此外，由于研究能力有限，本研究存在一定局限性，还有待在未来研究中进一步补充与完善。

首先，本研究主要考虑了公私联合供给下的双轨公共服务（TTS）供给模式与两公共部门提供同质服务的双通道无差异（TQS）供给模式，进而在 TTS 供给模式基础上，结合公共服务供给实践，拓展并探讨了 TTSF（带公共部门收益补贴）、TTST（带私人部门收益补贴），以及 TTSB（带顾客止步）供给模式。然而现实中，除了上述供给模式外，还存在相同部门下的差异化供给，如三甲医院和社区医院（均为公共部门）所提供的分级诊疗，以及包括第三部门供给的多元供给模式等。它们都可以借鉴本研究的研究方法与范式进行分析，从而解决其供给中出现的相关决策问题。因此，考虑更多的现实背景和供给模式，可作为未来研究的一大方向，进而推广双轨服务供给模型的实践应用。

其次，本研究只关注了可用于规范引导服务提供者与顾客行为的供给政策，即价格、补贴和信息披露。然而实践中，公共服务供给政策远不止于此，还存在财政预算、税收等其他政策及相关规定、指令等。基于此，未来研究既可深入分析本研究所关注的供给政策，如同时研究公共部门与私人部门定价问题、同时对公共部门和私人部门进行补贴、私人部门与公共部门同时选择所披露的等待信息等，即通过二者之间的价格、信息博弈以及更为一般的补贴政策来深入分析不同政策对于双轨服务供给效果的影响。此外，又可对其他可量化的供给政策（如税收）进行进一步研究，从而构建可用于改善服务供给的政策体系。

最后，本研究所使用的建模方法也具有一定的局限性。建模研究虽然可以定量刻画决策变量与目标函数之间的关系，但由于假设较多，只能对实际情形进行较为抽象概括的描述。此外，由于计算分析的复杂性，本研究仅基于不同主体构建了公共服务供给效果单个评价指标，缺乏全面完整的评价指标体系。对此，未来可联合其他研究方法，如实证研究或定性研究等，综合考虑现实中影响公共服务供给效果的其他指标，构建更为合理完善的评价指标体系。

参考文献

中文著作

陈振明：《公共政策分析》，中国人民大学出版社2002年版。

国家卫生和计划生育委员会：《中国卫生和计划生育统计年鉴2017》，中国协和医科大学出版社2017年版。

中文论文

蔡梅兰：《公众参与视角下提升公共服务有效供给的对策》，《行政管理改革》2017年第9期。

陈娟：《政府公共服务供给的困境与解决之道》，《理论探索》2017年第1期。

戴悦、孙虹、周丽：《医疗服务供给的公私合作伙伴关系模式探讨》，《中南大学学报》（医学版）2015年第2期。

邓国营、窦晨彬、龚勤林：《医疗机构性质、医疗费用与服务质量》，《经济评论》2013年第1期。

邓剑伟等：《国内医疗服务供给侧质量评价体系研究的起源、发展与创新方向》，《中国软科学》2017年第S1期。

丁姿：《我国医疗服务供给方式的变迁与改革路径》，《宏观经济管理》2016年第3期。

丁姿：《西方国家公共服务供给模式研究综述》，《公共管理评论》2016年第1期。

董誉文：《医疗信息披露能否缩减公共医疗等待时间？——来自加拿大关节置换登记数据的实证证据》，《中国经济问题》2017年第5期。

杜创：《价格管制与过度医疗》，《世界经济》2013年第1期。

付明卫、朱恒鹏、夏雨青：《英国国家卫生保健体系改革及其对中国的启示》，《国际经济评论》2016 年第 1 期。

邰凯英：《PPP 模式应用于中国社区居家养老服务研究》，《现代管理科学》2015 年第 9 期。

葛延风等：《对中国医疗卫生体制改革的评价与建议（概要与重点）》，《卫生政策》2005 年第 9 期。

顾昕：《论公立医院去行政化：治理模式创新与中国医疗供给侧改革》，《武汉科技大学学报》（社会科学版）2017 年第 5 期。

顾昕：《行政型市场化与中国公立医院的改革》，《公共行政评论》2011 年第 3 期。

管仲军、陈昕、叶小琴：《我国医疗服务供给制度变迁与内在逻辑探析》，《中国行政管理》2017 年第 7 期。

郭倩雯、李仲飞：《公交乘客福利补贴及公交企业运营管制》，《系统工程理论与实践》2018 年第 4 期。

韩斌斌：《我国营利性医院竞争效果的实证研究》，《中国卫生经济》2014 年第 1 期。

何寿奎、傅鸿源：《基于服务质量和成本的公共项目定价机制与效率分析》，《系统工程理论与实践》2009 年第 9 期。

贾洪波、杨昊雯：《公立医院医疗服务定价的成本显示机制研究——基于医药分家背景下 Loeb-Magat 模型的分析》，《价格理论与实践》2015 年第 10 期。

句华：《"十三五"时期公共服务供给方式创新探讨》，《理论探索》2017 年第 2 期。

句华：《公共服务合同外包的适用范围：理论与实践的反差》，《中国行政管理》2010 年第 4 期。

句华：《美国地方政府公共服务合同外包的发展趋势及其启示》，《中国行政管理》2008 年第 7 期。

康健、徐进亮：《北京市公交补贴对缓解交通压力的实证研究》，《价格理论与实践》2016 年第 4 期。

赖丹馨、费方域：《公私合作制（PPP）的效率：一个综述》，《经济学家》2010 年第 7 期。

李洪佳、沈亚平：《公共服务供给侧改革的理论范式及实践路径》，《中共天津市委党校学报》2017年第2期。

李军鹏：《论中国政府公共服务职能》，《国家行政学院学报》2003年第4期。

李丽勤等：《我国公立医院财政补偿机制研究综述》，《现代医院管理》2012年第3期。

李林、刘国恩：《我国营利性医院发展与医疗费用研究：基于省级数据的实证分析》，《管理世界》2008年第10期。

李梦华等：《医疗费用增长视角下我国医疗服务供给机制研究》，《医学与社会》2015年第5期。

李亚青：《社会医疗保险财政补贴增长及可持续性研究——以医保制度整合为背景》，《公共管理学报》2015年第1期。

李燕凌：《农村公共品供给效率实证研究》，《公共管理学报》2008年第2期。

廖进球：《论政府供给》，《当代财经》2000年第10期。

廖晓明、黄毅峰：《论我国政府在公共服务供给保障中的主导地位》，《南昌大学学报》（人文社会科学版）2005年第1期。

刘波、崔鹏鹏、赵云云：《公共服务外包决策的影响因素研究》，《公共管理学报》2010年第2期。

刘昌平、殷宝明：《新型农村社会养老保险财政补贴机制的可行性研究——基于现收现付平衡模式的角度》，《江西财经大学学报》2010年第3期。

刘厚金：《我国政府公共服务的体制分析及其路径选择》，《上海行政学院学报》2011年第1期。

刘健、赵洪款、刘思峰：《基于顾客不公平规避的服务定价研究》，《中国管理科学》2018年第2期。

刘俊、曹向：《信息披露、寻租与政府补贴有效性》，《财经理论与实践》2014年第3期。

刘强、吴江：《政府信息资源分类共享方式的研究》，《中国行政管理》2004年第10期。

刘武、杨雪：《论政府公共服务的顾客满意度测量》，《东北大学学报》

（社会科学版）2006年第2期。

刘熙瑞：《服务型政府——经济全球化背景下中国政府改革的目标选择》，《中国行政管理》2002年第7期。

柳学信：《市场化背景下我国城市公用事业财政补贴机制重构》，《财经问题研究》2014年第2期。

娄成武、尹涛：《论政府在公共服务民营化中的作用》，《东北大学学报》（社会科学版）2003年第5期。

吕本友：《医疗体制改革中政府管制途径和方式的研究》，《管理评论》2008年第8期。

马庆钰：《公共服务的几个基本理论问题》，《中共中央党校学报》2005年第1期。

马铮、刁庶：《信息化视角下公共服务供给侧改革路径分析》，《领导科学》2016年第12期。

孟兆敏：《快速城市化背景下城市公共服务配置的有效性评价》，博士学位论文，华东师范大学，2013年。

庞玉萍：《交通拥堵收费的福利理论与实践思考》，《价格理论与实践》2016年第6期。

平新乔：《从中国农民医疗保健支出行为看农村医疗保健融资机制的选择》，《管理世界》2003年第11期。

浦启华：《香港的医疗制度及其改革》，《当代世界与社会主义》2008年第6期。

申亮、王玉燕：《公共服务外包中的协作机制研究：一个演化博弈分析》，《管理评论》2017年第3期。

唐斯斯：《以信息化推动公共服务供给改革》，《宏观经济管理》2016年第10期。

唐铁汉：《我国政府职能转变的成效、特点和方向》，《国家行政学院学报》2007年第2期。

唐忠义、顾杰、张英：《我国公共服务监督机制问题的调查与分析》，《中国行政管理》2013年第1期。

汪伟全：《论我国地方政府间合作存在问题及解决途径》，《公共管理学报》2005年第3期。

王传荣、安丰东：《城市公共服务市场化与定价管制》，《财经科学》2009年第7期。

王佃利、任宇波：《区域公共物品供给视角下的政府间合作机制探究》，《中国浦东干部学院学报》2009年第4期。

王锋、陶学荣：《政府公共服务职能的界定、问题分析及对策》，《甘肃社会科学》2005年第4期。

王海军、冯乾：《供给侧结构性改革的经济学理论内涵——基于总供给总需求的分析框架》，《西安交通大学学报》（社会科学版）2016年第6期。

王琨、朱金福、高强：《采用拥挤收费的机场时刻管理多用户双层规划模型》，《哈尔滨工业大学学报》2014年第5期。

王乐夫、陈干全：《我国政府公共服务民营化存在问题分析——以公共性为研究视角》，《学术研究》2004年第3期。

王利娜：《公共品定价理论评述》，《东岳论丛》2012年第1期。

王箐、魏建：《我国医院市场的竞争效果——基于省级数据的实证研究》，《经济科学》2012年第1期。

王蔚、彭庆军：《论农村公共服务需求表达机制的构建》，《湖南社会科学》2011年第5期。

王学庆：《中国"价格改革"轨迹及其下一步》，《改革》2013年第12期。

王喆、丁姿：《公共服务供给模式改革的多案例研究——以医疗服务为例》，《管理评论》2018年第3期。

王中恒、孙玉嵩、朱小勇：《关于城市征收交通拥堵费的可行性探讨》，《交通科技与经济》2008年第6期。

魏敏、肖锦铖：《患者就医选择的影响因素及对策分析》，《中国卫生事业管理》2014年第4期。

翁士洪：《从补缺式模式到定制式模式：非营利组织参与公共服务供给体制的战略转型》，《行政论坛》2017年第5期。

吴槐庆、赵全新：《政府与社会资本合作（PPP）模式下公共产品服务定价机制研究》，《价格理论与实践》2016年第11期。

吴毅洲：《基于TDM的城市交通拥挤对策研究》，《交通科技》2005年第 3 期。

吴子啸、黄海军：《瓶颈道路使用收费的理论及模型》，《系统工程理论与实践》2000 年第 1 期。

席恒：《公共物品多元供给机制：一个公共管理的视角》，《人文杂志》2005 年第 3 期。

夏志强、毕荣：《论公共服务多元化供给的协调机制》，《四川大学学报》（哲学社会科学版）2009 年第 4 期。

肖玲、张小宁、王华：《公共停车场与私营停车场的博弈定价模型》，《系统工程理论与实践》2017 年第 7 期。

徐琴：《基本公共服务供给评估指标体系的构建》，《统计与决策》2012 年第 5 期。

徐姝：《政府公共服务外包中的风险管理研究》，《中国行政管理》2011 年第 6 期。

徐淑贤、刘天亮、黄海军：《用户异质下公交定价和道路收费收入再分配》，《系统工程理论与实践》2015 年第 7 期。

徐塁、欧国立：《交通拥堵收费的理论依据和政策分析》，《中国工业经济》2012 年第 12 期。

许继芳、周义程：《公共服务供给三重失灵与我国公共服务供给模式创新》，《南京农业大学学报》（社会科学版）2009 年第 1 期。

许评：《城市公共交通财政补贴绩效评价体系构建——基于平衡计分卡（BSC）方法的应用》，《价格理论与实践》2017 年第 1 期。

许晓龙：《公共服务供给机制：一个研究综述》，《山东农业工程学院学报》2013 年第 1 期。

薛大东：《医疗体制行政化管理的缺陷及其改进——基于医疗资源配置效率与公平的视角》，《中国医院管理》2013 年第 8 期。

严明明：《公共服务供给模式的选择——基于公平与效率关系理论的阐释》，《齐鲁学刊》2011 年第 4 期。

杨浩雄、张浩、王晶、何明珂：《交通拥堵收费政策效应研究》，《管理世界》2013 年第 7 期。

杨浩雄、孔丹：《城市交通拥堵收费政策效用研究》，《价格理论与实践》2017 年第 6 期。

杨桦、刘权:《政府公共服务外包:价值、风险及其法律规制》,《学术研究》2011年第4期。

杨全社、王文静:《我国公共定价机制优化研究——基于公共定价理论前沿的探讨》,《国家行政学院学报》2012年第3期。

杨欣:《公共服务外包中政府责任的省思与公法适用——以美国为例》,《中国行政管理》2010年第6期。

杨宜勇、邢伟:《公共服务体系的供给侧改革研究》,《学术前沿》2016年第5期。

姚莲芳:《城市公共交通企业财政补贴机制探讨》,《交通财会》2011年第4期。

姚鹏程、王松江:《关于政府和私人合作高速公路项目定价理论的研究综述》,《科技管理研究》2011年第9期。

叶晓甦、徐春梅:《我国公共项目公私合作(PPP)模式研究述评》,《软科学》2013年第6期。

尹华、朱明仕:《论我国公共服务供给主体多元化协调机制的构建》,《经济问题探索》2011年第7期。

于凌云:《推进养老机构市场化的财政补贴机制研究》,《财政研究》2015年第3期。

余斌:《公共定价的经济学分析》,《当代经济研究》2014年第12期。

俞宪忠:《市场失灵与政府失灵》,《学术论坛》2004年第6期。

袁艳霞:《我国公共医疗卫生服务定价机理与价值补偿研究——基于供需双方价值补偿的视角》,《吉首大学学报》(社会科学版)2016年第3期。

张海霞:《我国新型农村社会养老保险制度构建——论新型农村社会养老保险政府保费补贴的作用效果》,《价格理论与实践》2012年第1期。

张瑾:《服务型政府与公共服务的多元供给》,《天津师范大学学报》(社会科学版)2008年第2期。

张菊梅:《二战后英国公共服务供给模式变革及对中国的启示》,《学术论坛》2012年第2期。

张康之:《限制政府规模的理念》,《人文杂志》2001年第3期。

张勤:《论推进服务型政府建设与基本公共服务均等化》,《中国行政管理》2009年第4期。

张权:《基于顾客满意度理论的公共品供给效率研究》,《当代经济研究》2018年第4期。

张小明、刘建新:《民营化进程中公用事业定价的制度基础》,《中国行政管理》2007年第5期。

张序:《服务供给信息披露:体系与路径——基于不对称信息理论的研究》,《四川大学学报》(哲学社会科学版)2017年第6期。

张序:《公共服务供给的理论基础:体系梳理与框架构建》,《四川大学学报》(哲学社会科学版)2015年第4期。

张莹:《中国公私合作模式发展研究综述》,《东北财经大学学报》2015年第4期。

张子介:《医疗行业定价的异化及纠正——基于法经济学视角》,《东南大学学报》(哲学社会科学版)2017年第S1期。

赵红军、冯苏苇:《如何有效地治理北京的交通拥堵——一个考虑环境代价的拥堵收费经济学分析与评估》,《城市发展研究》2015年第12期。

赵蕾:《城市交通拥堵治理:政策比较与借鉴》,《中国行政管理》2013年第5期。

赵全军:《公共服务外包中的政府角色定位研究》,《学习与探索》2011年第4期。

赵源、欧国立:《城市轨道交通补贴机制研究》,《北京交通大学学报》(社会科学版)2008年第2期。

赵子建:《公共服务供给方式研究述评》,《中共天津市委党校学报》2009年第1期。

郑大喜:《公立医院与民营医院适用的税收政策比较》,《中国卫生政策研究》2016年第12期。

周春燕、王琼辉:《公众参与城市轨道交通政府补贴机制探讨》,《价格理论与实践》2007年第6期。

周燕、梁樑:《国外公共物品多元化供给研究综述》,《经济纵横》2006年第2期。

周志忍：《当代国外行政改革比较研究》，国家行政学院出版社 1999 年版。

朱永中、宗刚：《出行时间价值视角下交通拥堵收费可行性研究》，《软科学》2015 年第 4 期。

中译著作

[美] 戴维·奥斯本、特德·盖布勒：《改革政府：企业家精神如何改革着公共部门》，周敦仁等译，上海译文出版社 2006 年版。

网络文献

《国家发展改革委、国家卫生计生委、人力资源社会保障部关于非公立医疗机构医疗服务实行市场调节价有关问题的通知》，2014 年 3 月 25 日，https://www.gov.cn/xinwen/2014 - 04/09/content_2655189.htm。

国务院：《国务院关于印发"十二五"期间深化医药卫生体制改革规划暨实施方案的通知》，2012 年 3 月 14 日，http://www.gov.cn/zwgk/2012 - 03/21/content_2096671.htm。

国务院：《国务院关于印发国家基本公共服务体系"十二五"规划的通知》，2012 年 7 月 11 日，http://www.gov.cn/zwgk/2012 - 07/20/content_2187242.htm。

国务院：《国务院关于促进健康服务业发展的若干意见》，2013 年 10 月 18 日，http://www.gov.cn/zhengce/content/2013 - 10/18/content_6067.htm。

国务院：《国务院关于印发"十三五"推进基本公共服务均等化规划的通知》，2017 年 3 月 1 日，http://www.gov.cn/zhengce/content/2017 - 03/01/content_5172013.htm。

国务院办公厅：《国务院办公厅关于印发全国医疗卫生服务体系规划纲要（2015—2020 年）的通知》，2015 年 3 月 6 日，http://www.gov.cn/zhengce/content/2015 - 03/30/content_9560.htm。

国务院办公厅：《国务院办公厅关于支持社会力量提供多层次多样化医疗服务的意见》，2017 年 5 月 16 日，http://www.gov.cn/zhengce/content/2017 - 05/23/content_5196100.htm。

温家宝：《政府工作报告——2004 年 3 月 5 日在第十届全国人民代表大

会第二次会议上》，2004 年 3 月 5 日，https://www.gov.cn/gongbao/content/2004/content_62715.htm。

香港立法会秘书处资料研究组：《数据透视》，2017 年 3 月 22 日，https://www.legco.gov.hk/research-publications/chinese/1617issh23-road-harbour-crossings-20170322-c.pdf。

新华社：《习近平主持召开中央财经领导小组第十一次会议》，2015 年 11 月 10 日，https://www.gov.cn/xinwen/2015-11/10/content_5006868.htm。

外文著作

Clarkson, K. W., Miller, L. R., *Industrial organization: Theory, evidence, and public policy*, New York: McGraw-Hill, 1982.

Gross, D., Shortle, J. F., Thompson, J. M., Harris, C. M., *Fundamentals of queueing theory* (4th Edition), New York: John Wiley & Sons, 2008.

Hassin, R., Haviv, M., *To queue or not to queue*, Berlin: Springer, 2003.

Hassin, R., *Rational queueing*, New York: CRC Press, 2016.

He, Q. M., *Fundamentals of matrix-analytic methods*, New York: Springer, 2014.

Ross, S. M., *Introduction to probability models* (9th Edition), Burlington: Academic Press, 2007.

Stidham, S., *Optimal Design of Queueing Systems*, London: CRC Press, 2009.

Thomson, J. M., *Great cities and their traffic*, London: Victor Gollancz Ltd, 1977.

外文论文

Afèche, P., Mendelson, H., "Pricing and priority auctions in queueing systems with a generalized delay cost structure", *Management Science*, Vol. 50, No. 7, 2004.

Albert, G., Mahalel, D., "Congestion tolls and parking fees: A comparison of the potential effect on travel behavior", *Transport Policy*, Vol. 13, No. 6, 2008.

Andrews, R., Entwistle, T., "Does cross-sectoral partnership deliver? An empirical exploration of public service effectiveness, efficiency, and equity", *Journal of Public Administration Research and Theory*, Vol. 20, No. 3, 2010.

Andritsos, D. A., Tang, C. S., "Introducing competition in healthcare services: The role of private care and increased patient mobility", *European Journal of Operational Research*, Vol. 234, No. 3, 2014.

Armony, M., Maglaras, C., "Contact centers with a call-back option and real-time delay information", *Operations Research*, Vol. 52, No. 4, 2004.

Armony, M., Maglaras, C., "On customer contact centers with a call-back option: Customer decisions, routing rules, and system design", *Operations Research*, Vol. 52, No. 2, 2004.

Arnott, R., Palma, A. D., Lindsey, R., "A temporal and spatial equilibrium analysis of commuter parking", *Journal of Public Economics*, Vol. 45, No. 3, 1991.

Arya, B., Lin, Z., "Understanding collaboration outcomes from an extended resource-based view perspective: The roles of organizational characteristics, partner attributes, and network structures", *Journal of Management*, Vol. 33, No. 5, 2007.

Ata, B., Shneorson, S., "Dynamic control of an M/M/1 service system with adjustable arrival and service rates", *Management Science*, Vol. 52, No. 11, 2006.

Auteri, M., Maruotti, A., "Modelling waiting times in the Italian national health service", *Applied Economics Letters*, Vol. 19, No. 5, 2012.

Baron, D. P., Myerson, R. B., "Regulating a monopolist with unknown costs", *Econometrica*, Vol. 50, No. 4, 1982.

Barter, P. A., "Public planning with business delivery of excellent urban public transport", *Policy and Society*, Vol. 27, No. 2, 2008.

Bel, G., Warner, M. E., "Factors explaining inter-municipal cooperation in service delivery: A meta-regression analysis", *Journal of Economic Policy Reform*, Vol. 19, No. 2, 2016.

Bel, G., Warner, M. E., "Inter-municipal cooperation and costs: Expectations and evidence", *Public Administration*, Vol. 93, No. 1, 2015.

Besley, T., Hall, J., Preston, I., "Private and public health insurance in the UK", *European Economic Review*, Vol. 42, No. 3 – 5, 1998.

Birch, S., "The identification of supplier-inducement in a fixed price system of health care provision: The case of dentistry in the United Kingdom", *Journal of Health Economics*, Vol. 7, No. 2, 1988.

Blömquist, S., Christiansen, V., "Price subsidies versus public provision", *International Tax & Public Finance*, Vol. 5, No. 3, 1998.

Cattani, K., Schmidt, G. M., "The pooling principle", *Informs Transactions on Education*, Vol. 5, No. 2, 2005.

Charnes, A., Cooper, W. W., Kirby, M. J. L., Raike, W., "Regulatory models for pricing and evaluation of transport services", *Transportation Science*, Vol. 6, No. 1, 1972.

Chen, H., Qian, Q., Zhang, A., "Would allowing privately funded health care reduce public waiting time? Theory and empirical evidence from Canadian joint replacement surgery data", *Production and Operations Management*, Vol. 24, No. 4, 2015.

Chen, W., Zhang, Z. G., Hua, Z., "Analysis of price competition in two-tier service systems", *Journal of the Operational Research Society*, Vol. 67, No. 6, 2016.

Chen, W., Zhang, Z. G., Hua, Z., "Analysis of two-tier public service systems under a government subsidy policy", *Computers & Industrial Engineering*, Vol. 90, 2015.

Cooper, Z., Gibbons, S., Jones, S., McGuire, A., "Does hospital competition save lives? Evidence from the English NHS patient choice reforms", *Economic Journal*, Vol. 121, No. 554, 2011.

Cui, S., Veeraraghavan, S., "Blind queues: The impact of consumer beliefs on revenues and congestion", *Management Science*, Vol. 62, No. 12, 2016.

Cutler, D. M., "Equality, efficiency, and market fundamentals: The dynamics of international medical-care reform", *Journal of Economic Literature*, Vol. 40, No. 3, 2002.

Dawson, D., Gravelle, H., Jacobs, R., Martin, S., Smith, P. C., "The effects of expanding patient choice of provider on waiting times: Evidence from a policy experiment", *Health Economics*, Vol. 16, No. 2, 2007.

de Véricourt, F., Lobo, M. S., "Resource and revenue management in nonprofit operations", *Operations Research*, Vol. 57, No. 5, 2009.

Dewan, S., Mendelson, H., "User delay costs and internal pricing for a service facility", *Management Science*, Vol. 36, No. 12, 1990.

Domberger, S., Jensen, P., "Contracting out by the public sector: Theory, evidence, prospects", *Oxford Review of Economic Policy*, Vol. 13, No. 4, 1997.

Downs, A., "The law of peak-hour expressway congestion", *Traffic Quarterly*, Vol. 16, No. 3, 1962.

Duckett, S. J., "Living in the parallel universe in Australia: Public Medicare and private hospitals", *Canadian Medical Association Journal*, Vol. 173, No. 7, 2005.

Economou, A., Kanta, S., "Optimal balking strategies and pricing for the single server Markovian queue with compartmented waiting space", *Queueing Systems*, Vol. 59, No. 3, 2008.

Edelson, N. M., Hilderbrand, D. K., "Congestion tolls for Poisson queuing processes", *Econometrica*, Vol. 43, No. 1, 1975.

Edgmanlevitan, S., Cleary, P. D., "What information do consumers want and need?", *Health Affairs*, Vol. 15, No. 4, 1996.

Finsinger, J., Vogelsang, I., "Alternative institutional frameworks for price incentive mechanisms", *Kyklos*, Vol. 34, No. 3, 1981.

Fosgerau, M., Palma, A. D., "The dynamics of urban traffic congestion and the price of parking", *Journal of Public Economics*, Vol. 105, No. 4, 2013.

Frech, H. E., Hopkins, S., "Why subsidise private health insurance?", *Australian Economic Review*, Vol. 37, No. 3, 2004.

Frère, Q., Leprince, M., Paty, S., "The impact of inter-municipal cooperation on local public spending", *Urban Studies*, Vol. 51, No. 8, 2014.

George, J. M., Harrison, J. M., "Dynamic control of a queue with adjustable service rate", *Operations Research*, Vol. 49, No. 5, 2001.

Glazer, A., Niskanen, E., "Parkingfees and congestion", *Regional Science & Urban Economics*, Vol. 22, No. 1, 1992.

Guo, P., Hassin, R., "Strategic behavior and social optimization in Markovian vacation queues: The case of heterogeneous customers", *European Journal of Operational Research*, Vol. 222, No. 2, 2012.

Guo, P., Hassin, R., "Strategic behavior and social optimization in Markovian vacation queues", *Operations Research*, Vol. 59, No. 4, 2011.

Guo, P., Li, Q., "Strategic behavior and social optimization in partially-observable Markovian vacation queues", *Operations Research Letters*, Vol. 41, No. 3, 2013.

Guo, P., Lindsey, R., Zhang, Z. G., "On the Downs-Thomson paradox in a self-financing two-tier queuing system", *Manufacturing & Service Operations Management*, Vol. 16, No. 2, 2014.

Guo, P., Sun, W., Wang, Y., "Equilibrium and optimal strategies to join a queue with partial information on service times", *European Journal of Operational Research*, Vol. 214, No. 2, 2011.

Guo, P., Zhang, Z. G., "Strategic queueing behavior and its impact on system performance in service systems with the congestion-based staffing policy", *Manufacturing & Service Operations Management*, Vol. 15, No. 1, 2013.

Guo, P., Zipkin, P., "Analysis and comparison of queues with different levels of delay information", *Management Science*, Vol. 53, No. 6, 2007.

Guo, P., Zipkin, P., "The effects of information on a queue with balking and phase-type service times", *Naval Research Logistics*, Vol. 55, No. 5, 2008.

Ham, H. V., Koppenjan, J., "Building public-private partnerships: Assessing and managing risks in port development", *Public Management Review*, Vol. 3, No. 4, 2001.

Hamdouch, Y., Lawphongpanich, S., "Congestion pricing for schedule-based transit networks", *Transportation Science*, Vol. 44, No. 3, 2010.

Hanning, B., "Has the increase in private health insurance uptake affected the Victorian public hospital surgical waiting list?", *Australian Health Review*, Vol. 25, No. 6, 2002.

Hassin, R., "Consumer information in markets with random product quality: The case of queues and balking", *Econometrica*, Vol. 54, No. 5, 1986.

Haviv, M., Oz, B., "Self-regulation of an unobservable queue", *Management Science*, Vol. 64, No. 5, 2018.

Haviv, M., "Regulating an M/G/1 queue when customers know their demand", *Performance Evaluation*, Vol. 77, No. 7, 2014.

Hefetz, A., Warner, M., "Privatization and its reverse: Explaining the dynamics of the government contracting Process", *Journal of Public Administration Research and Theory*, Vol. 14, No. 2, 2004.

Hefetz, A., Warner, M. E., "Contracting or public delivery? The importance of service, market, and management characteristics", *Journal of Public Administration Research and Theory*, Vol. 22, No. 2, 2012.

Hibbard, J. H., Slovic, P., Jewett, J. J., "Informing consumer decisions in health care: Implications from decision-making Research", *Milbank Quarterly*, Vol. 75, No. 3, 1997.

Holen-Rabbersvik, E., Eikebrokk, T. R., Fensli, R. W., Thygesen, E., Slettebø, Å., "Important challenges for coordination and inter-municipal cooperation in health care services: A Delphi study", *BMC Health Services Research*, Vol. 13, No. 1, 2013.

Hu, M., Li, Y., Wang, J., "Efficient ignorance: Information heterogeneity in a queue", *Management Science*, Vol. 64, No. 6, 2018.

Hua, Z., Chen, W., Zhang, Z. G., "Competition and coordination in two-tier public service systems under government fiscal policy", *Production and Operations Management*, Vol. 25, No. 8, 2016.

Hui, M. K., Tse, D. K., "What to tell consumers in waits of different lengths: An integrative model of service evaluation", *Journal of Marketing*, Vol. 60, No. 2, 1996.

Ibrahim, R., Armony, M., Bassamboo, A., "Does the past predict the future? The case of delay announcements in service systems", *Management Science*, Vol. 63, No. 6, 2016.

Ibrahim, R., Whitt, W., "Real-time delay estimation based on delay history", *Manufacturing & Service Operations Management*, Vol. 11, No. 3, 2009.

Ibrahim, R., Whitt, W., "Real-time delay estimation in overloaded multi-server queues with abandonments", *Management Science*, Vol. 55, No. 10, 2009.

Ibrahim, R., "Sharing delay information in service systems: A literature survey", *Queueing Systems*, Vol. 89, No. 1 – 2, 2018.

Inci, E., "A review of the economics of parking", *Economics of Transportation*, Vol. 4, No. 1 – 2, 2015.

Iversen, T., "The effect of a private sector on the waiting time in national health service", *Journal of Health Economics*, Vol. 16, No. 4, 1997.

Johar, M., Savage, E., "Do private patients have shorter waiting times for elective surgery? Evidence from New South Wales public hospitals", *Economic Papers*, Vol. 29, No. 2, 2010.

Kumar, P., Kalwani, M. U., Dada, M., "The impact of waiting time guarantees on customers' waiting experiences", *Marketing Science*, Vol. 16, No. 4, 1997.

Larsen, C., "Comparing two socially optimal work allocation rules when having a profit optimizing subcontractor with ample capacity", *Mathematical Methods of Operations Research*, Vol. 61, No. 1, 2005.

Larsen, C., "Investigating sensitivity and the impact of information on pricing decisions in an M/M/1/∞ queueing model", *International Journal of Production Economics*, Vol. 56 – 57, 1998.

Lee, C., Ward, A. R., "Optimal pricing and capacity sizing for the GI/GI/1 queue", *Operations Research Letters*, Vol. 42, No. 8, 2014.

Leeman, W. A., "Letter to the editor-The reduction of queues through the use of price", *Operations Research*, Vol. 12, No. 5, 1964.

Li, Y., Xing, X., Li, C., "Dynamic pricing model of medical services in public hospitals in China", *Current Science*, Vol. 109, No. 8, 2015.

Lin, M. H., Zhang, Y., "Hub-airport congestion pricing and capacity investment", *Transportation Research Part B*, Vol. 101, 2017.

Lintz, G., "A conceptual framework for analysing inter-municipal cooperation on the environment", *Regional Studies*, Vol. 50, No. 6, 2016.

Loeb, M., Magat, W. A., "A decentralized method for utility regulation", *Journal of Law & Economics*, Vol. 22, No. 2, 1979.

Low, D. W., "Optimal dynamic pricing policies for an M/M/s queue", *Operations Research*, Vol. 22, No. 3, 1974.

Lülfesmann, C., Myers, G. M., "Two-tier public provision: Comparing public systems", *Journal of Public Economics*, Vol. 95, No. 11, 2011.

Maglaras, C., Zeevi, A., "Pricing and capacity sizing for systems with shared resources: Approximate solutions and scaling relations", *Management Science*, Vol. 49, No. 8, 2003.

Mandelbaum, A., Shimkin, N., "A model for rational abandonments from invisible queues", *Queueing Systems*, Vol. 36, No. 1, 2000.

Manou, A., Canbolat, P. G., Karaesmen, F., "Pricing in a transportation station with strategic customers", *Production and Operations Management*, Vol. 26, No. 9, 2017.

Maoui, I., Ayhan, H., Foley, R. D., "Optimal static pricing for a service facility with holding costs", *European Journal of Operational Research*, Vol. 197, No. 3, 2009.

Mendelson, H., "Pricing computer services: Queueing effects", *Communications of the Acm*, Vol. 28, No. 3, 1985.

Mirabel, F., Reymond, M., "Bottleneck congestion pricing and modal split: Redistribution of toll revenue", *Transportation Research Part A*,

Vol. 45, No. 1, 2011.

Miranda, R., Lerner, A., "Bureaucracy, organizational redundancy, and the privatization of public services", *Public Administration Review*, Vol. 55, No. 2, 1995.

Moe, R. C., "Exploring the limits of privatization", *Public Administration Review*, Vol. 47, No. 6, 1987.

Morgan, D. R., England, R. E., "Thetwo faces of privatization", *Public Administration Review*, Vol. 48, No. 6, 1988.

Naor, P., "The regulation of queue size by levying tolls", *Econometrica*, Vol. 37, No. 1, 1969.

Nelson, M. A., "Decentralization of the subnational public sector: An empirical analysis of the determinants of local government structure in metropolitan areas in the U. S.", *Southern Economic Journal*, Vol. 57, No. 2, 1990.

Pack, J. R., "Privatization of public-sector services in theory and practice", *Journal of Policy Analysis and Management*, Vol. 6, No. 4, 1987.

Powers, N., Sandararajan, V., Gillett, S., Marshall, R., "The effect of increased private health insurance coverage on Victorian public hospitals", *Australian Health Review*, Vol. 26, No. 2, 2003.

Qian, Q., Guo, P., Lindsey, R., "Comparison of subsidy schemes for reducing waiting times in healthcare systems", *Production and Operations Management*, Vol. 26, No. 11, 2017.

Qian, Q., Zhuang, W., "Tax/Subsidy and capacity decisions ina two-tier health system with welfare redistributive objective", *European Journal of Operational Research*, Vol. 260, No. 1, 2017.

Raz, G., Ovchinnikov, A., "Coordinating pricing and supply of public interest goods using government rebates and subsidies", *IEEE Transactions on Engineering Management*, Vol. 62, No. 1, 2015.

Samuelson, P. A., "The pure theory of public expenditure", *Review of Economics and Statistics*, Vol. 36, No. 4, 1954.

Schlesinger, M., "Paying the price: Medical care, minorities, and the newly competitive health care system", *Milbank Quarterly*, Vol. 65, No. 2, 1987.

Schroyen, F., Oyenuga, A., "Optimal pricing and capacity choice for a public service under risk of interruption", *Journal of Regulatory Economics*, Vol. 39, No. 3, 2011.

Schwierz, C., Wübker, A., Wübker, A., Kuchinke, B. A., "Discrimination in waiting times by insurance type and financial soundness of German acute care hospitals", *European Journal of Health Economics*, Vol. 12, No. 5, 2011.

Shepherd, S. P., "Towards marginal cost pricing: A comparison of alternative pricing systems", *Transportation*, Vol. 30, No. 4, 2003.

Shimkin, N., Mandelbaum, A., "Rational abandonment from tele-queues: Nonlinear waiting costs with heterogeneous preferences", *Queueing Systems*, Vol. 47, No. 1, 2004.

Shone, R., Knight, V. A., Williams, J. E., "Comparisons between observable and unobservable M/M/1 queues with respect to optimal customer behavior", *European Journal of Operational Research*, Vol. 227, No. 1, 2013.

Siciliani, L., Hurst, J., "Tackling excessive waiting times for elective surgery: A comparative analysis of policies in 12 OECD countries", *Health Policy*, Vol. 72, No. 2, 2005.

Singh, S. P., Delasay, M., Schellerwolf, A. A., "Evaluating the first-mover's advantage in announcing real-time delay information", Available at SSRN: https://ssrn.com/abstract=3081583, December 2, 2017.

Small, K. A., "Using the revenues from congestion pricing", *Transportation*, Vol. 19, No. 4, 1992.

Stidham, S., "Optimal control of admission to a queueing system", *IEEE Transactions on Automatic Control*, Vol. 30, No. 8, 1985.

Stidham, S., "Pricing and capacity decisions for a service facility: Stability and multiple local optima", *Management Science*, Vol. 38, No. 8, 1992.

Tuohy, C. H., Flood, C. M., Stabile, M., "How does private finance affect public health care systems? Marshaling the evidence from OECD nations", *Journal of Health Politics, Policy and Law*, Vol. 29, No. 3, 2004.

Vaithianathan, R., "Will subsidising private health insurance help the public health system?" *Economic Record*, Vol. 78, No. 242, 2002.

Verhoef, E. T., Rouwendal, J., "Pricing, capacity choice, and financing in transportation networks", *Journal of Regional Science*, Vol. 44, No. 3, 2004.

Verhoef, E. T., "Inside the queue: Hypercongestion and road pricing in acontinuous time-continuous place model of traffic congestion", *Journal of Urban Economics*, Vol. 54, No. 3, 2003.

Wallin, B. A., "The need for a privatization process: Lessons from development and implementation", *Public Administration Review*, Vol. 57, No. 1, 1997.

Wang, J. Y. T., Lindsey, R., Yang, H., "Nonlinear pricing on private roads with congestion and toll collection costs", *Transportation Research Part B*, Vol. 45, No. 1, 2011.

Warner, M. E., Bel, G., "Competition or monopoly? Comparing privatization of local public services in the US and Spain", *Public Administration*, Vol. 86, No. 3, 2010.

Warner, M. E., Hefetz, A., "Managing markets for public service: The role of mixed public-private delivery of city services", *Public Administration Review*, Vol. 68, No. 1, 2008.

Whitt, W., "Improving service by informing customers about anticipateddelays", *Management Science*, Vol. 45, No. 2, 1999.

Whitt, W., "Predicting queueing delays", *Management Science*, Vol. 45, No. 6, 1999.

Williamson, O. E., "Public and private bureaucracies: A transaction cost economics perspectives", *Journal of Law Economics and Organization*, Vol. 15, No. 1, 1999.

Yang, Y., Wang, Y., "On the development of public-private partnerships in transitional economies: An explanatory framework", *Public Administration Review*, Vol. 73, No. 2, 2013.

Yechiali, U., "On optimal balking rules and toll charges in the GI/M/1 queuing process", *Operations Research*, Vol. 19, No. 2, 1971.

Yin, X., Zhang, Z. G., "On Downs-Thomson paradox in two-tier service systems with a fast pass and revenue-based capacity investment", *Journal of the Operational Research Society*, Vol. 70, No. 11, 2019.

Yoon, S., Lewis, M. E., "Optimal pricing and admission control in a queueing system with periodically varying parameters", *Queueing Systems*, Vol. 47, No. 3, 2004.

Yu, W., Li, M., Feng, Y., Chen, X., Zhang, L., "Patient preference and choice of healthcare providers in Shanghai, China: A cross-sectional study", *Bmj Open*, 2017, Vol. 7, No. 10, 2017.

Zhang, X., Huang, H. J., Zhang, H. M., "Integrated daily commuting patterns and optimal road tolls and parking fees in a linear city", *Transportation Research Part B*, Vol. 42, No. 1, 2008.

Zhang, Z. G., "Pricing public services subject to congestion: When and how much", Working paper-MSORWP 2008 – 019, Western Washington University, 2008.

Zhang, Z. G., Yin, X., "Information and pricing effects in two-tier public service systems", *International Journal of Production Economics*, Vol. 231, 2021.

Zhang, Z. G., Yin, X., "To price or not to price incremental public services subject to congestion", Working Paper, Lanzhou University, 2018.

Zhang, Z. G., "Performance analysis of a queue with congestion-based staffing policy", *Management Science*, Vol. 55, No. 2, 2009.

Ziya, S., Ayhan, H., Foley, R. D., "Optimal prices for finite capacity queueing systems", *Operations Research Letters*, Vol. 34, No. 2, 2006.

Ziya, S., "Optimal pricing for a service facility", Ph. D. dissertation, Georgia Institute of Technology, 2003.

会议论文

Dube, P., Borkar, V. S., Manjunath, D., "Differential join prices for parallel queues: Social optimality, dynamic pricing algorithms and application to Internet pricing", paper delivered to the 21st Annual Joint Conference of the IEEE Computer and Communications Societies, New York, NY, June 23 – 27, 2002.

Paschalidis, I. C., Tsitsiklis, J. N., "Congestion-dependent pricing of online Internet services", paper delivered to the 38th IEEE Conference on Decision and Control, Phoenix, AZ, December 7 – 10, 1999.

Perkins, J. R., Srikant, R., "The role of queue length information in congestion control and resource pricing", paper delivered to the 38th IEEE Conference on Decision and Control, Phoenix, AZ, December 7 – 10, 1999.

附　　录

附录一　第三章附录

一　命题 3.2.1 证明

由 $R_c = \lambda_c p_c$，得，

$$\frac{dR_c}{dp_c} = p_c \frac{d\lambda_c}{dp_c} + \lambda_c = -\frac{U\lambda\mu_f p_c}{[U+\lambda(p_c-p_f)]^2} + \frac{U\lambda + \lambda(\lambda-\mu_f)(p_c-p_f)}{U+\lambda(p_c-p_f)};$$

$$\frac{d^2R_c}{dp_c^2} = \frac{2U\lambda\mu_f(\lambda p_f - U)}{[U+\lambda(p_c-p_f)]^3}.$$

令

$$-\frac{U\lambda\mu_f p_c}{[U+\lambda(p_c-p_f)]^2} + \frac{U\lambda + \lambda(\lambda-\mu_f)(p_c-p_f)}{U+\lambda(p_c-p_f)} = 0, 则有$$

$(\lambda^2 - \lambda\mu_f)p_c^2 + 2(U\lambda + \lambda\mu_f p_f - \lambda^2 p_f - U\mu_f)p_c + (U-\lambda p_f)(U-\lambda p_f + \mu_f p_f) = 0$，即，

$\lambda(\lambda-\mu_f)p_c^2 + 2(U-\lambda p_f)(\lambda-\mu_f)p_c + (U-\lambda p_f)[U-(\lambda-\mu_f)p_f] = 0.$

令 $\Delta = [2(U-\lambda p_f)(\lambda-\mu_f)]^2 - 4\lambda(\lambda-\mu_f)(U-\lambda p_f)[U-p_f(\lambda-\mu_f)] = -4U(U-\lambda p_f)(\lambda-\mu_f)\mu_f,$

(1) 当 $U < \lambda p_f$ 且 $\lambda < \mu_f$ 时，

$\Delta < 0$ 且 $dR_c/dp_c < 0$，表明私人部门定价越高，期望收益越小；

(2) 当 $U < \lambda p_f$ 且 $\lambda > \mu_f$ 时，

$\Delta > 0$，$d^2R_c/dp_c^2 > 0$，那么，R 是关于私人部门定价 p_c 的凸函数，

即期望收益随价格的增加先减少后增加。因此，若以收益最大化为目标，私人部门定价应为给定价格区间上的最小价格或最大价格；

（3）当 $U > \lambda p_f$ 且 $\lambda < \mu_f$ 时，

$\Delta > 0$，$d^2 R_c / d p_c^2 < 0$，R 是关于私人部门定价 p_c 的凹函数，则存在最优定价 p_c^* 使得期望收益到达最大，且

$$p_c^* = \frac{-(U - \lambda p_f)(\lambda - \mu_f) - \sqrt{-U(U - \lambda p_f)(\lambda - \mu_f)\mu_f}}{\lambda(\lambda - \mu_f)}.$$

此外，易证 $p_c^* < (p_c)_{\max}$，表明该收益最大化定价也能满足 TTS 供给模式的有效性条件；

（4）当 $U > \lambda p_f$ 且 $\lambda > \mu_f$ 时，

$\Delta < 0$ 且 $dR_c/dp > 0$，表明私人部门定价越高，期望收益越大。

综上可得：

（1）当 $U < \lambda p_f$ 且 $\lambda < \mu_f$ 时，私人部门定价越高，期望收益越小；

（2）当 $U < \lambda p_f$ 且 $\lambda > \mu_f$ 时，期望收益随私人部门定价先降后升，期望收益最大化在价格区间的边界处获得；

（3）当 $U > \lambda p_f$ 且 $\lambda < \mu_f$ 时，存在最优定价

$$p_c^* = \frac{-(U - \lambda p_f)(\lambda - \mu_f) - \sqrt{-U(U - \lambda p_f)(\lambda - \mu_f)\mu_f}}{\lambda(\lambda - \mu_f)},$$

使得私人部门的期望收益达到最大；

（4）当 $U > \lambda p_f$ 且 $\lambda > \mu_f$ 时，私人部门定价越高，期望收益也越大。

二 命题 3.2.2 证明

由式（3.2.10）得，若需满足私人部门所承诺的服务水平，则需

$$U(\lambda - \tau) \leq \lambda(\tau - \lambda + \mu_f)(p_c - p_f).$$

根据定义可得，$\tau = \mu_c + \ln(\varepsilon)/T_{\max} = (\lambda_c)_{\max} < \lambda$，故，

（1）当 $\tau - \lambda + \mu_f \leq 0$ 时，上式不成立。因此，私人部门所承诺的服务水平无法满足；

（2）当 $\tau - \lambda + \mu_f > 0$ 时，对上式求解，可得：

$$p_c \geq p_f + \frac{U(\lambda - \tau)}{\lambda(\tau - \lambda + \mu_f)} = (p_c)_{\min}.$$

综上，命题 3.2.2 得证。

三 命题 3.3.1 证明

由 $E(W_s) = \dfrac{(p_c - p_f)}{U} + \dfrac{U + (\lambda - \mu_f)(p_c - p_f)}{U(\mu_c - \lambda) + \lambda(\mu_f + \mu_c - \lambda)(p_c - p_f)}$,得,

$$\dfrac{dE(W_s)}{dp_c} = \dfrac{1}{U} - \dfrac{U\mu_c\mu_f}{[U(\mu_c - \lambda) + \lambda(\mu_f + \mu_c - \lambda)(p_c - p_f)]^2};$$

$$\dfrac{d^2E(W_s)}{dp_c^2} = \dfrac{2U\lambda\mu_f\mu_c(\mu_f + \mu_c - \lambda)}{[U(\mu_c - \lambda) + \lambda(\mu_f + \mu_c - \lambda)(p_c - p_f)]^3}.$$

令 $\dfrac{1}{U} - \dfrac{U\mu_c\mu_f}{[U(\mu_c - \lambda) + \lambda(\mu_f + \mu_c - \lambda)(p_c - p_f)]^2} = 0$,解得: $p_c = p_f + \dfrac{U(\lambda - \mu_c) \pm U\sqrt{\mu_f\mu_c}}{\lambda(\mu_f + \mu_c - \lambda)}$。由式(3.2.7),$p_c > p_f + \dfrac{U(\lambda - \mu_c)}{\lambda(\mu_f + \mu_c - \lambda)}$,可得,$U(\mu_c - \lambda) + \lambda(\mu_f + \mu_c - \lambda)(p_c - p_f) > 0$,故 $d^2 E(W_s)/dp_c^2 > 0$,表明 $E(W_s)$ 是私人部门服务价格 p_c 的凸函数。因此,当 $p_s^* = p_f + \dfrac{U(\lambda - \mu_c + \sqrt{\mu_f\mu_c})}{\lambda(\mu_f + \mu_c - \lambda)}$ 时,$\dfrac{1}{U} - \dfrac{U\mu_c\mu_f}{[U(\mu_c - \lambda) + \lambda(\mu_f + \mu_c - \lambda)(p_s^* - p_f)]^2} = 0$,$E(W_s)$ 有极小值。称 p_s^* 为等待时间最小化定价。

四 命题 3.3.2 证明

对 $R_c = \lambda_c p_c$ 和 $E(W_s) = \dfrac{(p_c - p_f)}{U} + \dfrac{\lambda_c}{\lambda(\mu_c - \lambda_c)}$ 关于 p_c 求一阶导,则有:

$$\dfrac{dR_c}{dp_c} = p_c \dfrac{d\lambda_c}{dp_c} + \lambda_c, \quad \dfrac{dE(W_s)}{dp_c} = \dfrac{1}{U} + \dfrac{\mu_c}{\lambda(\mu_c - \lambda_c)^2} \dfrac{d\lambda_c}{dp_c}.$$

令 $dR_c/dp_c = dE(W_s)/dp_c = 0$,可得,$d\lambda_c/dp_c = -\lambda_c/p_c$,$d\lambda_c/dp_c = -\lambda(\mu_c - \lambda_c)^2/(U\mu_c)$。

令 $f(p_c) = d\lambda_c/dp_c$,$g(p_c) = -\lambda_c/p_c$,$h(p_c) = -\lambda(\mu_c - \lambda_c)^2/(U\mu_c)$。易证,$f(p_c)$ 和 $g(p_c)$ 是关于 p_c 的增函数,$h(p_c)$ 是关于 p_c 的减函数。由于 $p_c \to 0$,$\lambda_c \to \lambda$,$p_c \to \infty$,$\lambda_c \to 0$,因此,

$$\lim_{p_c \to 0} f(p_c) = \dfrac{-U\lambda\mu_f}{(U - \lambda p_f)^2} > \lim_{p_c \to 0} g(p_c) = -\infty; \quad \lim_{p_c \to \infty} f(p_c) = 0 = \lim_{p_c \to \infty} g(p_c);$$

$$\lim_{p_c \to 0} h(p_c) = \frac{-\lambda(\mu_c - \lambda_c)^2}{U\mu_c} > \lim_{p_c \to 0} f(p_c); \ \lim_{p_c \to \infty} h(p_c) = \frac{-\lambda\mu_c}{U} < \lim_{p_c \to \infty} f(p_c).$$

上式表明，$f(p_c)$ 和 $g(p_c)$ 可能相交，$f(p_c)$ 和 $h(p_c)$ 必然相交。该结论与命题 3.2.1 和命题 3.3.1 相符。由命题 3.2.1 可知，当 $U < \lambda p_f$ 或 $\lambda > \mu_f$ 时，$f(p_c)$ 和 $g(p_c)$ 不相交，收益最大化只能在价格区间上下边界处取得。若不考虑政府对于私人部门定价的管控，则 $p_c^* = 0$，或 $p_c^* = \infty$。但此时，存在 $0 < p_s^* < \infty$，因此，收益最大化定价与等待时间最小化定价是不同的，既可能存在 $p_c^* < p_s^*$，又可能存在 $p_c^* > p_s^*$ 的情形。当 $U > \lambda p_f$ 且 $\lambda < \mu_f$ 时，

$$p_c^* = \frac{-(U - \lambda p_f)(\lambda - \mu_f) - \sqrt{-U(U - \lambda p_f)(\lambda - \mu_f)\mu_f}}{\lambda(\lambda - \mu_f)};$$

$$p_s^* = p_f + \frac{U(\lambda - \mu_c + \sqrt{\mu_f \mu_c})}{\lambda(\mu_f + \mu_c - \lambda)}.$$

由于 p_c^* 和 p_s^* 表达式较为复杂，不好直接比较大小，因此，可采用数值方法进行比较。取 $U = 1$，$\lambda = 6$，$\mu_f = 6.1$，$\mu_c = 0.1 : 0.01 : 3$，$p_f = 0$，p_c^* 和 p_s^* 的关系可表示为图 A1 – 1。

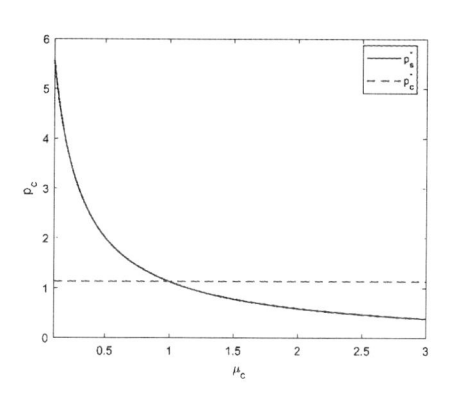

图 A1 – 1 p_c^* 和 p_s^* 的关系 ($U > \lambda p_f$，$\lambda < \mu_f$)

由此可见，$p_c^* < p_s^*$，$p_c^* = p_s^*$，与 $p_c^* > p_s^*$ 均有可能存在。综上，命题 3.3.2 证毕。

五 式 (3.3.3) 的具体解释

首先，对于 $\zeta(\mu_c)$ 的解释。通过分析可以发现，$\zeta(\mu_c)$ 的分子可表示 TTS 供给中顾客的负外部效应测度。原因在于，不同于 TQS 供给模式新增加的公共部门供给，TTS 供给中引入了私人部门，通过更高的服务价格以及更短的顾客等待来吸引顾客，而 $\zeta(\mu_c)$ 的分子恰好反映了上述两个特点。当私人部门定价越高，或等待时间越短时，分别进入公共部门和私人部门的顾客越多，进而顾客基于自身利益最大化所做出的选择会对其他顾客及服务系统产生负外部效应，使得顾客成本增加，$\zeta(\mu_c)$ 分子也变大。而 $\zeta(\mu_c)$ 的分母则是 TQS 供给模式下最大的顾客等待成本。故可称 $\zeta(\mu_c)$ 为 TTS 供给模式的负外部效应比率（Negative Externality Ratio，NER）。此外，通过量纲分析还可以发现，NER 表示单位时间的顾客数，可解释为由于差异化定价与顾客选择所造成的服务率损失或效率损失。因为当不存在顾客止步时，负外部效应越大，系统会变得更加拥堵，顾客等待时间也越长，从而使得服务率降低。由此可见，不同于 TQS 供给，NER 可对 TTS 供给模式中的服务率损失进行定量测量。

其次，$\eta(\mu_c)$ 可解释为新增财政资金或预算后，所建立的 TQS 供给模式中增加的有效服务率。首先，引入单轨公共服务供给模式，即将所有新增服务能力直接用于提高原有公共部门服务率，从而构建一个以 λ 为到达率，$(\mu_f + \mu_c)$ 为服务率的 M/M/1 排队模型。定义此单轨服务供给中的系统平均等待时间为 $E(W'_0)$，则 $E(W'_0) = 1/(\mu_f + \mu_c - \lambda)$。相比于 TQS 供给模式（系统平均等待时间），单轨服务供给模式中的系统平均等待时间下降了 $1/(\mu_f + \mu_c - \lambda)$ (50%)，原因在于顾客不存在选择行为，且服务率始终为 $(\mu_f + \mu_c)$，服务供给与顾客排队都存在集聚效应（Pooling Effect[①]）。但由于空间受限以及缺乏可选择性，实践中单轨公共服务供给模式并不常见。同时，由于该供给中拥堵的缓解主要受集聚效应的影响，而 TQS 与 TTS 供给中则不存在该效应，因此，理论上单轨供给也不能作为 TQS 与 TTS 供给的对照模式。故本研究仅关注 TQS 与 TTS 两种

---

① Cattani, K., Schmidt, G. M., "The pooling principle", *Informs Transactions on Education*, Vol. 5, No. 2, 2005, pp. 17 – 24.

供给模式。借助单轨供给模式可对 TQS 供给所增加的有效服务率或 $\eta(\mu_c)$ 的含义进行分析。在不考虑顾客止步的假设下，$\eta(\mu_c)$ 首项 $\lambda_c(\mu_f+\mu_c)/\lambda$ 可表示实施 TTS 供给模式时，用于服务由单轨系统转向 TTS 服务系统的顾客所应分配的私人部门服务率。相比于单轨供给，TQS 供给模式中不存在集聚效应，因此，当 TQS 供给中仅有一个公共部门在提供服务，即存在一方空闲时，会出现服务率损失。具体包括以下两种情况：(1) 原有公共部门空闲而新增公共部门忙碌，该情况发生的概率为 $(1-\rho_1)\rho_2$，其中 $\rho_1=\lambda_1/\mu_f$，$\rho_2=\lambda_2/\mu_c$；(2) 原有公共部门忙碌而新增公共部门空闲，该情况发生的概率则为 $\rho_1(1-\rho_2)$。除了上述两种情况外，相比于单轨供给，TQS 供给中不存在服务率的损失。记在 TQS 供给中仅有一方工作时的服务率损失为 $E(SRL)$，由式 (3.1.1) 得，

$$E(SRL) = \frac{(1-\rho_1)\rho_2}{\rho_1+\rho_2}\mu_f + \frac{\rho_1(1-\rho_2)}{\rho_1+\rho_2}\mu_c = \frac{\mu_f+\mu_c-\lambda}{2}.$$

故 $\lambda_c(\mu_f+\mu_c-\lambda)/(2\lambda)$ 表示服务相同比例顾客（λ_c/λ）时 TQS 供给所损失的服务率。综上可得，$\eta(\mu_c)$ 为新增服务率 μ_c 后 TQS 供给模式所增加的有效服务率。

六 命题 3.3.4 证明

由式 (3.2.12)，$\max\{-\ln(\varepsilon)/T_{\max}, \lambda-\mu_f-\ln(\varepsilon)/T_{\max}\} < \mu_c < \lambda - \ln(\varepsilon)/T_{\max}$ 可得，若需满足条件 $T_{\max} < 2/(\mu_f+\mu_c-\lambda)$，存在以下情况。

(1) 当 $\lambda < \mu_f$ 时，有 $\mu_c > -\ln(\varepsilon)/T_{\max}$，则 $T_{\max} < 2/(\mu_f+\mu_c-\lambda) < 2/[\mu_f-\ln(\varepsilon)/T_{\max}-\lambda]$，即 $T_{\max} < [2+\ln(\varepsilon)]/(\mu_f-\lambda)$。同时，由于 $T_{\max}>0$，则有 $2+\ln(\varepsilon)>0$，即 $1-\varepsilon < 1-e^{-2} = 86.47\%$；

(2) 当 $\lambda > \mu_f$ 时，有 $\mu_c > \lambda-\mu_f-\ln(\varepsilon)/T_{\max}$，则 $T_{\max} < 2/(\mu_f+\mu_c-\lambda) < 2/[-\ln(\varepsilon)/T_{\max}]$，即 $1-\varepsilon < 1-e^{-2} = 86.47\%$。此外，$\mu_c > \lambda-\mu_f-\ln(\varepsilon)/T_{\max} > -\ln(\varepsilon)/T_{\max}$，由 (1) 可得，$T_{\max} < 2/[\mu_f-\ln(\varepsilon)/T_{\max}-\lambda]$。由于 $T_{\max}>0$，故 $\mu_f-\ln(\varepsilon)/T_{\max}-\lambda>0$，则 $T_{\max} < -\ln(\varepsilon)/(\lambda-\mu_f)$。

综上可得：

(1) $1-\varepsilon < 1-e^{-2} = 86.47\%$；

(2) 当 $\lambda < \mu_f$ 时，$T_{\max} < [2+\ln(\varepsilon)]/(\mu_f-\lambda)$；当 $\lambda > \mu_f$ 时，$T_{\max} < -$

$\ln(\varepsilon)/(\lambda - \mu_f)$。

七 命题3.4.1 证明

在 TQS 供给模式中，由式（3.4.1）可得：$TOC_0 = 2\lambda h/(\mu_f + \mu_c - \lambda) + s_f(\mu_f + \mu_c)$，对其关于 μ_c 分别求一阶导和二阶导，则有：

$$dTOC_0/d\mu_c = -2\lambda h (\mu_f + \mu_c - \lambda)^{-2} + s_f,$$
$$d(TOC_0)^2/d^2\mu_c = 4\lambda h (\mu_f + \mu_c - \lambda)^{-3} > 0.$$

因此，TOC_0 是 μ_c 的凸函数。当 $h > (\mu_f - \lambda)^2 s_f/(2\lambda)$ 时，存在最优的新增服务率，记为 μ_c^0，使得运营总成本 TOC_0 有最小值。且 $\mu_c^0 = \lambda - \mu_f + \sqrt{2\lambda h/s_f} > 0$。

在 TTS 供给模式中，由式（3.4.2）得：$TOC_s = \lambda h E(W_s) + s_f \mu_f + s_c \mu_c$。

首先，考虑 TOC_s 与私人部门定价 p_c 的关系，对上式分别求一阶导和二阶导，得：

$$dTOC_s/dp_c = \lambda h [dE(W_s)/dp_c], \quad d(TOC_s)^2/d^2p_c = \lambda h [dE(W_s)^2/d^2p_c]_\circ$$

通过命题3.3.1 的证明，已得出 $d^2 E(W_s)/dp_c^2 > 0$；且当 $p_c = p_s^* = p_f + \dfrac{U(\lambda - \mu_c + \sqrt{\mu_f \mu_c})}{\lambda(\mu_f + \mu_c - \lambda)}$ 时，$dE(W_s)/dp_c = 0$。故 TOC_s 也是关于 p_c 的凸函数，且当 $p_c = p_s^*$ 时，TOC_s 存在最小值，即服务提供者存在最小运营总成本。

其次，考虑 TOC_s 与私人部门（新增）服务率 μ_c 的关系。对 TOC_s 分别关于 μ_c 求一阶导与二阶导，得：

$$dTOC_s/d\mu_c = -\lambda_c h(\mu_c - \lambda_c)^{-2} + s_c,$$
$$d(TOC_s)^2/d^2\mu_c = 2\lambda_c h(\mu_c - \lambda_c)^{-3} > 0.$$

表明，TOC_s 是 μ_c 的凸函数，且存在最优的私人部门服务率，记为 μ_c^s，使得运营总成本 TOC_s 有最小值。则 $\mu_c^s = \lambda_c + \sqrt{\lambda_c h/s_c}$.

八 命题3.4.2 证明

对式（3.4.3）关于 μ_c 求一阶导，得 $dTCC_0/d\mu_c = -U\lambda(\mu_f + \mu_c - \lambda)^{-2} < 0$，故 TCC_0 是关于新增服务率 μ_c 的减函数。

对式（3.4.4）关于 p_c 求一阶导，得：

$$dTCC_s/dp_c = (\lambda + \lambda_c)/2 + (p_c - p_f)(d\lambda_c/dp_c)/2.$$

由式（3.2.5）有：$d\lambda_c/dp_c = -U\lambda\mu_f/[U + \lambda(p_c - p_f)]^2 < 0$，则，

$$\frac{dTCC_s}{dp_c} = \frac{2U^2\lambda + \lambda(p_c - p_f)[2U + \lambda(p_c - p_f)](2\lambda - \mu_f)}{2[U + \lambda(p_c - p_f)]^2}.$$

当 $\lambda > \mu_f$，即原有公共服务供给系统出现严重拥堵时（本研究关注的主要情形），$dTCC_s/dp_c > 0$；当 $\lambda < \mu_f$ 时，一般而言，由于资源的稀缺性，即使公共服务系统不拥堵，公共部门的服务率也不会远高于顾客总到达率，即可假设 $\mu_f < 2\lambda$，因此，$dTCC_s/dp_c > 0$。综上可得，$dTCC_s/dp_c > 0$，则 TCC_s 是关于私人部门服务价格 p_c 的增函数。

九 命题 3.4.3 证明

在 TQS 供给模式下，对式（3.4.5）分别关于 μ_c 求一阶导和二阶导，得：

$$dTSC_0/d\mu_c = s_f - (U + 2h)\lambda/(\mu_f + \mu_c - \lambda)^2,$$
$$d(TSC_0)^2/d^2\mu_c = 2(U + 2h)\lambda(\mu_f + \mu_c - \lambda)^{-3} > 0.$$

因此，TSC_0 是 μ_c 的凸函数。当 $h > (\mu_f - \lambda)^2 s_f/(2\lambda) - U$ 时，存在最优的新增服务率，记为 $\bar{\mu}_c^0$，使得社会总成本 TSC_0 有最小值。则，

$$\bar{\mu}_c^0 = \lambda - \mu_f + \sqrt{2\lambda(U + h)/s_f} > 0.$$

在 TTS 供给模式中，由式（3.4.6）得：$TSC_s = TCC_s + TOC_s$。

考虑 TSC_s 与私人部门（新增）服务率 μ_c 的关系。由于顾客可忽略在私人部门中的等待成本，因此 μ_c 并不影响顾客总成本 TCC_s，TSC_s 与 μ_c 的关系仅取决于运营总成本 TOC_s。而在命题 3.4.1 及其证明中已得出，TOC_s 是 μ_c 的凸函数，且当 $\mu_c = \mu_c^s$ 时，运营总成本 TOC_s 有最小值。因此，TSC_s 也是 μ_c 的凸函数，且存在一个最优私人部门服务率，记为 $\bar{\mu}_c^s$，使得 TSC_s 有最小值，且 $\bar{\mu}_c^s = \mu_c^s = \lambda_c + \sqrt{\lambda_c h/s_c}$。

附录二 第四章附录

一 命题 4.2.1 证明

对式（4.2.3）关于 γ^F 求一阶导，可得：

$$\frac{d\lambda_f^F}{d\gamma^F} = \frac{\lambda^2 s_f p_c (p_c - p_f)[U + (\lambda - \mu_f)(p_c - p_f)]}{[Us_f + \lambda(\gamma^F p_c + s_f)(p_c - p_f)]^2},$$ 则有：

（1）当 $\lambda \geq \mu_f$ 时，$d\lambda_f^F/d\gamma^F > 0$，公共部门顾客到达率 λ_f^F 是补贴率 γ^F 的增函数；

（2）当 $\lambda < \mu_f$ 时，$d\lambda_f^F/d\gamma^F$ 的正负性取决于式 $U + (\lambda - \mu_f)(p_c - p_f)$ 的大小。然而，由式（3.2.3）或（4.2.6）可得，$U + (\lambda - \mu_f)(p_c - p_f) > 0$，即 $p_c < p_f + U/(\mu_f - \lambda)$，因此，$d\lambda_f^F/d\gamma^F > 0$，$\lambda_f^F$ 是 γ^F 的增函数。

对式（4.2.5）关于 γ^F 求一阶导，可得：

$$\frac{dE(W_f^F)}{d\gamma^F} = -\frac{\lambda s_f p_c [U + (\lambda - \mu_f)(p_c - p_f)]}{U(\gamma^F \lambda p_c + s_f \mu_f)^2}.$$

根据上述分析，则有：

（1）当 $\lambda \geq \mu_f$ 时，

$dE(W_f^F)/d\gamma^F < 0$，公共部门顾客平均等待时间 $E(W_f^F)$ 是补贴率 γ^F 的减函数；

（2）当 $\lambda < \mu_f$ 且 $p_c < p_f + U/(\mu_f - \lambda)$ 时，

$dE(W_f^F)/d\gamma^F < 0$，故 $E(W_f^F)$ 是 γ^F 的减函数。

二 命题 4.2.2 证明

首先，分析 TTSF 供给中公共部门顾客到达率 λ_f^F 与私人部门定价 p_c 的关系。对式（4.2.3）关于 p_c 求一阶导，则有：

$$\frac{d\lambda_f^F}{dp_c} = \frac{\lambda s_f \{\gamma^F \lambda [(2U + \lambda p_c)p_c - (U + 2\lambda p_c)p_f + \lambda p_f^2] + [-\gamma^F \lambda (p_c - p_f)^2 + Us_f]\mu_f\}}{[Us_f + \lambda(\gamma^F p_c + s_f)(p_c - p_f)]^2}$$

$$= \frac{\lambda s_f (\gamma^F \lambda A + B\mu_f)}{[Us_f + \lambda(\gamma^F p_c + s_f)(p_c - p_f)]^2}.$$

其中，$\begin{aligned}A &= (2U + \lambda p_c)p_c - (U + 2\lambda p_c)p_f + \lambda p_f^2 \\ &= Up_c + U(p_c - p_f) + \lambda (p_c - p_f)^2 > 0\end{aligned}$；$B = -\gamma^F \lambda (p_c - p_f)^2 + Us_f$.

因为 $0 \leq \gamma^F \leq 1$，当 $\gamma^F = 0$ 时，$B = Us_f > 0$；当 $0 < \gamma^F \leq 1$ 时，只要满足 $p_c \leq p_f + \sqrt{Us_f/(\gamma^F \lambda)}$，则有 $B \geq 0$，$d\lambda_f^F/dp_c > 0$。

此时，公共部门顾客到达率 λ_f^F 随着私人部门定价 p_c 的增加而增加。命题 4.2.2（i）证毕。

其次，分析 TTSF 供给中公共部门顾客平均等待时间 $E(W_f^F)$ 与私人部门定价 p_c 的关系。对式（4.2.5）关于 p_c 求一阶导，则有：

$$\frac{dE(W_f^F)}{dp_c} = \frac{\gamma^F \lambda [\gamma^F \lambda p_c^2 + (-U + \lambda p_f)s_f] + \lambda s_f (2\gamma^F p_c - \gamma^F p_f + s_f)\mu_f}{U(\gamma^F \lambda p_c + s_f \mu_f)^2}.$$

令 $f(\gamma^F) = \gamma^F \lambda [\gamma^F \lambda p_c^2 + (-U + \lambda p_f)s_f] + \lambda s_f (2\gamma^F p_c - \gamma^F p_f + s_f)\mu_f$，对其关于 γ^F 求一阶导可得：

$df(\gamma^F)/d\gamma^F = \lambda \{2\gamma^F \lambda p_c^2 + 2s_f \mu_f p_c - s_f [U + p_f(-\lambda + \mu_f)]\}$，因此：

当 $\gamma^F < \dfrac{s_f[U - 2\mu_f p_c + (-\lambda + \mu_f)p_f]}{2\lambda p_c^2}$，$df(\gamma^F)/d\gamma^F < 0$，$f(\gamma^F)$ 随 γ^F 单调递减；

当 $\gamma^F > \dfrac{s_f[U - 2\mu_f p_c + (-\lambda + \mu_f)p_f]}{2\lambda p_c^2}$，$df(\gamma^F)/d\gamma^F > 0$，$f(\gamma^F)$ 随 γ^F 单调递增。

因为 $\gamma^F \in [0, 1]$，故当 $\dfrac{s_f[U - 2\mu_f p_c + (-\lambda + \mu_f)p_f]}{2\lambda p_c^2} \leq 0$，即 $p_c \geq \dfrac{U + (-\lambda + \mu_f)p_f}{2\mu_f}$ 时，$f(\gamma^F)$ 随 γ^F 单调递增，则 $f(\gamma^F) \geq \lambda s_f^2 \mu_f > 0$。因此 $dE(W_f^F)/dp_c > 0$，$E(W_f^F)$ 为 p_c 的增函数。

三　命题 4.2.3 证明

当不考虑顾客止步时，$\lambda = \lambda_f^F + \lambda_c^F$，即 $\lambda_c^F = \lambda - \lambda_f^F$。对 λ_c^F 关于 γ^F 求一阶导，可得：

$$d\lambda_c^F/d\gamma^F = -d\lambda_f^F/d\gamma^F.$$

此外，对 $E(W_c^F) = 1/(\mu_c^F - \lambda_c^F) = 1/(\mu_c - \lambda_c^F)$ 关于 γ^F 求一阶导，则有：

$$dE(W_c^F)/d\gamma^F = -(d\lambda_f^F/d\gamma^F)/(\mu_c - \lambda_c^F)^2.$$

由此可见，γ^F 对于 λ_c^F 和 $E(W_c^F)$ 的作用正好与 γ^F 对 λ_f^F 的作用相反。根据命题 4.2.1，即可得出命题 4.2.3。

四　命题 4.2.4 证明

由式（4.2.6）及服务水平保证所需条件 $\lambda_c^F \leq \mu_c + \ln(\varepsilon)/T_{\max} = \tau$，

可得，

$$\frac{\lambda s_f[U+(\lambda-\mu_f)(p_c-p_f)]}{Us_f+\lambda(\gamma^F p_c+s_f)(p_c-p_f)} \leq \tau, \text{ 即, } \lambda\left[\tau(\gamma^F p_c+s_f)-s_f(\lambda-\mu_f)\right](p_c-p_f) \geq Us_f(\lambda-\tau).$$

给定 $\tau-\lambda+\mu_f>0$，因 $0 \leq \gamma^F \leq 1$，则有，$\tau(\gamma^F p_c+s_f)-s_f(\lambda-\mu_f) \geq s_f(\tau-\lambda+\mu_f)>0$。故上式求解可得：

$$p_c > (p_c)_{\min}^F = p_f + \frac{U(\lambda-\tau)}{\lambda(\tau-\lambda+\mu_f)+\gamma^F \lambda\tau p_c/s_f}.$$

由于该式是私人部门定价 p_c 的隐函数，还需判断式 $p_c = p_f + \frac{U(\lambda-\tau)}{\lambda(\tau-\lambda+\mu_f)+\gamma^F \lambda\tau p_c/s_f}$ 是否有解。

由于该式左侧为 p_c 的增函数，右侧为 p_c 的减函数。且当 $p_c=0$ 时，$p_f+U(\lambda-\tau)/[\lambda(\tau-\lambda+\mu_f)]>0$，即右侧初始值大于左侧初始值，因此，左右函数存在唯一交点，p_c 有解，即为 $(p_c)_{\min}^F$。命题 4.2.4 得证。

五 命题 4.3.1 证明

首先，对比式（4.3.2）和（3.2.1），式（4.3.3）和（3.2.2），可得出，私人部门收益补贴与无补贴政策下公共部门中的顾客到达率与平均等待时间是相同的，因此，TTST 对于顾客选择没有影响。

其次，对式（4.3.2）和（4.3.3）关于 p_c 分别求一阶导，可得：

$$d\lambda_f^T/dp_c = U\lambda\mu_f/[U+\lambda(p_c-p_f)]^2 > 0;$$

$$dE(W_f^T)/dp_c = \lambda/(U\mu_f) > 0.$$

因此，公共部门中的顾客到达率与平均等待时间都随私人部门定价的提高而增大。

六 命题 4.3.2 证明

首先，对式（4.3.4）关于私人部门服务价格 p_c 求一阶导，可得，

$$d\lambda_c^T/dp_c = -U\lambda\mu_f/[U+\lambda(p_c-p_f)]^2 < 0.$$

表明，私人部门到达率随其定价的提高而减小。

其次，对式（4.3.6）关于 p_c 求一阶导，则有：

$$\frac{dE(W_c^T)}{dp_c} = \frac{\lambda s_c(-\gamma^T[U+\lambda(p_c-p_f)]^2+\{\gamma^T[p_c(2U+\lambda p_c)-(U+2\lambda p_c)p_f+\lambda p_f^2]-Us_c\}\mu_f)}{\{[\gamma^T\lambda p_c-s_c(\lambda-\mu_c)][U+\lambda(p_c-p_f)]+\lambda\mu_f(s_c-\gamma^T p_c)(p_c-p_f)\}^2}.$$

令 $\xi = \lambda s_c (-\gamma^T [U + \lambda(p_c - p_f)]^2 + \{\gamma^T [p_c(2U + \lambda p_c) - (U + 2\lambda p_c)p_f + \lambda p_f^2] - Us_c\} \mu_f)$,

$\psi = \gamma^T [p_c(2U + \lambda p_c) - (U + 2\lambda p_c)p_f + \lambda p_f^2] - Us_c$，则 $d\psi/dp_f = -\gamma^T [U + 2\lambda(p_c - p_f)] \leq 0$, $\xi < \lambda s_c \{-\gamma^T [U + \lambda(p_c - p_f)]^2 + [\gamma^T p_c(2U + \lambda p_c) - Us_c] \mu_f\} = \vartheta$。$d\vartheta/dp_c = -2\gamma^T \lambda s_c [\lambda(U - \lambda p_f) + \lambda p_c(\lambda - \mu_f) - U\mu_f]$。

考虑较为拥堵的公共服务供给，即假设 $\lambda > \mu_f$，当 $p_c > \lambda p_f/(\lambda - \mu_f) - U/\lambda$ 时，$d\vartheta/dp_c < 0$。则 $\xi < \lambda s_c [-\gamma^T (U - \lambda p_f)^2 - Us_c \mu_f] < 0$, $dE(W_c^T)/dp_c < 0$，表明私人部门中的顾客平均等待时间随私人部门服务价格的提高而减少。

七 命题4.3.3证明

由条件 $\lambda_c^T \leq \mu_c^T + \ln(\varepsilon)/T_{\max}$ 与式 (4.3.4) 可得，为保证私人部门服务水平$(T_{\max}, 1 - \varepsilon)$，则需：

$$\frac{\lambda[U + (\lambda - \mu_f)(p_c - p_f)]}{U + \lambda(p_c - p_f)} \leq \tau + \frac{\gamma^T \lambda p_c [U + (\lambda - \mu_f)(p_c - p_f)]}{s_c [U + \lambda(p_c - p_f)]},$$

即，$[\lambda(\tau - \lambda + \mu_f) + \gamma^T \lambda p_c (\lambda - \mu_f)/s_c](p_c - p_f) \geq U(\lambda - \tau) - U\gamma^T \lambda p_c/s_c$.

当 $\tau - \lambda + \mu_f > 0$ 且 $\lambda > \mu_f$ 时，$\lambda(\tau - \lambda + \mu_f) + \gamma^T \lambda p_c (\lambda - \mu_f)/s_c > 0$，则有，

$$p_c \geq p_f + \frac{U(\lambda - \tau) - U\gamma^T \lambda p_c/s_c}{\lambda(\tau - \lambda + \mu_f) + \gamma^T \lambda p_c (\lambda - \mu_f)/s_c}.$$ 类似命题4.2.4的证明，可得，$p_c = p_f + \dfrac{U(\lambda - \tau) - U\gamma^T \lambda p_c/s_c}{\lambda(\tau - \lambda + \mu_f) + \gamma^T \lambda p_c (\lambda - \mu_f)/s_c}$ 存在唯一解 $(p_c)_{\min}^T$，故命题4.3.3得证。

此外，对 $(p_c)_{\min}^T$ 关于 γ^T 求一阶导，可得，$\dfrac{d(p_c)_{\min}^T}{d\gamma^T} = -\dfrac{U\tau s_c \mu_f p_c}{\lambda[\gamma p_c(\lambda - \mu_f) + s_c(\tau - \lambda + \mu_f)]^2} < 0$，因此，当 $\gamma^T > 0$ 时，有 $(p_c)_{\min}^T < (p_c)_{\min}$。

八 命题 4.3.4 证明

令 $\gamma^F = \gamma^T = \gamma$，联立式（4.2.8）和式（4.3.7），可得，

$$(p_c)_{\min}^F - (p_c)_{\min}^T = \frac{U(\lambda - \tau)}{\lambda(\tau - \lambda + \mu_f) + \gamma\lambda\tau p_c/s_f} - \frac{U(\lambda - \tau) - U\gamma\lambda p_c/s_c}{\lambda(\tau - \lambda + \mu_f) + \gamma\lambda p_c(\lambda - \mu_f)/s_c}$$

$$= \frac{U\gamma\tau p_c[\gamma\lambda p_c - (\lambda - \tau)s_c + s_f\mu_f]}{\lambda[\gamma p_c(\lambda - \mu_f) + s_c(\tau - \lambda + \mu_f)][\gamma\tau p_c + s_f(\tau - \lambda + \mu_f)]}$$

当 $p_c \leq [(\lambda - \tau)s_c - \mu_f s_f]/(\gamma\lambda)$ 时，$(p_c)_{\min}^F - (p_c)_{\min}^T \leq 0$，则 $(p_c)_{\min}^F \leq (p_c)_{\min}^T$。

当 $p_c > [(\lambda - \tau)s_c - \mu_f s_f]/(\gamma\lambda)$ 时，$(p_c)_{\min}^F - (p_c)_{\min}^T > 0$，则 $(p_c)_{\min}^F > (p_c)_{\min}^T$。

故命题 4.3.4 证毕。

附录三 第五章附录

一 命题 5.1.1 证明

基于顾客净效用最大化决策，可得，当 $U_f > 0$ 且 $U_f > U_c$ 时，顾客选择进入公共部门；当 $U_c \geq 0$ 且 $U_c \geq U_f$ 时，顾客选择进入私人部门；当 $U_f < 0$ 且 $U_c < 0$ 时，顾客不再愿意接受任何服务，即存在顾客止步。进而，利用净效用及顾客敏感性阈值的表达式，可得，顾客选择公共部门、私人部门及止步时的条件分别为：

$\theta < \min\{\hat{\theta}_f, \hat{\theta}_0\}$，$\hat{\theta}_0 \leq \theta \leq \hat{\theta}_c$ 及 $\theta > \max\{\hat{\theta}_f, \hat{\theta}_c\}$，或如表 5-1 中 (2.1) 所示。

在 TTSB 供给模式下，由于进入不同服务部门的顾客数非负，则有，$\hat{\theta}_0 \leq \hat{\theta}_c$。因此，三种敏感性阈值可能存在的关系有：$\hat{\theta}_f < \hat{\theta}_0 < \hat{\theta}_c$，$\hat{\theta}_0 \leq \hat{\theta}_f \leq \hat{\theta}_c$，或 $\hat{\theta}_0 < \hat{\theta}_c < \hat{\theta}_f$。

(1) 当 $\hat{\theta}_f < \hat{\theta}_0 < \hat{\theta}_c$ 时，

$$\begin{cases} (R - p_f)/E(W_f) < (p_c - p_f)/[E(W_f) - E(W_c)] \\ (R - p_f)/E(W_f) < (R - p_c)/E(W_c) \\ (p_c - p_f)/[E(W_f) - E(W_c)] < (R - p_c)/E(W_c) \end{cases}，故有，$$

$(R-p_c)E(W_f) < (R-p_f)E(W_c)$，且 $(R-p_f)E(W_c) < (R-p_c)E(W_f)$。两式矛盾，故该情形不成立；

(2) 当 $\hat{\theta}_0 \leq \hat{\theta}_f \leq \hat{\theta}_c$ 时，

$$\begin{cases} (p_c - p_f)/[E(W_f) - E(W_c)] \leq (R-p_f)/E(W_f) \\ (p_c - p_f)/[E(W_f) - E(W_c)] \leq (R-p_c)/E(W_c) \end{cases}, \text{故有}, (R-p_f)E(W_c) \leq (R-p_c)E(W_f);$$

(3) 当 $\hat{\theta}_0 < \hat{\theta}_c < \hat{\theta}_f$ 时，

$$\begin{cases} (p_c - p_f)/[E(W_f) - E(W_c)] < (R-p_f)/E(W_c) \\ (p_c - p_f)/[E(W_f) - E(W_c)] < (R-p_f)/E(W_f) \\ (R-p_c)/E(W_c) < (R-p_f)/E(W_f) \end{cases}, \text{故有},$$

$(R-p_c)E(W_f) < (R-p_f)E(W_c)$，且 $(R-p_f)E(W_c) < (R-p_c)E(W_f)$。两式矛盾，因此该情形也不成立。

综上，仅存在 $\hat{\theta}_0 \leq \hat{\theta}_f \leq \hat{\theta}_c$，即 $(p_c - p_f)/[E(W_f) - E(W_c)] \leq (R-p_f)/E(W_f) \leq (R-p_c)/E(W_c)$。命题 5.1.1 得证。

二 命题 5.2.1 证明

在 MI-1 政策下，私人部门中的顾客平均到达率为 $\lambda_c^e = \sum_{n=0}^{K-1} \lambda_c^n P_n$，而离开率则取决于服务者是否忙于服务，即为 $(1-P_0)\mu_c + 0 P_0 = (1-P_0)\mu_c$。由到达速率等于离开速率可得，

$\lambda_c^e = \sum_{n=0}^{K-1} \lambda_c^n P_n = (1-P_0)\mu_c$，同时，因为 $1-P_0 < 1$，则有 $\mu_c = \lambda_c^e/(1-P_0) > \lambda_c^e$。

类似地，对于整个服务供给而言，总到达率为 $\lambda - \lambda_b^e = \lambda_f^e + \lambda_c^e$，其中，$\lambda_b^e$ 表示 MI-1 政策下的平均顾客止步率；总服务率则在公共部门与私人部门都服务时达到最大值，为 $\mu_f + \mu_c$（若某一部门处于非服务状态，总服务率则小于 $\mu_f + \mu_c$）。因此，由到达速率等于离开速率，则有 $\lambda_f^e + \lambda_c^e < \mu_f + \mu_c$。命题 5.2.1 得证。

三 MI-1 政策下运用 MAM 求解公共部门平均队长

定义公共部门顾客数为 m 且服务供给达到平稳时的概率分布为 $\pi_m =$

$[\pi_{m0}, \pi_{m1}, \cdots, \pi_{mK}]$ ($m=0, 1, \cdots$), 其中 $\pi_{mn} = \lim_{t \to \infty} P[X_f(t) = m, X_c(t) = n]$, 并令 $\pi = [\pi_0, \pi_1, \pi_2, \cdots]$。则有 $\pi Q = 0$, 即,

$$\pi_0 D_0 + \pi_1 D_2 = 0$$

$$\pi_0 D_1 + \pi_1 A_0 + \pi_2 A_2 = 0$$

$$\pi_k A_1 + \pi_{k+1} A_0 + \pi_{k+2} A_2 = 0 \quad k \geq 1$$

且存在矩阵 R (称为率矩阵) 可使 $\pi_k = \pi_{k-1} R$ ($k \geq 2$)。通过迭代可得, $\pi_k = \pi_1 R^{k-1}$ ($k \geq 1$)。因此上式可写成:

$$\pi_0 D_0 + \pi_1 D_2 = 0$$

$$\pi_0 D_1 + \pi_1 A_0 + \pi_1 R A_2 = 0$$

$$A_1 + R A_0 + R^2 A_2 = 0$$

由最后一项可得, $R = -\{A_1 + R^2 A_2\} A_0^{-1}$。利用传统的迭代算法 (见 He), 可求出 R。具体步骤如下: 首先, 令 $R(0) = 0$, $R(k+1) = -\{A_1 + R^2(k) A_2\} A_0^{-1}$, 其中, $k \geq 0$ 表示迭代次数。重复上述计算, 直至 $||R(k+1) - R(k)|| < \varepsilon$ (ε 为满足精确度条件的较小实数), 则 $R = R(k+1)$。

联立正则化条件 $\sum_{k=0}^{\infty} \pi_k e = \pi_0 e + \pi_1 \sum_{k=0}^{\infty} R^k e = \pi_0 e + \pi_1 [I - R]^{-1} e = 1$, 其中 e 表示 $(K+1)$ 维单位列向量, 则可求出 $\pi = [\pi_0, \pi_1, \pi_2, \cdots]$。由此便可得出公共部门中的平均顾客数或队长, 即为:

$$E(L_f) = \sum_{n=0}^{K} \sum_{m=0}^{\infty} m \pi_{mn} = \sum_{n=0}^{K} \sum_{m=1}^{\infty} m \pi_1 R_{n+1}^{m-1}.$$

其中, R_{n+1}^{m-1} 表示矩阵 R^{m-1} 的第 $(n+1)$ 列向量。

四 NRI 政策下运用 MAM 求解公共部门平均队长和等待时间

给定 NRI 政策, 公共部门与私人部门都仅披露非实时的平均等待时间信息, 因此, 只要私人部门中的顾客数未达到上界值, 公共部门中的顾客到达率始终为 λ_f; 而当私人部门不再接收新的顾客到达时, 公共部门中的顾客到达率变为 λ_f^a。基于此, NRI 政策下公共服务供给中各状态 (公共部门与私人部门中可能的顾客数) 之间的相互转移情况可表示为图 A3 – 1。

定义该情形下供给过程的转移矩阵为 Q', 则,

状态=(m,n)　m=公共部门中的顾客数，m=0,1,…

n=私人部门中的顾客数，n=0,1,…,K

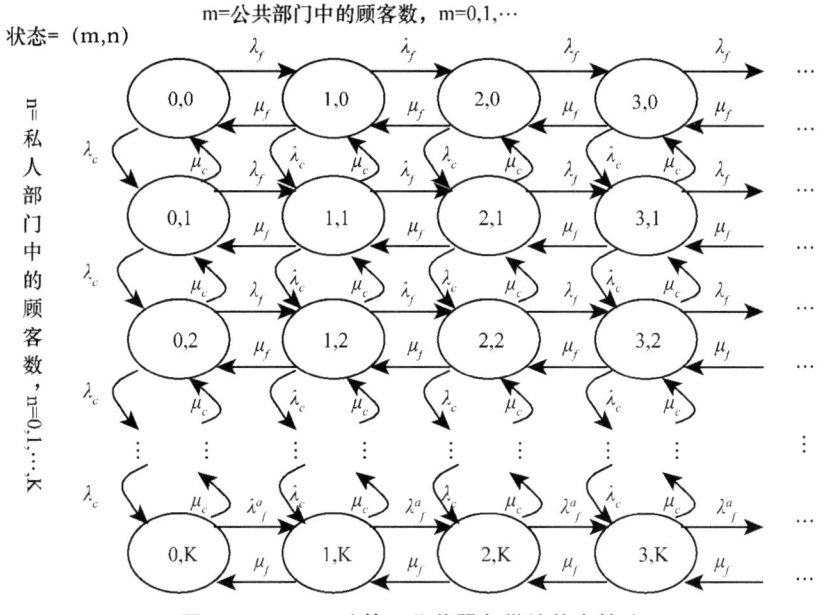

图 A3-1　NRI 政策下公共服务供给状态转移

$$Q' = \begin{bmatrix} D_0 & D_1 & & & \\ D_2 & A_0 & A_1 & & \\ & A_2 & A_0 & A_1 & \\ & & A_2 & A_0 & A_1 & \cdots \\ & & & & \ddots & \ddots \end{bmatrix}.$$

其中，

$$D_0 = \begin{bmatrix} -(\lambda_c + \lambda_f) & \lambda_c & & & \\ \mu_c & -(\lambda_c + \lambda_f + \mu_c) & \lambda_c & & \\ & \mu_c & -(\lambda_c + \lambda_f + \mu_c) & \lambda_c & \\ & & & \ddots & \\ & & & \mu_c & -(\lambda_f^a + \mu_c) \end{bmatrix},$$

$$D_1 = A_1 = \begin{bmatrix} \lambda_f & & & & \\ & \lambda_f & & & \\ & & \lambda_f & & \\ & & & \ddots & \\ & & & & \lambda_f^a \end{bmatrix}, \quad D_2 = A_2 = \begin{bmatrix} \mu_f & & & & \\ & \mu_f & & & \\ & & \mu_f & & \\ & & & \ddots & \\ & & & & \mu_f \end{bmatrix},$$

$$A_0 = \begin{bmatrix} -(\lambda_c+\lambda_f+\mu_f) & \lambda_c & & & \\ \mu_c & -(\lambda_c+\lambda_f+\mu_f+\mu_c) & \lambda_c & & \\ & \mu_c & -(\lambda_c+\lambda_f+\mu_f+\mu_c) & \lambda_c & \\ & & & \ddots & \\ & & & \mu_c & -(\lambda_f^a+\mu_f+\mu_c) \end{bmatrix}$$

依据附录3.3，给定各部门中的顾客到达率，可求得 NRI 政策下公共服务供给中的率矩阵 R 及各状态的稳态分布 $\pi = [\pi_0, \pi_1, \pi_2, \cdots]$。故此时，公共部门的平均队长为：

$$E(L_f) = \sum_{n=0}^{K}\sum_{m=0}^{\infty} m\pi_{mn} = \sum_{n=0}^{K}\sum_{m=1}^{\infty} m\pi_1 R_{n+1}^{m-1}.$$

其中，R_{n+1}^{m-1} 表示矩阵 R^{m-1} 的第 $(n+1)$ 列向量。

联合式（5.3.4），可得，公共部门的顾客平均等待时间为：

$$E(W_f) = E(L^f)/\lambda_f^a = \sum_{n=0}^{K}\sum_{m=1}^{\infty} m\pi_1 R_{n+1}^{m-1} / \left[\lambda_f + \frac{H(\theta_f)-H(\theta_0)}{H(\theta_c)-H(\theta_0)} P_K \lambda_c\right].$$